新编工伤保险政策问答

本书编写组 编

主　编　赵盈瑞　沈　飞
副主编　殷永萍　王兆伟　张晓静

中国劳动社会保障出版社

图书在版编目(CIP)数据

新编工伤保险政策问答/赵盈瑞,沈飞主编. —北京:中国劳动社会保障出版社,2017

ISBN 978-7-5167-3148-2

Ⅰ.①新… Ⅱ.①赵…②沈… Ⅲ.①工伤保险-财政政策-中国-问题解答 Ⅳ.①F842.61-44

中国版本图书馆 CIP 数据核字(2017)第 208234 号

中国劳动社会保障出版社出版发行

(北京市惠新东街 1 号 邮政编码:100029)

*

三河市华骏印务包装有限公司印刷装订 新华书店经销
850 毫米×1168 毫米 32 开本 10.625 印张 262 千字
2017 年 9 月第 1 版 2017 年 9 月第 1 次印刷
定价:32.00 元

读者服务部电话:(010)64929211/64921644/84626437
营销部电话:(010)64961894
出版社网址:http://www.class.com.cn

版权专有 侵权必究

如有印装差错,请与本社联系调换:(010)50948191

我社将与版权执法机关配合,大力打击盗印、销售和使用盗版图书活动,敬请广大读者协助举报,经查实将给予举报者奖励。

举报电话:(010)64954652

目 录

第一章 工伤保险概述 …………………………………… （1）

1. 工伤的基本含义是什么？ ………………………… （1）
2. 实施工伤保险的意义是什么？ …………………… （1）
3. 工伤保险的基本特征有哪些？ …………………… （2）
4. 什么是工伤事故？ ………………………………… （2）
5. 什么是工伤预防？ ………………………………… （2）
6. 开展工伤预防的目标有哪些？ …………………… （3）
7. 什么是工伤康复？ ………………………………… （3）
8. 工伤保险是如何起源与发展的？ ………………… （4）
9. 我国工伤保险制度是如何发展的？ ……………… （4）
10. 工伤保险制度的立法形式是怎样的？ …………… （6）
11. 社会保险行政部门在工伤保险工作中的职责是什么？
 ……………………………………………………… （7）
12. 哪些单位应依法参加工伤保险？ ………………… （8）
13. 工伤保险与人身意外保险的区别是什么？ ……… （8）
14. 什么是企业？ ……………………………………… （10）
15. 怎样定义民办非企业单位？ ……………………… （10）
16. 什么是社会团体？ ………………………………… （11）
17. 农民工如何参加工伤保险？ ……………………… （12）
18. 同时在两个或两个以上单位就业的职工如何参加工伤保险？ …………………………………………… （13）
19. 非法用工单位造成的人员伤亡如何处理？ ……… （13）

I

20. 用人单位在工伤保险工作中应承担什么责任？ …… （14）
21. 为什么用人单位应公示参加工伤保险的有关情况？
　　……………………………………………………（15）
22. 用人单位在发生工伤事故后应当履行哪些义务？
　　……………………………………………………（15）
23. 发生工伤事故和被鉴定为职业病后，用人单位如何
　　履行救治义务？ ……………………………………（16）
24. 职工享有哪些工伤预防的法定权利？ ……………（17）
25. 职工在工伤保险和工伤预防方面有哪些义务？ …（17）
26. 职工发生工伤后该怎么办？ ………………………（18）
27. 工伤职工的维权方式有哪些？ ……………………（19）
28. 单位或个人骗取工伤保险待遇会受到怎样的处罚？
　　……………………………………………………（20）

第二章　工伤保险基金 ……………………………（21）

29. 工伤保险基金的基本定义是什么？ ………………（21）
30. 工伤保险基金的基本特征有哪些？ ………………（22）
31. 工伤保险费有哪些征缴办法？ ……………………（23）
32. 工伤保险基金有哪些筹集原则？ …………………（25）
33. 什么是工伤保险行业差别费率和浮动费率？ ……（25）
34. 工伤保险费率如何确定？ …………………………（26）
35. 工伤保险费缴费主体和数额如何确定？ …………（28）
36. 职工工资总额包括哪些？ …………………………（29）
37. 职工本人工资如何定义？ …………………………（29）
38. 工伤保险基金的统筹层次怎么确定？ ……………（29）
39. 工伤保险基金如何使用？ …………………………（30）
40. 怎样运用工伤保险储备金？ ………………………（31）
41. 我国工伤保险基金如何进行收支管理？ …………（32）
42. 用人单位对单位应缴费率有异议怎么办？ ………（33）

第三章 工伤认定 ……………………………………（34）

43. 什么是工伤认定？ ……………………………………（34）
44. 工伤认定的特点有哪些？ ……………………………（34）
45. 工伤认定的主体是哪个部门？ ………………………（35）
46. 工伤认定的对象是什么？ ……………………………（36）
47. 进行工伤认定时应注意哪些事项？ …………………（37）
48. 工伤认定为什么要区分因工和非因工的原则？ ……（38）
49. 应当认定为工伤的情形有哪些？ ……………………（38）
50. 怎样理解在工作时间和工作场所内，因工作原因受到事故伤害应认定为工伤的情形？ ……………………（39）
51. 怎样理解工作时间前后在工作场所内，从事与工作有关的预备性或者收尾性工作受到事故伤害应认定为工伤的情形？ ………………………………………（39）
52. 怎样理解因履行工作职责受到暴力等意外伤害应认定为工伤的情形？ …………………………………（40）
53. 在工作时间和工作场所内干私活遭受事故伤害是否应当认定为工伤？ …………………………………（41）
54. 职业病的基本定义是什么？ …………………………（41）
55. 确定为职业病应具备哪些要件？ ……………………（42）
56. 如何申请职业病诊断？ ………………………………（42）
57. 职业病诊断争议如何处理？ …………………………（43）
58. 怎样理解因工外出期间，由于工作原因受到伤害或者发生事故下落不明应认定为工伤的情形？ ………（43）
59. 怎样理解在上下班途中，受到非本人主要责任的交通事故或者城市轨道交通、客运轮渡、火车事故伤害应认定为工伤的情形？ …………………………（45）
60. 群众性自治组织工作人员受到事故伤害能否认定为工伤？ ……………………………………………（46）

61. 在校生在企业实习或利用业余时间勤工助学期间遭受事故伤害能否认定为工伤？ …………………………… (47)
62. 退休返聘人员在返聘岗位上遭受事故伤害能否认定为工伤？ ……………………………………………… (47)
63. 企业在招工考试期间应聘人员遭受意外伤害能否认定为工伤？ ……………………………………………… (49)
64. 劳动者在试用期间遭受事故伤害能否认定为工伤？ ……………………………………………………………… (49)
65. 私自顶替他人上班发生伤亡事故能否认定为工伤？ ……………………………………………………………… (50)
66. 车辆挂靠其他单位经营，车辆实际所有人聘用的司机工作中伤亡能否认定为工伤？ ………………… (50)
67. 职工因工负伤，在抢救过程中由于输血染上肝炎，是认定为工伤还是认定为医疗事故？ …………… (51)
68. 哪些情形应当视同工伤？ ………………………… (52)
69. 在突发疾病视同工伤的情形中，对"工作时间"和"工作岗位"怎样限定？ ……………………… (52)
70. 突发疾病48小时之内经抢救无效死亡视同工伤的情形有哪些？ ……………………………………… (53)
71. 在抢险救灾等维护国家利益、公共利益活动中受到伤害应视同工伤的情形有哪些？ ……………… (55)
72. 见义勇为身亡的，是否能视同工伤？ ……………… (55)
73. 职工原在军队服役，因战、因公负伤致残，已取得革命伤残军人证，到用人单位后旧伤复发视同工伤的情形怎样规定？ ………………………………… (56)
74. 认定为工伤或者视同工伤应排除哪些情形？ ……… (56)
75. 雇工合同中，关于"因职工操作失误致伤概不负责"条款的效力如何？ ………………………………… (58)

76. 社会保险行政部门受理工伤认定要走哪些程序？
   ………………………………………………………………（59）
77. 申请工伤认定的主体及申请时限分别是怎么规定的？
   ………………………………………………………………（60）
78. 当用人单位的注册地与生产经营地不在同一统筹地区时，应该如何进行工伤认定、劳动能力鉴定并支付工伤保险待遇？……………………………（60）
79. 用人单位未在规定的期限内提出工伤认定申请，应当承担什么责任？………………………………（61）
80. 收到工伤认定申请后该怎么处理？……………（62）
81. 作出工伤认定决定的时限是多久？……………（62）
82. 申请工伤认定应提交哪些材料？………………（64）
83. 什么是事实劳动关系？…………………………（65）
84. 确认事实劳动关系可参考哪些凭证？…………（65）
85. 工伤认定过程中单位与职工存在争议应由谁来举证？
   ………………………………………………………………（66）
86. 如何进行工伤认定的调查核实？………………（66）
87. 认定工伤决定书应载明哪些事项？……………（67）
88. 不予认定工伤决定书应载明哪些事项？………（68）
89. 工伤认定工作相关文书送达应注意哪些事项？……（68）
90. 职工对工伤认定提起行政诉讼，是否需先申请行政复议？……………………………………………（70）

第四章　劳动能力鉴定 ……………………………（71）

91. 劳动能力鉴定的基本含义是什么？……………（71）
92. 劳动能力鉴定工作的基本原则是什么？………（71）
93. 为什么要做好劳动能力鉴定工作？……………（72）
94. 职工进行劳动能力鉴定的前提是什么？………（73）
95. 什么是医疗终结或病情相对稳定？……………（74）

96. 劳动能力鉴定依据什么标准？……………………（74）
97. 劳动能力鉴定委员会有哪几个组成单位？………（75）
98. 劳动能力鉴定委员会层级如何划分及其工作职责是什么？……………………………………………（75）
99. 需要在设区的市级劳动能力鉴定委员会进行鉴定或确认的项目有哪些？……………………………（76）
100. 什么是医疗卫生专家库？列入专家库的医疗卫生专业技术人员需具备的基本条件有哪些？………（77）
101. 劳动能力障碍程度的等级划分及对应的定级原则有哪些？………………………………………………（78）
102. 生活自理障碍程度的等级划分及定级依据是什么？………………………………………………（78）
103. 什么是特殊医疗依赖和一般医疗依赖？…………（79）
104. 劳动能力鉴定工作的程序是怎样的？……………（79）
105. 劳动能力鉴定申请主体有哪些？…………………（80）
106. 申请劳动能力鉴定应提交哪些材料？……………（81）
107. 申请鉴定的单位或个人对劳动能力鉴定委员会作出的鉴定结论不服如何救济？……………………（82）
108. 什么是劳动能力复查鉴定？………………………（82）
109. 劳动能力复查鉴定申请主体有哪些？……………（83）
110. 什么是劳动能力鉴定回避制度？…………………（83）
111. 劳动能力鉴定中伤残等级的晋级原则是什么？…（84）
112. 原有伤残及合并症应该如何处理？………………（85）
113. 外伤为主导诱因引发的急性腰椎间盘突出症如何确定？…………………………………………………（85）
114. 在发生工伤或职业病过程中，伴发精神分裂症和躁郁症如何处理？…………………………………（86）
115. 劳动能力鉴定标准中"四肢大关节"包括哪几个关节？……………………………………………（86）

116. 作出劳动能力鉴定结论的期限是多长时间？……（87）
117. 劳动能力鉴定结论书中应载明哪些内容？……（87）
118. 新旧劳动能力鉴定标准如何衔接？……（87）
119. 人身损害伤残程度鉴定的类型和依据的标准是什么？
    ……（88）

第五章 工伤保险待遇……（91）

120. 工伤保险待遇有哪几种类型？……（91）
121. 如何理解工伤保险待遇的性质？……（92）
122. 参保工伤职工在医疗期间能享受哪些待遇？……（92）
123. 什么是工伤保险诊疗项目目录、工伤保险药品目录和工伤保险住院服务标准？……（93）
124. 职工治疗工伤如何就医？……（94）
125. 工伤认定行政复议或提起行政诉讼期间，职工治疗费用支付情况是怎样的？……（94）
126. 工伤职工享受哪些辅助器具待遇？……（95）
127. 工伤停工留薪期及其待遇如何确定？……（95）
128. 工伤职工享受生活护理费的条件和标准是什么？……（96）
129. 什么是一次性伤残补助金？……（96）
130. 什么是伤残就业补助金？……（96）
131. 职工因工致残被确定伤残等级后，与用人单位的劳动关系如何处理？……（97）
132. 一级至四级伤残职工应享受哪些工伤保险待遇？
    ……（98）
133. 工伤职工退休后，是否继续享受伤残津贴？……（99）
134. 五级、六级伤残职工应享受哪些工伤保险待遇？
    ……（99）
135. 七级至十级伤残职工应享受哪些工伤保险待遇？
    ……（100）

VII

136. 工伤复发后应享受哪些待遇? ……………………… (100)
137. 工亡职工近亲属可以享受哪些待遇? …………… (101)
138. 工伤职工供养亲属范围是如何划定的? ………… (101)
139. 工亡职工供养亲属申请领取抚恤金需要具备什么
    条件? …………………………………………………… (102)
140. 工亡职工供养亲属停止享受抚恤金待遇的条件有
    哪些? …………………………………………………… (102)
141. 哪些工伤保险待遇应由用人单位支付? ………… (103)
142. 伤残津贴、供养亲属抚恤金、生活护理费如何调整?
    ……………………………………………………………… (103)
143. 职工因工外出期间发生事故或者在抢险救灾中下落
    不明的,工伤保险待遇如何给付? ……………… (103)
144. 工伤职工停止享受工伤保险待遇的情形有哪些?
    ……………………………………………………………… (104)
145. 用人单位分立、合并、转让后,工伤职工权益如何
    保障? …………………………………………………… (105)
146. 实行承包经营的,工伤保险责任由谁承担? …… (105)
147. 职工被借调期间受到工伤事故伤害的,工伤保险
    责任由谁承担? ……………………………………… (106)
148. 企业破产时,工伤保险待遇如何支付? ………… (106)
149. 职工在被派遣出境工作期间的工伤保险关系怎样
    处理? …………………………………………………… (106)
150. 职工再次发生工伤时,工伤保险待遇怎样处理?
    ……………………………………………………………… (107)
151. 用人单位未给职工办理工伤保险,职工遭遇工伤
    或者患职业病后如何处理? ………………………… (107)
152. 什么是非法用工单位伤亡人员? ………………… (108)
153. 非法用工单位伤亡人员一次性赔偿包括哪些项目?
    ……………………………………………………………… (108)

154. 非法用工单位伤亡人员一次性赔偿按什么标准支付？
　　　……………………………………………………（108）
155. 用工单位与伤残职工就赔偿数额发生争议怎样处理？
　　　……………………………………………………（108）
156. 工伤职工或者其近亲属对经办机构核定的工伤保险
　　　待遇有异议怎样处理？……………………………（109）

第六章　监督管理和法律责任 ……………………（110）

157. 工伤保险监督的基本含义是什么？………………（110）
158. 我国工伤保险的监督管理原则是什么？…………（110）
159. 我国工伤保险监督管理是如何发展的？…………（111）
160. 什么是社会保险经办机构？………………………（112）
161. 工伤保险经办机构有哪些职责？…………………（112）
162. 与社会保险经办机构签订服务协议的医疗机构、
　　　辅助器具配置机构应具备哪些条件？……………（113）
163. 社会保险经办机构与医疗机构、辅助器具配置
　　　机构等相关机构如何签订服务协议？……………（113）
164. 什么情况下社会保险经办机构与医疗机构、辅助
　　　器具配置机构之间可以解除服务协议？…………（114）
165. 社会保险经办机构如何对费用进行核查和结算？…（114）
166. 社会保险经办机构及社会保险核查人员开展核查
　　　工作时的权利义务有哪些？………………………（115）
167. 为什么需要定期公布工伤保险基金的收支情况？
　　　……………………………………………………（115）
168. 工伤保险经办机构由谁来监督？…………………（116）
169. 个人或社会组织发现有关工伤保险的违法行为
　　　怎么办？……………………………………………（116）
170. 工会组织在工伤保险监督工作中应发挥哪些作用？
　　　……………………………………………………（117）

171. 职工与用人单位发生工伤待遇方面的争议如何处理？
 ………………………………………………………………… (118)
172. 什么是行政复议？ ………………………………………… (118)
173. 哪些行为不能申请行政复议？ …………………………… (119)
174. 什么是行政诉讼？ ………………………………………… (119)
175. 无正当理由不受理工伤认定申请有哪些情形？ ………… (119)
176. 如何理解"弄虚作假将不符合工伤条件的人员认定为工伤职工"的情形？ ……………………………… (120)
177. 未妥善保管申请工伤认定的证据材料，致使有关证据灭失的情形有哪些？ ……………………………… (120)
178. 社会保险经办机构应当承担法定责任的情形有哪些？
 ………………………………………………………………… (120)
179. 对于用人单位、工伤职工或者其近亲属骗取工伤保险待遇的行为应承担哪些法律责任？ ………………… (121)
180. 劳动能力鉴定委员会的法定职责有哪些？ …………… (121)

附录：相关法律法规政策 ……………………………………… (122)

一、法律、法规 ……………………………………………… (122)
中华人民共和国劳动法（1994年7月5日 中华人民共和国主席令第28号 2009年8月27日修正） …… (122)
中华人民共和国劳动争议调解仲裁法（2007年12月29日
中华人民共和国主席令第80号） ……………………… (137)
中华人民共和国社会保险法（2010年10月28日
中华人民共和国主席令第35号） ……………………… (147)
中华人民共和国职业病防治法（2001年10月27日
中华人民共和国主席令第60号 2016年7月2日修正）
 ………………………………………………………………… (164)
社会保险费征缴暂行条例（1999年1月22日 中华人民共和国国务院令第259号） ……………………… (187)

劳动保障监察条例（2004年11月1日 中华人民共和国国务院令第423号） ………………………………… （193）
生产安全事故报告和调查处理条例（2007年4月9日 中华人民共和国国务院令第493号） ………… （202）
工伤保险条例（2003年4月27日 中华人民共和国国务院令第375号 2010年12月20日修订） ……… （212）
二、部门规章及规范性文件 ………………… （228）
因工死亡职工供养亲属范围规定（2003年9月23日 中华人民共和国劳动和社会保障部令第18号） ……… （228）
人力资源社会保障行政复议办法（2010年3月16日 中华人民共和国人力资源和社会保障部令第6号） …… （230）
工伤认定办法（2010年12月31日 中华人民共和国人力资源和社会保障部令第8号） ………………… （248）
非法用工单位伤亡人员一次性赔偿办法（2010年12月31日 中华人民共和国人力资源和社会保障部令第9号）
……………………………………………… （253）
部分行业企业工伤保险费缴纳办法（2010年12月31日 中华人民共和国人力资源和社会保障部令第10号） …… （255）
实施《中华人民共和国社会保险法》若干规定（2011年6月29日 中华人民共和国人力资源和社会保障部令第13号） ……………………………………… （256）
社会保险基金先行支付暂行办法（2011年6月29日 中华人民共和国人力资源和社会保障部令第15号） …… （263）
职业病诊断与鉴定管理办法（2013年2月19日 中华人民共和国卫生部令第91号） ………………… （268）
工伤职工劳动能力鉴定管理办法（2014年2月20日 中华人民共和国人力资源和社会保障部、中华人民共和国国家卫生和计划生育委员会令第21号） ……… （280）
工伤保险辅助器具配置管理办法（2016年2月16日

中华人民共和国人力资源和社会保障部、中华人民共和国民政部、中华人民共和国国家卫生和计划生育委员会令第27号) ································(287)

劳动和社会保障部关于实施《工伤保险条例》若干问题的意见(2004年11月1日　劳社部函〔2004〕256号) ··(293)

人力资源社会保障部关于执行《工伤保险条例》若干问题的意见(2013年4月25日　人社部发〔2013〕34号) ···(295)

人力资源社会保障部关于实施修订后劳动能力鉴定标准有关问题处理意见的通知(2014年11月21日　人社部发〔2014〕81号) ································(298)

人力资源社会保障部关于执行《工伤保险条例》若干问题的意见（二）(2016年3月28日　人社部发〔2016〕29号) ··(300)

最高人民法院关于审理工伤保险行政案件若干问题的规定(2014年6月18日　法释〔2014〕9号) ········(303)

三、国家标准和标准性规范································(307)

人力资源和社会保障部办公厅关于印发工伤保险辅助器具配置目录的通知(2012年8月15日　人社厅函〔2012〕381号) ································(307)

职业病分类和目录(2013年12月23日　国卫疾控发〔2013〕48号) ································(318)

人力资源社会保障部关于印发国家基本医疗保险、工伤保险和生育保险药品目录（2017年版）的通知(2017年2月21日　人社部发〔2017〕15号) ········(324)

第一章 工伤保险概述

知识要点

工伤保险作为社会保险的重要组成部分，随着社会化大生产的发展不断完善，如今已成为保障社会生产和保护职工权益的一项基本法律制度。在全球范围内，经过三百多年的发展，工伤保险已形成了相对独立、完整的体系。在中国，经过数十年的发展，工伤预防、工伤补偿和工伤康复三位一体的法律制度框架已基本建立。本章着重介绍工伤保险的基本含义、基本特征、具体作用、一般对象及历史沿革等，让大家对工伤保险有一个比较全面的了解和认识。

1. 工伤的基本含义是什么？

"工伤"是"工作伤害"的简称，亦称"职业伤害"。其在各国的概念不尽相同，"工伤"一词比较规范的说法是在1921年国际劳工大会通过的公约中提及的，"由于工作直接或间接引起的事故为工伤"。1964年第48届国际劳工大会规定了工伤补偿应将职业病和上下班发生的交通事故包括在内。因此，当前国际上比较规范的"工伤"定义包括两个方面的内容，即劳动者在从事职业活动或者与职业责任有关的活动时所遭受的事故伤害和职业病伤害。

我国工伤保险立法对"工伤"并没有进行一般性的概括规定，而是具体列举了在何种情况下发生的伤害应当认定为工伤、视同为工伤以及不得认定为工伤。我国的工伤概念根据所遭受的伤害程度不同分为因工受伤、因工致残、因工死亡这三种情况。

2. 实施工伤保险的意义是什么？

工伤保险是国家通过社会统筹的办法，集中用人单位缴纳的工伤保险费，以此建立工伤保险基金，对保险范围内的劳动者在生产、工作中遭受事故伤害和患职业病提供医疗救治、生活保障、经济补偿和职业康复等物质帮助的一种社会保险制度。

实施工伤保险制度，目的在于保障因工作遭受事故伤害或者患职业病的职工的救治权与经济补偿权，推动工伤预防，减少事故发生；促进职业康复，使受伤害者尽快恢复劳动能力；分散用人单位的工伤风险，为工伤职工提供基本的医疗服务和生活保障。

3. 工伤保险的基本特征有哪些？

一是强制性。工伤保险是由国家立法强制执行的，在一定范围内的用人单位、职工必须参加。

二是非营利性。工伤保险是国家对劳动者履行的社会责任，也是劳动者应该享受的基本权利。

三是保障性。劳动者在发生工伤事故后，对劳动者或其遗属发放的工伤待遇要保障其基本生活。

四是互助互济性。工伤保险制度通过强制征收工伤保险费建立工伤保险基金，由社会保险机构在参保人员之间、地区之间、行业之间对费用实行再分配，调剂使用经办基金。

4. 什么是工伤事故？

工伤事故是指用人单位职工在工作时间、工作场合内，因工作原因遭受人身伤亡的突发性伤害事故。根据《工伤保险条例》，工伤事故伤害还包括由于短期或者较长时间内因工作环境罹患职业病。

5. 什么是工伤预防？

工伤预防是工伤保险制度的重要内容，是避免和减少工伤事故和职业病的发生、有效保障职工生命安全、减少经济损失、促进企业稳定发展和社会稳定的关键手段。主要是采用经济、管理和技术等手段，事先防范工伤事故以及职业病的发生，改善和创造有利于安全、健康的工作条件，减少工伤事故以及职业病的隐患，保护劳动者在劳动过程中的安全、健康。工伤预防的目的是从源头上减少和避免工伤事故和职业病的发生，实现"零工伤""零伤害"的最终目标。

6. 开展工伤预防的目标有哪些？

工伤预防工作是社会保障和工伤保险的重要组成部分，做好工伤预防可以实现以下主要目标：

一是有效防范职业伤亡。工伤事故和职业病对人民生命和健康造成极大伤害，而现有事故中多数是可以通过做好预防工作、加强安全管理而避免的。因此，工伤预防是对劳动者的安全健康最好的保障之一。

二是减少财力物力支出。做好工伤预防工作可以大大减少因事故而造成的救治、康复费用及经济补偿等支出，使工伤保险基金的使用进入有效的良性循环。

三是有利于企业发展和促进社会稳定。工伤预防工作尤其需要有"红线意识"，因为它关系到社会的和谐稳定，关系到企业的经营发展，关系到职工的身心安全健康，能从源头上避免工伤事故的发生。做好工伤预防工作，可以有效促进社会和谐、经济发展、家庭幸福。

7. 什么是工伤康复？

工伤康复是工伤保险的重要组成部分。工伤康复是指利用现代康复的手段和技术，为工伤职工提供心理康复、医疗康复、职业康复和社会康复等服务，最大限度地恢复和提高其身体功能以及生活自理能力，尽可能恢复和提高受伤职工的职业劳动能力，从而促进伤残职工尽快恢复健康，全面回归社会和重返工作岗位。

8. 工伤保险是如何起源与发展的？

现代职工工伤补偿制度的起源可以追溯到19世纪末。当工业革命扩展到欧洲及其他国家后，德国、英国和法国等许多国家先后制定了《雇主责任法》《劳动者赔偿法》及《职业伤害保险法》等。因此，从这个意义上讲，工伤保险制度的产生和发展实际就是社会保险制度的发展史。工伤保险的发展大致可分为三个阶段：

第一阶段，自发互助阶段。18世纪，资本主义正处于手工工场阶段，劳动条件恶劣，工伤事故严重，工人收入微薄。因此，劳动者为了生存，互相团结、共济组合，并自发组织起来筹措资金，解决生活中由于意外事故给自己和家人带来的经济负担，但当时的互助资金仅限于工友之间调剂使用。这个阶段，可以称为社会保险的萌芽时期。

第二阶段，有组织的互助阶段。资本主义发展到大机器生产阶段，过去工人单凭自发性互助方式难以抵御事故和贫困的威胁。后来相继出现了"预防互助会""共同救济会"等集体互助形式。这些组织实际是工人面对"风险"的一种自我防卫措施。这个阶段保险基金除工友之间自筹外，已经有企业主加入，但仍然是一种契约制度。

第三阶段，国家立法阶段。19世纪中叶后，随着社会化大生产的发展，阶级斗争日趋激烈，工人阶级走上了政治舞台，迫使政府当局实行强制性社会保险。由此，包含工伤保险的社会保险进入了国家立法阶段。

9. 我国工伤保险制度是如何发展的？

我国的工伤保险制度始建于新中国成立初期。1951年颁布的《中华人民共和国劳动保险条例》是我国历史上第一部包括工伤、伤残待遇等劳动保险在内的全国性统一法规，对因工负伤职工的治疗和补偿作了规定。1953年通过的《关于中华人民共和国劳动保险条例若干修正的决定》，扩大了社会保险的实施范围，提高了若干劳动保险的待遇标准。1957年，卫生部颁布了《职业病范围和职业病患者处理办法的规定》，确认了将危害职工健康比较严重的14种与职业活动有关的疾病纳入职业病的范围，列入工伤保险的范畴。

在计划经济时期，工伤保险逐步转变为单位责任保障，工伤保险待遇也变成了一种企业福利。这在一定程度上起到了保障工伤职工基本权益的作用。但随着计划经济向市场经济的转变，单位工伤福利的形式已难以适应新形势下保障工伤职工权益的要求。1988年工伤保险改革试点地方出台工伤保险规定，1994年颁布的《中华人民共和国劳动法》（以下简称《劳动法》）明确了工伤保险是社会保险制度的主要内容之一，1996年劳动部制定出台了《企业职工工伤保险试行办法》，将工伤保险作为一项独立的社会保险制度实施，我国的工伤保险立法层次不断上升，工伤保险制度不断完善。

为适应建立完善的社会保障体系和完备的社会主义市场经济法律体系的要求，在多年探索和实践的基础上，2003年4月27日国务院颁布了《工伤保险条例》，并于2004年1月1日起施行。这标志着我国工伤保险制度建设又迈出了重要的一步。在《工伤保险条例》的基础上，工伤保险各项政策措施不断完善，相继出台了《工伤认定办法》《因工死亡职工供养亲属范围规定》《非法用工单位伤亡人员一次性赔偿办法》等一系列规章和政策措施。2010年颁布的《中华人民共和国社会保险法》（以下简称《社会保险法》）首次以立法形式确立了社会保险制度的基本框架，其中第四章专章规定了工伤保险的基本内容。为使工伤保险制度更好地适应我国经济社会的发展，国务院于2010年12月对《工伤保险条例》进行了修订。随着《社会保险法》的出台、《工伤保险条例》的修订实施，使工伤预防、工伤补偿和工伤康复三位一体的法律制度框架最终形成，从而使我国的工伤保险制度实现了由单纯的事后补偿向事前预防的转变，由治疗性康复向以职业康复为核心、促进工伤职工回归社会的工伤康复的转变。

> **相关阅读** 工伤保险制度的诞生
>
> 1873年，席卷西方世界的经济大萧条将德国置于经济危机和社会动荡之中。为了保持社会稳定，俾斯麦希望通过确立社会保险制度解决工伤问题。德国国会同意通过保险的方法转移工伤成本，但人们对由国家介入保险事务的解决方法心存疑虑，国家介入被认为是一种国家社会主义行为。此外，人们还担心采取无过失补偿会给雇主带来巨大成本，影响德国企业的国际竞争力。1882年3月8日，俾斯麦再次向国会提出自己的社会保险计划，提议基于不同行业形成一个强制性的、由国家监督的工伤保险委员会（Industrial Insurance Boards）。这种由工伤保险委员会管理的模式意味着某种程度上雇主和劳动者的自治，避免了国家直接干预引发的冲突和顾虑。1884年，德国国会最终通过了工伤保险法（Industrial Accidents Insurance Act）。保险的模式消除了过失责任的不确定性，也意味着工伤事故的救济方法从私法过渡到了公法。当然，这并不意味着由保险提供工伤保障就没有人指责该制度。一些人认为保险制度产生了不确定性，由于构成工伤事故的因素并不确定，这种忧虑至今仍然困扰着各国工伤保险立法以及实务操作。1925年，德国通过职业疾病法将职业病纳入补偿范围。1996年，工伤保险被正式纳入德国社会法典，成为社会保险的险种之一。

10. 工伤保险制度的立法形式是怎样的？

《中华人民共和国宪法》明确规定："中华人民共和国公民在年

老、疾病或者丧失劳动能力的情况下，有从国家和社会获得物质帮助的权利。国家发展为公民享受这些权利所需要的社会保险、社会救济和医疗卫生事业。"

社会保险是国家通过立法确立的社会保障制度，具有强制性特征，因此必须执行。为了规范社会保险关系，维护公民参加社会保险和享受社会保险待遇的合法权益，使公民共享发展成果，促进社会和谐稳定，国家根据宪法制定了《社会保险法》，规定国家建立基本养老保险、基本医疗保险、工伤保险、失业保险、生育保险等社会保险制度，用来保障公民在年老、疾病、工伤、失业、生育等情况下能够依法从国家和社会获得物质帮助。

《工伤保险条例》于 2003 年 4 月 27 日正式公布，自 2004 年 1 月 1 日起施行。2010 年 12 月 20 日，在总结实践经验的基础上，国务院公布了《关于修改〈工伤保险条例〉的决定》，自 2011 年 1 月 1 日起施行。

11. 社会保险行政部门在工伤保险工作中的职责是什么？

《工伤保险条例》第五条规定："国务院社会保险行政部门负责全国的工伤保险工作。县级以上地方各级人民政府社会保险行政部门负责本行政区域内的工伤保险工作。社会保险行政部门按照国务院有关规定设立的社会保险经办机构具体承办工伤保险事务。"

根据人力资源社会保障部及地方人力资源社会保障行政部门的"三定方案"规定，社会保险行政部门负责所辖范围内包括工伤保险在内的社会保险工作。相对而言，行政部门层次高，进行政策制定与指导的职责就多；行政部门层次低，办理社会保险工作的具体事务就多。

在中央层面，人力资源社会保障部负责全国工伤保险事务，其具体职责包括：拟定工伤保险政策、规划和标准；完善工伤预防、认定和康复政策；组织拟定工伤伤残等级鉴定标准；组织拟定定点医疗机构、药店、康复机构、残疾辅助器具安装机构的资格标准等。

省、市、县社会保险行政部门在各自行政区域内负责工伤保险的行政管理工作,其中,市、县级社会保险行政部门还要具体承担工伤认定的任务。当然,部分省级社会保险行政部门根据"三定方案"规定,也有对部分用人单位进行工伤认定的职责。

12. 哪些单位应依法参加工伤保险?

《工伤保险条例》第二条规定:"中华人民共和国境内的企业、事业单位、社会团体、民办非企业单位、基金会、律师事务所、会计师事务所等组织和有雇工的个体工商户应当依照本条例规定参加工伤保险,为本单位全部职工或者雇工缴纳工伤保险费。中华人民共和国境内的企业、事业单位、社会团体、民办非企业单位、基金会、律师事务所、会计师事务所等组织的职工和个体工商户的雇工,均有依照本条例的规定享受工伤保险待遇的权利。"

《工伤保险条例》要求所有的企业、非参公管理的事业单位和社会团体、民办非企业单位、律师事务所、会计师事务所、基金会、有雇工的个体工商户都必须缴纳工伤保险费参加工伤保险,主要是考虑这些用人单位同样存在工作伤害风险,只有参加工伤保险基金统筹,才能分担雇主风险。针对公务员和参照公务员法管理的事业单位、社会团体的工作人员,《工伤保险条例》第六十五条规定:"公务员和参照公务员法管理的事业单位、社会团体的工作人员因工作遭受事故伤害或者患职业病的,由所在单位支付费用。具体办法由国务院社会保险行政部门会同国务院财政部门规定。"

13. 工伤保险与人身意外保险的区别是什么?

人身意外保险属于商业保险的一种。它是通过商业保险公司和投保人双方签订合同,规定各自权利和义务。工伤保险则属于社会保险的一种。其通过社会统筹建立工伤保险基金，对保险范围内的劳动者在生产经营活动中所发生的或在规定的某些情况下遭受意外伤害、职业病，在劳动者暂时或永久丧失劳动能力，以及因上述情况造成死亡时，劳动者或其遗属能够从国家、社会得到必要物质补偿，以保证劳动者或其遗属的基本生活，并为工伤职工提供必要的医疗救治和康复服务。

人身意外保险与工伤保险有着本质的区别，不能相互代替，可以相互补充。

一是实施目的不同。人身意外保险是商业保险，以营利为目的，其中设置了很多免责条款以规避赔偿风险；工伤保险则是以保障受伤害职工的合法权益，维持正常的生产、生活秩序，维护社会安定为目的，是目前所有社会保险种类中享受待遇项目最多、待遇水平最高的险种。

二是保障水平不同。人身意外保险是一种临时性保险，保险金额由投保人与保险人双方确定，多投多保、少投少保、不投不保，而在实际生产工作中，投保金额往往有限，遇到严重的工伤事故时，人身意外保险的赔付也是杯水车薪；工伤保险待遇是在劳动者为社会尽了劳动义务发生工伤以后发放的，它的保障水平是根据整个社会的经济发展水平和各方面承受能力，由政府统一制定的，用于保障劳动者基本生活需要，往往高于最低生活保障线，低于劳动期间的工资收入水平。

三是实施方式不同。人身意外保险的实施方式是自愿投保，保险人和被保险人双方在自愿的基础上签订合同；工伤保险则是强制实施的，《社会保险法》明确规定职工应当参加工伤保险，由用人单位缴纳工伤保险费，职工不缴纳工伤保险费，属职工的基本权利之一。

14. 什么是企业？

工伤保险制度中的企业包括在中国境内的所有形式的企业，按照所有制划分，有国有企业、集体所有制企业、私营企业、外资企业；按照所在地域划分，有城镇企业、乡镇企业、境外企业；按照企业的组织结构划分，有公司、合伙企业、独资企业等。

15. 怎样定义民办非企业单位？

根据国务院1998年10月颁布的《民办非企业单位登记管理暂行条例》的相关规定，民办非企业单位是指在民政部门登记的，由企业事业单位、社会团体和其他社会力量以及公民个人利用非国有资产举办的，从事非营利性社会服务活动的社会组织，比如民办学校、民办医院、民办文艺团体、民办科研院所等。国家民政部2016年7月11日发布的《2015年社会服务发展统计公报》显示，截至2015年年底，全国共有民办非企业单位32.9万个。

从《民办非企业单位登记管理暂行条例》的定义可以看出，民办非企业单位具有以下几个特征：

一是不由政府或者政府部门举办，而是由企业事业单位、社会团体和其他社会力量以及公民个人举办。

二是非营利性是区别于企业的最显著特征。民办非企业单位提供的服务具有社会公益事业特点，宗旨是为了社会的公共利益和促进社会的进步，这一性质体现在民办非企业单位的目的和宗旨上，也体现在其财务管理与财产分配体制上。民办非企业单位的盈余与清算后的剩余财产只能用于社会公益事业，不得在成员中分配。

三是非国有资产举办是区别于事业单位的最显著特征。国有资产是指所有权属于国家的一切财产形式，而非国有资产是指国有资产以外的其他财产形式，可以是个人财产、集体所有财产，也可以是国外的财产。

四是民办非企业单位的社会服务领域很广，而且还在扩大。目前，民办非企业单位主要分布在教育、科研、文化、卫生、体育、新闻出版、交通、信息咨询、知识产权、法律服务、社会福利事业、经济监督等领域。其中，民办教育事业主要是指民办幼儿园、民办小学、中学、学院、培训中心等；民办卫生事业主要是指民办门诊部（所）、医院，民办康复、保健、卫生、疗养院（所）等；民办文化事业主要是指民办图书馆、博物馆、艺术馆、书画院、演出团体等；民办科研事业主要是指民办科研院所、研究中心、科技馆等；民办体育事业主要是指民办体育场馆、中心、俱乐部等；民办社会保险事业是指民办职业培训学校或者中心、民办职业介绍所等；民办民政事业是指民办福利院、敬老院、老年福利机构，民办婚姻介绍所、社区服务中心（站）等；民办法律服务事业主要是指民办法律事务所、法律援助中心、合作和合伙律师事务所等。《工伤保险条例》明确规定将民办非企业单位及其工作人员同样纳入工伤保险的适用范围。

16. 什么是社会团体？

根据国务院 2016 年 2 月 6 日修订的《社会团体登记管理条例》的相关规定，社会团体是指中国公民自愿组成，为实现会员共同意愿，按照其章程开展活动的非营利性社会组织。社会团体的名称类别主要有协会、学会、联合会、研究会、基金会、联谊会、促进会、商会等。国家民政部 2016 年 7 月 11 日发布的《2015 年社会服务发展统计公报》显示，截至 2015 年年底，全国共有社会团体 32.9 万个。

在工伤保险方面，社会团体的情况与事业单位基本类似。参照公务员法管理的社会团体及其工作人员实行与国家机关及其工作人员同样的工伤处理模式，具体办法由人力资源社会保障部会同财政部规定，这部分社会团体包括两类：一是参加中国人民政治协商会议的 8 个人民团体；二是由国务院机构编制管理机关核定，并经国务院批准的团体。不参照公务员法管理的社会团体，则直接适用《工伤保险条例》。

17. 农民工如何参加工伤保险？

2004 年 6 月，劳动保障部印发了《关于农民工参加工伤保险有关问题的通知》（劳社部发〔2004〕18 号），明确了农民工参加工伤保险的有关政策。主要包括：

凡是与用人单位建立劳动关系的农民工，用人单位必须及时为他们办理参加工伤保险的手续。对用人单位为农民工先行办理工伤保险的，各地经办机构应予办理。

用人单位注册地与生产经营地不在同一统筹地区的，原则上在注册地参加工伤保险。未在注册地参加工伤保险的，在生产经营地参加工伤保险。农民工受到事故伤害或者患职业病后，在参保地进行工伤认定、劳动能力鉴定，并按参保地的规定依法享受工伤保险待遇。用人单位在注册地和生产经营地均未参加工伤保险的，农民工受到事故伤害或者患职业病后，在生产经营地进行工伤认定、劳动能力鉴定，并按生产经营地的规定依法由用人单位支付工伤保险待遇。

2010 年 10 月，《社会保险法》颁布，要求社会保险费实行统一征收，而劳社部发〔2004〕18 号文件中，农民工先行办理工伤保险的规定与《社会保险法》的有关规定不一致的，在部分省市已经废止。

2014 年 12 月 29 日，人力资源社会保障部、住房城乡建设部、安全监管总局、全国总工会印发《关于进一步做好建筑业工伤保险工作的意见》（人社部发〔2014〕103 号），规定建筑施工企业应依法参加工伤保险。针对建筑行业的特点，建筑施工企业对相对固定的职工，应按用人单位参加工伤保险；对不能按用人单位参保、建筑项目使用的建筑业职工，特别是农民工，按项目参加工伤保险。房屋建筑和市政基础设施工程实行以建设项目为单位参加工伤保险的，可在各项社会保险中优先办理参加工伤保险手续。建设单位在办理施工许可手续时，应当提交建设项目工伤保险参保证明，作为保证工程安全施工的具体措施之一；安全施工措施未落实的项目，各地住房城乡建设主管部门不予核发施工许可证。

18. 同时在两个或两个以上单位就业的职工如何参加工伤保险？

根据人力资源社会保障部《实施〈中华人民共和国社会保险法〉若干规定》的规定，职工（包括非全日制从业人员）在两个或者两个以上用人单位同时就业的，各用人单位应当分别为职工缴纳工伤保险费。职工发生工伤时，由职工受到伤害时的工作单位依法承担工伤保险责任。

19. 非法用工单位造成的人员伤亡如何处理？

根据《工伤保险条例》第六十六条的规定，无营业执照或者未经依法登记、备案的单位以及被依法吊销营业执照或者撤销登记、备案的单位的职工受到事故伤害或者患职业病的，由该单位向伤残职工或者死亡职工的近亲属给予一次性赔偿，赔偿标准不得低于本条例规定的工伤保险待遇；用人单位不得使用童工，用人单位使用童工造成童工伤残、死亡的，由该单位向童工或者童工的近亲属给予一次性赔偿，赔偿标准不得低于本条例规定的工伤保险待遇。具体办法由国务院社会保险行政部门规定。

前款规定的伤残职工或者死亡职工的近亲属就赔偿数额与单位发生争议的，以及前款规定的童工或者童工的近亲属就赔偿数额与单位发生争议的，按照处理劳动争议的有关规定处理。

根据人力资源社会保障部《非法用工单位伤亡人员一次性赔偿

办法》的规定，一次性赔偿包括受到事故伤害或者患职业病的职工或童工在治疗期间的费用和一次性赔偿金。一次性赔偿金数额应当在受到事故伤害或者患职业病的职工或童工死亡或者经劳动能力鉴定后确定。劳动能力鉴定按照属地原则由单位所在地设区的市级劳动能力鉴定委员会办理。

一次性赔偿金数额，是以单位所在工伤保险统筹地区上年度职工年平均工资为赔偿基数，乘以一定倍数来计算的。

20. 用人单位在工伤保险工作中应承担什么责任？

在《工伤保险条例》中，详细规定了用人单位在工伤保险中应承担的责任，主要包括：

一是用人单位应当依照法律规定参加工伤保险，及时为本单位全部职工缴纳工伤保险费，将参加工伤保险的有关情况在本单位内公示。

二是用人单位应当遵守有关安全生产和职业病防治的法律法规，执行安全卫生规程和标准，预防工伤事故发生，避免和减少职业病危害。

三是职工发生伤害事故后，用人单位应当采取措施使受到事故伤害的职工得到及时救治，对死亡职工进行善后处理。

四是职工发生事故伤害或者按照《中华人民共和国职业病防治法》（以下简称《职业病防治法》）规定被诊断、鉴定为职业病，所在单位应当自事故伤害发生之日或者被诊断、鉴定为职业病之日起30日内，向统筹地区社会保险行政部门提出工伤认定申请。遇有特殊情况，经报社会保险行政部门同意，申请时限可以适当延长。如未在规定的时限内提交工伤认定申请，在此期间发生符合《工伤保险条例》规定的工伤待遇等有关费用由该用人单位负担。

五是用人单位应当协助社会保险行政部门对事故伤害进行调查核实，拒不协助社会保险行政部门对事故进行调查核实的，由社会保险行政部门责令改正，处 2 000 元以上 2 万元以下的罚款。

21. 为什么用人单位应公示参加工伤保险的有关情况？

工伤保险实行职工个人不缴费原则和权利与义务相对应的原则。参加工伤保险，为本单位全部职工缴纳工伤保险费，并将参加工伤保险的有关情况在本单位内公示，是用人单位的基本义务。用人单位只有按照规定参加了工伤保险，工伤职工的医疗费用和应享受的工伤保险待遇才由工伤保险基金支付。否则，所有费用均由用人单位支付。因此，用人单位在工伤保险制度中处于核心地位。工伤保险工作的好坏在很大程度上取决于用人单位的表现。用人单位在工伤保险工作中的责任是多方面的，而依法缴费是其主要责任。

在现实生活中，有些用人单位，特别是个体工商户和私营企业主，为了节省用工成本，不愿参加工伤保险，或者是通过虚报职工数量或工资总额等方式少缴社会保险费。因此，规定了由全体职工进行监督的机制，要求单位公示参保的有关情况。对用人单位不将参保情况予以公示的，职工有权向当地的社会保险行政部门进行举报投诉，社会保险行政部门在接到举报投诉后应依法调查，督促用人单位认真履行其法定义务。

22. 用人单位在发生工伤事故后应当履行哪些义务？

用人单位在工伤保险工作中承担着主体责任。用人单位在发生工伤事故后，工伤保险义务的履行情况直接关系到工伤职工救治和康复的效果。用人单位在发生工伤事故后应当履行以下义务：

一是救治与护理义务。工伤事故的发生有其突发性的特点，而用人单位往往是事故现场。这就要求在职工发生工伤时，用人单位应当采取措施使职工得到及时救治，要求用人单位建立应急预案，加强培训演练。生活不能自理的工伤职工在停工留薪期需要护理的，由所在单位负责护理。

二是办理工伤保险相关手续的义务。工伤发生后，受伤职工及其亲属要接受治疗或进行陪护，往往很难亲自办理相关手续。用人单位应当履行申请义务，按照国家规定及时为工伤职工办理相关事项，如申请工伤认定、确定停工留薪期、申请劳动能力鉴定及工伤保险待遇等。

三是兑现工伤保险待遇的义务。用人单位应当按照国家规定及时兑现工伤职工相关工伤保险待遇。如工伤职工在停工留薪期内，继续享受原工资福利待遇；五级、六级伤残职工不能调整岗位时，按月领取的伤残津贴；终止或者解除劳动合同时，应当享受的一次性伤残就业补助金等。

23. 发生工伤事故和被鉴定为职业病后，用人单位如何履行救治义务？

工伤救治是工伤保险的基本内容，发生工伤时，采取措施使工伤职工得到及时救治是用人单位的基本义务之一。根据《工伤保险条例》第四条第三款"职工发生工伤时，用人单位应当采取措施使工伤职工得到及时救治"的规定，对于用人单位有两方面的义务：一方面，用人单位的抢救要及时；另一方面，用人单位在运送伤者时，一定要讲究方式方法，运用科学的卫生防护手段和技术，避免加重伤情。对受伤较轻的，可以到本单位的内部医疗机构进行简单处理；但对伤害严重的，则需联系医疗机构，动用适当的交通工具将伤者及时准确地送到有相应处理能力的医疗机构进行抢救，如果条件允许，尽量将伤者送往签订服务协议的医疗机构就医，以方便享受工伤医疗待遇。

另外，根据《生产安全事故报告和调查处理条例》的规定，发生工伤事故后，事故现场有关人员应当立即向本单位负责人报告；单位负责人接到报告后，应当于1小时内向事故发生地县级以上人民政府安全生产监督管理部门和负有安全生产监督管理职责的有关部门报告。

24. 职工享有哪些工伤预防的法定权利？

职工在工作过程中，为了避免工伤事故的发生，依法享有工伤预防的权利，主要体现在以下几个方面：

一是职工有权获得劳动安全卫生教育和培训，了解所从事的工作可能对身体健康造成的危害和可能造成事故发生的危险因素。从事特种作业要取得特种作业资格，持证上岗。

二是职工有权获得保障生命安全和身体健康的劳动条件和劳动防护用品。

三是职工有权对用人单位管理人员违章指挥、强令冒险作业予以拒绝。

四是职工有权对危害生命安全和身体健康的行为提出批评、检举和控告。

25. 职工在工伤保险和工伤预防方面有哪些义务？

职工参加工伤保险后，享有法定的权利，但同时也要承担相应的法定义务。职工在工伤保险和工伤预防方面的义务主要有：

一是职工有义务遵守劳动纪律和用人单位的规章制度，服从本单位负责人的工作安排和指挥。

二是职工在劳动中必须严格遵守安全操作规程，正确使用劳动防护用品，接受劳动安全卫生教育和培训，配合用人单位积极预防事故和职业病的发生。

三是职工或者其近亲属报告工伤和申请工伤待遇时，有义务如实反映发生事故和职业病的有关情况和工资收入、家庭有关情况等；当有关部门调查取证时，应当给予配合。

四是除紧急情况以外，发生工伤的职工应当到工伤保险签订服务协议的医疗机构进行治疗，对于治疗、康复、评残要接受有关机构的安排，并给予配合。

五是工伤职工经过劳动能力鉴定确认完全恢复或者部分恢复劳动能力后，身体条件允许，可以工作的，要服从用人单位的工作安排。

26. 职工发生工伤后该怎么办？

（1）工伤认定申请。用人单位应当自职工受到事故伤害之日或者被诊断、鉴定为职业病之日起30日内，工伤职工或者其近亲属、工会组织在事故伤害发生之日或者被诊断、鉴定为职业病之日起1年内，应向统筹地区社会保险行政部门提出工伤认定申请，并按照《工伤保险条例》第十八条规定，提交下列材料：工伤认定申请表、与用人单位存在劳动关系（包括事实劳动关系）的证明材料、医疗诊断证明或者职业病诊断证明书（或者职业病诊断鉴定书）等。

（2）工伤认定。社会保险行政部门收到工伤认定申请后，应当在15日内对申请人提交的材料进行审核，材料完整的，作出受理或者不予受理的决定；材料不完整的，应当以书面形式一次性告知申请人需要补正的全部材料。社会保险行政部门收到申请人提交的全部补正材料后，应当在15日内作出受理或者不予受理的决定。社会保险行政部门受理工伤认定申请后，可以根据需要对申请人提供的证据进行调查核实，并应当自受理工伤认定申请之日起60日内作出工伤认定决定，出具《认定工伤决定书》或者《不予认定工伤决定书》。

（3）工伤医疗。职工因工作遭受事故伤害或者患职业病进行治疗时，享受工伤医疗待遇。职工治疗工伤应当在签订服务协议的医疗机构就医，情况紧急时可以先到就近的医疗机构急救。参保工伤职工治疗工伤所需费用按规定从工伤保险基金支付。

（4）工伤康复。工伤职工到签订服务协议的医疗机构进行工伤康复的费用，符合规定的，从工伤保险基金支付。

(5) 劳动能力鉴定。职工发生工伤，经治疗伤情相对稳定后存在残疾、影响劳动能力的，应当进行劳动能力鉴定。劳动能力鉴定由用人单位、工伤职工或者其近亲属向设区的市级劳动能力鉴定委员会提出申请，并提供工伤认定决定和职工工伤医疗的有关资料。

(6) 工伤保险待遇。已经参加工伤保险的职工受到事故伤害并认定为工伤或者经诊断、鉴定为职业病的，按照《工伤保险条例》规定享受各项工伤保险待遇。

工伤保险待遇包括工伤医疗期间待遇、工伤医疗终结后一次性发放的待遇、工伤医疗终结后定期发放的待遇及因工死亡待遇等。

27. 工伤职工的维权方式有哪些？

(1) 劳动仲裁。根据《工伤保险条例》规定，职工与用人单位发生工伤待遇方面的争议，按照处理劳动争议的有关规定处理。

(2) 行政复议。根据《中华人民共和国行政复议法》（以下简称《行政复议法》）规定，对工伤认定受理决定或认定决定不服的，自收到决定书之日起60日内向上级行政机关提起行政复议。

(3) 行政诉讼。依据《中华人民共和国行政诉讼法》（以下简称《行政诉讼法》）规定，对工伤认定受理决定或认定决定不服的，自收到决定书之日起6个月内向人民法院提起行政诉讼。对工伤行政复议决定不服的，自收到决定书之日起15日内向人民法院提起上诉。

(4) 劳动能力鉴定。职工发生工伤，经治疗伤情相对稳定后存在残疾、影响劳动能力的，或者停工留薪期满（含劳动能力鉴定委员会确认的延长期限），工伤职工或者其用人单位应当及时向设区的市级劳动能力鉴定委员会提出劳动能力鉴定申请。

(5) 劳动能力再次鉴定。根据《工伤保险条例》规定，申请鉴定的单位或者个人对设区的市级劳动能力鉴定委员会作出的鉴定结论不服的，可以在收到该鉴定结论之日起15日内向省、自治区、直辖市劳动能力鉴定委员会提出再次鉴定申请。省、自治区、直辖市劳动能力鉴定委员会作出的劳动能力鉴定结论为最终结论。

28. 单位或个人骗取工伤保险待遇会受到怎样的处罚？

用人单位、工伤职工或者其近亲属提供虚假材料或者证明骗取工伤保险待遇的，或医疗机构、辅助器具配置机构骗取工伤保险基金支出的，由社会保险行政部门责令退回，并且按照骗取金额2倍以上5倍以下处以罚款；情节严重，构成犯罪的，由司法机关依法追究刑事责任。

第二章　工伤保险基金

知识要点

工伤保险基金是根据"大数法则",遵循"统筹共济"的原则,广泛筹集资金,使劳动者因工伤残或死亡之后本人或遗属能够得到及时救助和享受工伤保险待遇,这是工伤职工享受工伤保险待遇的前提和基础。本章着重介绍工伤保险基金的基本定义、基本特征、募集原则及征缴和使用办法,使大家对工伤保险基金有一个更加清晰的了解。

29. 工伤保险基金的基本定义是什么?

工伤保险基金是社会保险基金的一种,由依法参加工伤保险的用人单位缴纳的工伤保险费、工伤保险基金的利息和依法纳入工伤保险基金的其他资金构成。因为工伤保险是社会保险的一个组成部分,建立工伤保险基金是以社会保险的"大数法则"原则为依据的,即通过广泛筹集基金,保险范围扩大,使可能发生在少数人或少数单位、地区的危险,转而由多数人或多数单位、地区共同分担,基金在人员、单位、地区之间调剂使用。

用人单位缴纳的工伤保险费是工伤保险基金的主要来源。凡是纳入工伤保险范围的用人单位,应当按照规定及时足额缴纳工伤保险费,以保证基金的支付能力,切实保障工伤职工及时获得医疗救治和经济补偿。工伤保险基金按照规定存入银行或者购买国债,取得利息并入工伤保险基金。其他资金是指按规定征收的滞纳金、社会捐赠等资金。另外,根据《社会保险法》第六十九条的规定,社会保险基金在保证安全的前提下,按照国务院规定投资运营实现保值增值。

30. 工伤保险基金的基本特征有哪些？

一是强制性。工伤保险费是国家以法律或者行政法规规定的形式，向规定范围内的用人单位征收的一种社会保险费。具有缴费义务的单位必须按照法律规定履行缴费义务，否则就是违法行为，用人单位要按照法律规定承担相应的法律责任。

二是无偿性。国家征收的工伤保险费并不会在征收后对缴费义务人进行偿还。在实际操作中，缴费单位不能因为没有发生工伤、未使用工伤保险基金，而要求返还缴纳的工伤保险费。社会保险经办机构也不应因单位发生的工伤多、支付的基金数额大，而要求该单位追加缴纳工伤保险费，只能在确定用人单位下一轮费率时适当考虑其工伤保险基金的支付情况。

三是共济性。设立工伤保险的目的之一就是通过互助共担风险的策略，采取将风险分散到众多个体的方法，分摊用人单位安全生产风险，保障工伤职工的切身权益。通过各用人单位共同缴纳工伤保险费，建立工伤保险基金，当某个用人单位出现工伤事故时，可以从工伤保险基金中支付工伤事故的某些费用，从而使得用人单位减少部分损失，也使职工在医治、康复和赔偿上获得较为可靠的经济保障。

四是专用性。国家根据社会保险事业发展的需要，事先规定工伤保险费的缴费对象、缴费基数和费率的基本原则。在征收时，不因缴费义务人的具体情况而随意调整。在工伤保险基金的使用上，实行专款专用，任何人不得挪用。另外，工伤保险基金由社会保险经办机构代替参保人员管理，不属于社会保险经办机构所有。因此，法院在审理和执行民事、经济案件时，不能够查封、冻结或扣划工伤保险基金，不得用工伤保险基金偿还社会保险机构及其原下属企业的债务。

31. 工伤保险费有哪些征缴办法？

国务院 1999 年 1 月发布施行了《社会保险费征缴暂行条例》，对基本养老保险费、基本医疗保险费、失业保险费三个险种的保险费征缴作了专门而详细的规定。同时还规定：省、自治区、直辖市人民政府根据本地的实际情况，决定《社会保险费征缴暂行条例》是否适用于工伤保险费和生育保险费的征缴。

《工伤保险条例》统一了工伤保险费的征缴工作，明确规定工伤保险费的征缴按照《社会保险费征缴暂行条例》关于基本养老保险费、基本医疗保险费、失业保险费的征缴规定执行。

需要注意的是，根据《社会保险费征缴暂行条例》的规定，社会保险费的征收单位可以是社会保险经办机构，也可以由税务机关代为征缴，具体由哪个机构来负责征缴，可由省、自治区、直辖市人民政府确定。因此，从全国范围来看，征缴的主体也有所不同，有的地方五项社会保险费全部由社会保险经办机构负责征收，有的由税务机关负责征收，有的不同险种由不同的机构负责征收。但无论由哪个机构征收，征收的程序都要执行《社会保险费征缴暂行条例》的规定。

随着《社会保险法》的颁布，社会保险费征缴制度得到了进一步完善，该法明确规定了社会保险费征收机构征收包括工伤保险费在内的各项社会保险费，增强了社会保险费征缴的强制性，同时，要求国务院尽快统一征收主体，为加强社会保险费征缴提供了更加有力的法律保障。

相关阅读 《社会保险法》关于社会保险费征收的规定

《社会保险法》作为《工伤保险条例》《社会保险费征缴暂行条例》的上位法，完善了社会保险费征缴制度，对社会保险费征收机构和具体办法作了规定：

第一,规定了社会保险信息沟通共享机制。为了保证社会保险相关信息的及时性、准确性,《社会保险法》规定,工商行政管理部门、民政部门和机构编制管理机关应当及时向社会保险经办机构通报用人单位的成立、终止情况,公安机关应当及时向社会保险经办机构通报个人的出生、死亡以及户口登记、迁移、注销等情况。

第二,规定了灵活就业人员社会保险登记、缴费制度。《社会保险法》规定,参加社会保险的无雇工的个体工商户、未在用人单位参加社会保险的非全日制从业人员以及其他灵活就业人员,应当向社会保险经办机构申请办理社会保险登记,可以直接向社会保险费征收机构缴纳社会保险费。

第三,规定了社会保险费实行统一征收的原则,授权国务院规定实施步骤和具体办法。一是各项社会保险费应当统一征收,而不是单独征收。这个问题在1999年颁布的《社会保险费征缴暂行条例》中已有相应的规定,但只明确了养老、医疗和失业三项社会保险费集中、统一征收,对于工伤和生育保险费,《社会保险法》也作出了明确规定,五项社会保险费均应统一征收。二是全国的社会保险征收机构应当统一。现在学界有两种声音,一种意见认为,应当按照"税务征收、财政管理、社保发放、审计监督"的原则,由税务机关征收社会保险费;另一种意见认为,应当按照"明确责任、权责统一、减少环节、便于监督"的原则,由社会保险经办机构负责征收。

第四,建立了社会保险费的强制征缴制度。包括以下措施:一是社会保险费征收机构应当依法按时足额征收社会保险费。用人单位未按时足额缴纳社会保险费的,经社会保险费征收机构责令其限期缴纳或者补足,逾期仍不缴纳或者补足的,社会保险费征收机构可以申请县级以上有关行政部门作出从用人单位存款账户中划拨社会保险费的决定,并书面通知其开户银行或者其他金融机构划拨社会保险费。二是用人单位账户余额少于应当缴纳的社会保险费的,社会保险费征收机构可以要求该用人单位提供担保，签订延期缴费协议。三是用人单位未足额缴纳社会保险费且未提供担保的，社会保险费征收机构可以申请人民法院扣押、查封、拍卖其价值相当于应当缴纳社会保险费的财产，以拍卖所得抵缴社会保险费。

32. 工伤保险基金有哪些筹集原则？

工伤保险基金的筹集应遵循以下几项原则：

一是以支定收、收支平衡、略有结余原则。工伤保险基金是工伤保险制度的物质基础，要想满足伤残职工的医疗康复以及为丧失劳动能力的伤残职工及其供养亲属提供基本生活保障，就必须达到这方面的实际开支需求。所以，工伤保险基金筹集总的原则就是"以支定收、收支平衡"，即根据当年决算实际支付工伤保险费用总额来确定下一年度工伤保险基金的总额，并使二者始终保持大体平衡。

二是兼顾公平与效率原则。工伤保险基金筹集与其他社会保险基金筹集一样，要保证社会经济运行的效率性，不能对社会经济发展造成障碍。筹集水平要合理，兼顾国家、用人单位和个人的权益。国家可根据有关情况适时作出征缴费率的调整，如2015年国务院对工伤保险费率进行了下调，平均费率由1%降至0.75%。

三是预防与补偿相结合原则。实行差别费率和浮动费率，根据各行业工伤事故及职业病的风险类别、频率制定费率，形成工伤保险对于事故预防的激励机制。

四是统一政策与分级管理原则。工伤保险基金筹集由政府指定社会保险机构统一筹集，基金的筹集调剂使用主要以（地）市为基本单位，进行调剂使用。

33. 什么是工伤保险行业差别费率和浮动费率？

我国目前根据不同行业的工伤风险程度和职业病危害程度确定

各个行业的差别费率，工伤事故发生率高的，费率就高，反之就低。在实行行业差别费率的基础上，建立单位缴费浮动机制。根据用人单位的工伤发生情况和工伤保险费使用情况，在该用人单位所属行业费率的基础上，适用所属行业内相应的费率档次确定单位缴费费率。

从国际上看，差别费率和浮动费率是管理工伤保险基金的一种通用方法。施行差别费率使每个行业、产业的工伤保险费率与该行业、产业的工伤事故发生频率直接挂钩。在我国，社会保险经办机构在确定工伤保险费率时，根据不同行业、产业的事故风险和职业危害程度的类别以及发生工伤事故和职业病的频率，确定不同比例的工伤保险费率，形成行业差别费率，使工伤保险缴费更为公平。

浮动费率是指在差别费率的基础上，根据企业在一定时期内安全生产状况和工伤保险费用支出情况，在评估的基础上，定期对企业费率给予浮动的办法。社会保险经办机构在确定行业缴纳的工伤保险费率之后，根据每个参保企业上一年度安全生产的实际状况和工伤保险费用的支出情况，对于那些安全生产情况好的企业，在达到一定标准后，社会保险经办机构可以将企业的工伤保险费率降低，以起到奖励的作用；而对于那些安全生产情况差、出现安全生产隐患或发生安全事故的企业，则提高工伤保险费率，以达到惩罚的目的。浮动费率可以促进企业重视安全生产，改进生产条件，预防事故发生，降低风险程度，从而保护企业和职工双方的利益。

34. 工伤保险费率如何确定？

根据《社会保险法》第三十四条关于"行业差别费率和行业内费率档次由国务院社会保险行政部门制定，报国务院批准后公布施行"的规定，工伤保险费率确定的主体是国务院社会保险行政部门。

国务院社会保险行政部门对全国范围内的工伤保险基金收支情

况进行调查摸底,掌握工伤保险基金支出情况及一般规律,了解全国及各统筹地区的基金现状。在摸清底数的情况下,根据以支定收、收支平衡的原则,按照不同行业的工伤风险程度确定不同行业的差别费率,也就是确定一个基准费率。目前,按照《国民经济行业分类》(GB/T 4754—2011)对行业的划分,根据不同行业的工伤风险程度,由低到高依次将行业工伤风险类别划分为一类至八类。不同工伤风险类别的行业执行不同的工伤保险行业基准费率。一类至八类对应的全国工伤保险行业基准费率分别控制在该行业用人单位职工工资总额的0.2%、0.4%、0.7%、0.9%、1.1%、1.3%、1.6%、1.9%左右。

通过费率浮动的办法确定每个行业内的费率档次。一类行业分为三个档次,即在基准费率的基础上,可向上浮动至120%、150%,二类至八类行业分为五个档次,即在基准费率的基础上,可分别向上浮动至120%、150%或向下浮动至80%、50%。

统筹地区社会保险经办机构根据用人单位工伤保险费使用、工伤发生率、职业病危害程度等因素,确定其工伤保险费率,并可依据上述因素变化情况,每1~3年确定其在所属行业不同费率档次间是否浮动。对符合浮动条件的用人单位,每次可上下浮动一档或两档。统筹地区工伤保险最低费率不低于本地区一类风险行业基准费率。费率浮动的具体办法由统筹地区人力资源社会保障部门会同财政部门制定,并征求工会组织、用人单位代表的意见。

随着科技、经济、社会等方面的发展,各行业工伤风险程度会不断变化。例如,采掘业在20世纪的风险程度很高,但随着机械化运用程度的提高,该行业的工伤风险程度在发达国家已经有较大幅度的下降,而一些原本并不太危险的行业,随着生产和工作方式的变化,诸如辐射等职业危害程度则有所提高。因此,对各行业、部门的工伤风险程度进行跟踪调查,不断评估是十分必要的,并应根据统计评估情况适时对行业差别费率和浮动费率档次进行调整。

35. 工伤保险费缴费主体和数额如何确定？

用人单位应当按时缴纳工伤保险费，职工个人不缴纳工伤保险费。用人单位不能采取任何手段将工伤保险费转嫁到职工个人身上。按照《社会保险费征缴暂行条例》规定，用人单位必须按月向社会保险经办机构申报应缴纳的社会保险费数额，经社会保险经办机构核定后，在规定的期限内缴纳社会保险费。用人单位缴纳工伤保险费的数额为本单位职工工资总额乘以单位缴费费率之积。

相关阅读 工伤保险费变通的缴费方式

《工伤保险条例》规定，用人单位缴纳工伤保险费的数额为单位职工工资总额乘以单位缴费费率之积，但一些特殊行业、企业及其用工群体，按用人单位工资总额的一定比例缴纳工伤保险费，在实际操作中存在一些困难。这样的行业主要有两类：

一是流动性大、工作场所不固定、工资支付形式多样且由于专业承包、劳务分包，工资总额难以计算的建筑施工企业及一些中、小矿山企业等。

二是受市场竞争影响非常大的商贸、餐饮等服务行业企业，员工流动性大，用人规模波动性大。

为适应这些行业企业的特点，方便这些行业企业参保缴费，《工伤保险条例》授权国务院社会保险行政部门对这些行业企业缴纳工伤保险费的具体方式加以规定。根据这一授权，人力资源社会保障部制定了《部分行业企业工伤保险费缴纳办法》，结合实践中的变通做法，作出缴费的具体规定，如建筑施工企业可以实行以工程项目为单位，按工程造价的一定比例计算缴纳工伤保险费；商贸、餐饮等小型服务企业可以按营业额的一定比例计算缴纳工伤保险费等。

36. 职工工资总额包括哪些？

确定职工工资总额，是单位缴纳工伤保险费的基础，在《工伤保险条例》中，将"职工的工资总额"定义为用人单位直接支付给本单位全部职工的劳动报酬总额。

根据 1990 年国家统计局发布的《关于工资总额组成的规定》，工资总额应包括计时工资、计件工资、奖金、津贴和补贴、加班加点工资以及特殊情况下支付的工资。但是，劳动者的以下收入不属于工资范围：一是单位支付给劳动者个人的社会保险福利费用，如生活困难补助费、计划生育补贴等；二是劳动保护方面的费用，如用人单位支付给劳动者的工作服、解毒剂等费用；三是按规定未列入工资总额的各种劳动报酬及其他劳动收入，如根据国家规定发放的创造发明奖、科学进步奖，以及稿费、翻译费等。

37. 职工本人工资如何定义？

确定职工本人工资，是工伤职工依法享受工伤保险待遇的基础，工伤保险待遇的许多项目，如一次性伤残补助金、每月的伤残津贴等，都以工伤职工的本人工资为计算基数。

在《工伤保险条例》中，将"本人工资"定义为工伤职工因工作遭受事故伤害或者患职业病前 12 个月平均月缴费工资。计发工伤保险待遇时，如本人工资高于统筹地区职工平均工资 300% 的，按照统筹地区职工平均工资的 300% 计算；本人工资低于统筹地区职工平均工资 60% 的，按照统筹地区职工平均工资的 60% 计算。

38. 工伤保险基金的统筹层次怎么确定？

工伤保险基金的统筹层次关系到多大范围内调剂使用工伤保险基金，统筹层次越高，基金的规模和调剂使用的范围就越大，基金抵御风险的能力和保障的力度也就越大。2004 年实施的《工伤保险条例》规定，工伤保险基金在直辖市和设区的市实行全市统筹，其他地区的统筹层次由省、自治区人民政府确定。

2010年修订的《工伤保险条例》第十一条第一款规定，"工伤保险基金逐步实行省级统筹"，说明工伤保险基金的统筹层次有了较大变化。另外，考虑到在实际工作中，有的行业生产流动性较大，其工作范围跨几个统筹地区，这样的行业参加工伤保险有其特殊性，如果还按照参加所在统筹地区工伤保险来执行，势必使得同一行业的企业参加不同统筹地区的工伤保险，直接导致其职工享受的工伤保险待遇的不同，这可能会在实践中产生一些人为不公。为避免类似情况，给生产流动性较大的行业如何参加工伤保险留有余地，《工伤保险条例》第十一条规定了跨地区、生产流动性较大的行业可以采取相对集中的方式异地参加统筹地区的工伤保险，具体办法由国务院社会保险行政部门会同有关行业的主管部门制定。

39. 工伤保险基金如何使用？

工伤保险基金的征收和使用按照"以支定收、收支平衡"的原则确定，由于从筹集到支付的时间跨度较短，沉淀资金不多，而且工伤事故的发生具有不确定性，基金随时面临支付的可能，因此对于工伤保险基金的使用范围有严格的限定。

《社会保险法》第三十八条规定，因工伤发生的下列费用，按照国家规定从工伤保险基金中支付：（1）治疗工伤的医疗费用和康复费用；（2）住院伙食补助费；（3）到统筹地区以外就医的交通食宿费；（4）安装配置伤残辅助器具所需费用；（5）生活不能自理的，经劳动能力鉴定委员会确认的生活护理费；（6）一次性伤残补助金和一至四级伤残职工按月领取的伤残津贴；（7）终止或者解除劳动合同时，应当享受的一次性医疗补助金；（8）因工死亡的，其遗属领取的丧葬补助金、供养亲属抚恤金和因工死亡补助金；（9）劳动能力鉴定费。

随着工伤保险事业的发展，不可避免会出现一些新的应由工伤保险基金支付的项目，目前的规定不可能穷尽所有应由工伤保险基金支出的项目，为了给工伤保险基金合法支出留有一定空间，同时为了避免滥用工伤保险基金情况的发生，《工伤保险条例》还规定了法律、法规规定的用于工伤保险的其他费用。也就是说，只有全国人大及其常委会制定的法律、国务院制定的行政法规和省级人大制定的地方性法规才能规定工伤保险基金的支出项目。其他文件，包括省级人民政府制定的地方性规章、国务院有关部门制定的部门规章，都不得规定工伤保险基金的支出项目。

同时，工伤保险基金是工伤职工的"保命钱"，安全性是第一原则，随着包括工伤保险基金在内的社会保险基金结余量的扩大，保证工伤保险基金安全的呼声越来越高。为了加强对工伤保险基金的监管，《工伤保险条例》明确规定任何单位或者个人不得将工伤保险基金用于投资运营、兴建或者改建办公场所、发放奖金，或者挪作其他用途。《社会保险法》第六十九条第二款进一步规定，社会保险基金不得违规投资运营，不得用于平衡其他政府预算，不得用于兴建、改建办公场所和支付人员经费、运行费用、管理费用，或者违反法律、行政法规规定挪作其他用途。

40. 怎样运用工伤保险储备金？

《工伤保险条例》第十三条规定："工伤保险基金应当留有一定比例的储备金，用于统筹地区重大事故的工伤保险待遇支付；储备金不足支付的，由统筹地区的人民政府垫付。储备金占基金总额的具体比例和储备金的使用办法，由省、自治区、直辖市人民政府规定。"

工伤保险储备金，是指为了应对重大工伤事故的发生可能导致基金的大规模支出而建立的一项应急资金。工伤保险实行现收现付制度并根据以支定收、收支平衡的原则确定费率，这就决定了当期征收的工伤保险费与当期支付的工伤保险待遇基本持平或略有结余。国家根据不同行业的工伤风险程度确定的行业差别费率以及费率档次,一般应持续一定的期限再作调整。比如说行业差别费率及费率档次一旦确定后,可能3年或5年,甚至更长时间后再重新确定。现实中工伤事故的发生有其不确定性,有可能这段时期处于工伤事故高发期,也可能另一段时间由于工伤预防工作做得好等原因,使得工伤事故处于低发阶段。为了避免突发事件发生时,工伤保险基金难以支付的情况发生,《工伤保险条例》规定了储备金制度,用于突发事件发生时工伤保险待遇的支付。这样规定,一方面能够更好地保障工伤职工的合法权益,另一方面也能更好地分摊发生重大工伤事故的用人单位的风险。

同时,为了保障发生重大工伤事故时各项工伤保险待遇的及时足额支付,《工伤保险条例》还规定,当储备金不足支付时,由统筹地区的人民政府垫付。考虑到我国幅员辽阔,各地经济发展水平和用人单位的安全生产状况存在差异,未对储备金占基金总额的具体比例和储备金的使用办法作统一性的规定,具体比例和使用办法由省、自治区、直辖市人民政府根据各地实际情况规定。

41. 我国工伤保险基金如何进行收支管理?

我国的工伤保险基金实行收支两条线管理,即工伤保险费定期从收入户划入财政专户中,如果需要支出时,则从财政专户划拨到支出户中再进行支出。

《工伤保险条例》规定工伤保险基金存入社会保险基金财政专户。社会保险经办机构要在同级财政部门和社会保险行政部门共同认定的国有商业银行开设财政专户、收入户和支出户。收入户用于暂存社会保险经办机构收缴的各项基金收入,并按规定将资金缴付至社会保险基金财政专户;支出户主要用于支付基金开支项目,并接受财政专户拨入的资金;财政专户用于存储基金,接受从收入户划入的资金并向支出户拨付资金。社会保险基金收入户的资金应定期全部划入社会保险基金财政专户，财政部门按照社会保险经办机构关于社会保险基金支付的预算，按一定期限将资金从社会保险基金财政专户划拨到社会保险经办机构支出户。

出现特殊情况，需要临时调整社会保险基金支出金额时，由社会保险经办机构提出用款计划，经财政部门审核后划拨资金；需要调整预算的，按调整后的预算执行。财政部门除根据社会保险经办机构的预算和其提出的用款计划拨付资金外，不得自行安排和使用社会保险基金。

42. 用人单位对单位应缴费率有异议怎么办？

统筹地区社会保险经办机构根据用人单位工伤保险费使用情况、工伤发生率、职业病危害程度等因素，确定其工伤保险费率。如用人单位对社会保险经办机构确定的单位应缴费率不服的，根据《工伤保险条例》第五十五条的规定，可以依法申请行政复议或者向人民法院提起行政诉讼。

社会保险经办机构确定某用人单位缴费费率的行为属于具体行政行为，为《行政诉讼法》所调整的法律关系，根据2014年11月1日修订的《行政诉讼法》第十二条的规定，对征收、征用决定及其补偿决定不服的可以提起行政诉讼。公民、法人或者其他组织不服复议决定的，可以在收到复议决定书之日起15日内向人民法院提起诉讼。复议机关逾期不作决定的，申请人可以在复议期满之日起15日内向人民法院提起诉讼。公民、法人或者其他组织直接向人民法院提起诉讼的，根据《行政诉讼法》第四十六条的规定，应当自知道或者应当知道作出行政行为之日起6个月内提出，法律另有规定的除外。

第三章 工伤认定

知识要点

工伤认定是对职工所遭受的伤情进行行政确认的过程，是职工享受工伤保险待遇的必备要件，本章着重介绍工伤认定的定义及特征、主体及对象和认定工伤、视同工伤及不予认定工伤的各种情形，通过阅读本章能让大家对认定工伤、视同工伤及不予认定工伤的各种情形有一定的了解。

43. 什么是工伤认定？

工伤认定是指工伤认定机关（社会保险行政部门）根据工伤保险法律法规的规定，确定职工受到的伤害，按照规定是否属于应当认定为工伤、视同工伤以及不得认定为工伤的情形。社会保险行政部门进行工伤认定时，应当严格遵守法律法规及相关政策的规定，不得随意扩大工伤认定范围，也不得将符合条件的排除在工伤之外，应当依法维护相关各方的合法权益。

44. 工伤认定的特点有哪些？

工伤认定作为社会保险行政部门作出的行政确认行为，具有以下特点：

一是工伤认定的主体是行政机关。根据《工伤保险条例》的规定，进行工伤认定的行政机关是社会保险行政部门。也就是说，只有社会保险行政部门才能针对条例所规定的需要进行工伤认定的事项，依照法定的条件和程序作出确认。因此，非行政机关，如劳动争议仲裁委员会、工伤保险经办机构、法院等均无权直接作出认定或者确认。

二是工伤认定是行政主体作出的具体行政行为。工伤认定权是国家行政权力的组成部分，行政机关工伤认定权源自国家立法直接规定，而非当事人的委托。因此，如果不服社会保险行政部门作出的工伤认定，只能采取法定的救济手段，进行行政复议或者提起行政诉讼。

三是工伤认定是依申请进行的行政行为。工伤认定程序的启动，以有关用人单位、劳动者本人及其近亲属、工会组织的申请为前提，即社会保险行政部门一般不主动进行工伤认定，且工伤认定不直接创设或者改变相对人的权利义务状态，只是对发生在劳动者身上的客观伤情是否属于工伤法律事实进行甄别和判断。特别是在损害承担方式逐渐多元化的今天，在劳动者通过人身损害赔偿的民事诉讼或者其他商业保险已获得补偿的情况下，应允许劳动者放弃工伤认定的权利。因此，规定工伤认定是依申请进行的。

四是工伤认定是要式行政行为。根据《工伤保险条例》第二十条的规定，社会保险行政部门的工伤认定必须在法定期间内以书面形式作出，并书面通知申请工伤认定的劳动者和其用人单位。如果社会保险行政部门逾期不作出任何书面通知，申请工伤认定的用人单位、劳动者或者其近亲属、工会组织可以依法就社会保险行政部门行政不作为行为提起行政复议或者行政诉讼。

五是工伤认定是羁束性行政行为。羁束性行政行为是与自由裁量行政行为相对应的，以行政行为对法律法规的适用有无灵活性而进行的一种区分。工伤认定是对劳动者所遭受的事故伤害、所患疾病以及发生的其他情形等特定事实是否属于工伤法律事实的认定，是由客观事实和法律规定所决定的。因此，工伤认定行为较少有自由裁量的空间，属于羁束性行政行为。

45. 工伤认定的主体是哪个部门？

根据《工伤保险条例》第十七条的规定，工伤认定应当由统筹地区的社会保险行政部门作出。

首先,工伤认定是一种行政行为,由社会保险行政部门负责。有关个人或者所在单位对工伤认定决定不服的,可以依法申请行政复议或者提起行政诉讼。

其次,工伤认定部门的层级与工伤保险基金的统筹层次相同。工伤保险管理的各个环节是一个有机整体,工伤认定是工伤保险待遇支付的前提条件,为了便于工作的衔接和管理,《工伤保险条例》规定工伤认定工作由统筹地区的社会保险行政部门承担。

需要注意的是,按照《工伤保险条例》第十七条的规定,应当由省级社会保险行政部门进行工伤认定的事项,根据属地原则由用人单位所在地的设区的市级社会保险行政部门办理。

另外,统筹地区的社会保险行政部门在进行工伤认定时,必须遵守《工伤保险条例》所规定的条件、时限、程序等各项要求,严格依法办事,不得徇私舞弊、玩忽职守、受贿等。《工伤保险条例》第五十七条规定,社会保险行政部门工作人员无正当理由不受理工伤认定申请,或者弄虚作假将不符合工伤条件的人员认定为工伤职工的,未妥善保管申请工伤认定的证据材料,致使有关证据灭失的,收受当事人财物的,应依法给予处分;情节严重,构成犯罪的,依法追究刑事责任。

46. 工伤认定的对象是什么?

根据《工伤保险条例》第十八条以及《工伤认定办法》的规定,工伤认定的对象一般包括具备以下条件的职工:一是存在受到工伤事故伤害或者患职业病的事实;二是与用人单位存在劳动关系,包括事实劳动关系;三是要有相关的医疗诊断证明或职业病诊断鉴定证明。

对于工伤认定对象应注意把握以下几点:一是这里的"职工"是指与用人单位存在劳动关系的各种用工形式以及各种用工期限的

劳动者，包括在两个或两个以上用工单位同时就业的灵活就业人员；二是《工伤保险条例》适用范围内的用人单位未参加工伤保险，其职工申请工伤认定并符合受理条件的，工伤认定机构应当受理；三是依照《工伤保险条例》第六十六条及相关政策规定，无营业执照或未经依法登记、备案的单位以及被依法吊销营业执照或者撤销登记、备案的单位的职工受到事故伤害或者患职业病的，用人单位使用童工造成童工伤残、死亡的，这些职工和童工不需工伤认定，直接由单位给予一次性赔偿；四是在实际工作中，为保障非法用工单位劳动者的合法利益，有部分省市在赔偿判定过程中依据《工伤保险条例》《非法用工单位伤亡人员一次性赔偿办法》（人力资源和社会保障部令第9号）进行判定。

47. 进行工伤认定时应注意哪些事项？

《工伤保险条例》第十四条、第十五条和第十六条规定了应当认定为工伤、视同工伤和不得认定为工伤三类情形，这只是类型的划分。但是具体情况十分复杂，由于工伤认定是职工是否享受工伤保险待遇的前提，关系到职工及其直系亲属的权益，所以，从事工伤认定的人员在进行认定过程中应把握《工伤保险条例》的立法精神并作出判断。具体应注意以下几点：

一是准确把握《工伤保险条例》的规定，把"工作原因"作为认定为工伤的核心。在工伤认定过程中，应对各种情形综合分析，没有证据否定职工所受到的伤害与工作有必然联系的，在排除其他非工作原因的因素后，应认定为工作原因。

二是在把握认定为工伤的情形时应主要考虑是否因工作原因，视同工伤的情形应严格按照《工伤保险条例》的规定，在作出不得认定为工伤或视同工伤的决定时应有充分的证据。

48. 工伤认定为什么要区分因工和非因工的原则？

职业伤害与工作或职业有直接关系，工伤保险待遇具有补偿的性质，它的医疗康复待遇、伤残待遇和死亡抚恤待遇等的保障水平比其他社会保险高，而享受条件却是最低的，只要属于工伤保险范围，不受年龄、性别、缴费期限的限制。而因病或非因工伤亡则基本上与劳动者的工作或职业没有直接关系，其保险待遇属于补助、救济性质。许多国家有关因病或非因工的伤亡保险待遇水平比工伤保险待遇水平要低得多，而且享受条件也要受到年龄、性别、缴费期限的限制。所以，在进行工伤认定时，必须坚持区分因工与非因工原则，严格履行法定职责，应对好"闹工伤""闹待遇"等问题。

49. 应当认定为工伤的情形有哪些？

《工伤保险条例》第十四条规定了职工应当认定为工伤的 7 种情形：

（1）在工作时间和工作场所内，因工作原因受到事故伤害的；

（2）工作时间前后在工作场所内，从事与工作有关的预备性或者收尾性工作受到事故伤害的；

（3）在工作时间和工作场所内，因履行工作职责受到暴力等意外伤害的；

（4）患职业病的；

（5）因工外出期间，由于工作原因受到伤害或者发生事故下落不明的；

（6）在上下班途中，受到非本人主要责任的交通事故或者城市轨道交通、客运轮渡、火车事故伤害的；

（7）法律、行政法规规定应当认定为工伤的其他情形。

50. 怎样理解在工作时间和工作场所内，因工作原因受到事故伤害应认定为工伤的情形？

"在工作时间和工作场所内，因工作原因受到事故伤害的"情形是应当认定为工伤的最基本的情形。这里的"工作时间"是指法律规定或者单位要求职工工作的时间。合法的加班期间以及单位违法延长工时的期间也属于职工的工作时间。这里的"工作场所"是指职工日常工作所在的场所，以及领导临时指派其所从事工作的场所。这里的"事故伤害"是指职工在工作过程中发生的人身伤害和急性中毒等事故。

《最高人民法院关于审理工伤保险行政案件若干问题的规定》第四条规定，社会保险行政部门认定下列情形为工伤的，人民法院应予支持：（1）职工在工作时间和工作场所内受到伤害，用人单位或者社会保险行政部门没有证据证明是非工作原因导致的；（2）职工参加用人单位组织或者受用人单位指派参加其他单位组织的活动受到伤害的；（3）在工作时间内，职工来往于多个与其工作职责相关的工作场所之间的合理区域因工受到伤害的；（4）其他与履行工作职责相关，在工作时间及合理区域内受到伤害的。

51. 怎样理解工作时间前后在工作场所内，从事与工作有关的预备性或者收尾性工作受到事故伤害应认定为工伤的情形？

"从事与工作有关的预备性或者收尾性工作"，主要是指在法律规定或者单位要求的开始工作时间之前的一段合理时间内，以及在法律规定或者单位要求的结束工作时间之后的一段合理时间内，职工在工作场所内从事本职工作或者领导指派的其他与工作有关的准备工作和收尾工作。例如，运输、备料、调试设备、收拾工具和衣物等相关活动。

这里的"工作时间前后"虽然不是职工的工作时间，但是在这段时间内从事的"预备性或者收尾性工作"是与工作有直接关系的,所以应当认定为工伤。

52. 怎样理解因履行工作职责受到暴力等意外伤害应认定为工伤的情形?

根据《工伤保险条例》第十四条第(三)项的规定,"在工作时间和工作场所内,因履行工作职责受到暴力等意外伤害的"应认定为工伤。这里的"履行工作职责"是指职工在工作时间内,在其工作岗位和职责范围内正常行使权利。在该过程中若受到伤害,受伤害者如果要求认定工伤,应该持有用人单位及有关部门出具的证明,由社会保险行政部门视其职责予以认定工伤。

案例评析 在工作过程中,因个人原因与人发生争执,受到暴力伤害的,能否认定为工伤?

张某系某快递公司职工。2013年11月,张某到某地派送快递过程中,顺便到附近某公司找朋友时,与该公司职工冯某发生争执,两人在推搡过程中,张某左眼被冯某打伤。当地派出所在询问笔录中载明:"双方因个人原因发生争执。"

张某向当地社会保险行政部门提出工伤认定申请,当地社会保险行政部门经调查核实后,作出不予认定张某为工伤的决定。张某不服,向当地人民法院提起行政诉讼,法院经审理后,维持了社会保险行政部门作出的不予认定张某为工伤的决定。

《工伤保险条例》第十四条第(三)项规定,职工在工作时间和工作场所内,因履行工作职责受到暴力等意外伤害的情形,应当认定为工伤。

本案焦点为如何判断职工是否在工作时间和工作场所内因履行工作职责受到暴力伤害。根据警方对张某和冯某的询问笔录、证人证言、案件和解协议书等相关证据,可以证明张某虽然是在工作时间与冯某发生冲突并受到暴力伤害，但该伤害与其履行的工作职责无直接因果关系，故不应认定为工伤。综上所述，当地社会保险行政部门作出不予认定张某为工伤的决定，符合法律规定。

53. 在工作时间和工作场所内干私活遭受事故伤害是否应当认定为工伤？

根据《工伤保险条例》第十四条第（一）项的规定，"在工作时间和工作场所内，因工作原因受到事故伤害的"应当认定为工伤。如果职工在工作时间和工作场所内，在未经领导同意的情况下做了没有正常委派的工作，而且此项工作做与不做并不能对单位的利益构成影响，就属于干私活。领导委派的任务一般分为两种情况：一是属于自己工作范围内的正常工作任务；二是不属于自己工作范围内的特定工作任务。

《工伤保险条例》除规定时间和地点外，还特别强调了"因工作原因"的条件。认定工伤必须时间、地点、原因三个要素同时具备。干私活违反了规章制度，应当给予处罚，受到事故伤害不属于工作原因，不能认定为工伤。

54. 职业病的基本定义是什么？

根据《职业病防治法》，职业病是指企业、事业单位和个体经济组织等用人单位的劳动者在职业活动中，因接触粉尘、放射性物质和其他有毒、有害因素而引起的疾病。

职业病分类和目录由国务院卫生行政部门会同国务院安全生产监督管理部门、社会保障行政部门制定、调整并公布。现行的职业病分类和目录具体可查询国家卫生和计划生育委员会、人力资源社会保障部、国家安全生产监督管理总局、中华全国总工会四部门联合印发的《职业病分类和目录》（国卫疾控发〔2013〕48号）。

55. 确定为职业病应具备哪些要件？

根据《职业病防治法》的规定，确定为职业病必须具备以下四个要件：一是患病主体是企业、事业单位或个体经济组织的劳动者；二是必须是在从事职业活动过程中产生的；三是必须是因接触粉尘、放射性物质和其他有毒、有害因素引起的；四是必须是国家公布的职业病分类和目录所列的职业病，现行的职业病分类和目录为《职业病分类和目录》（国卫疾控发〔2013〕48号）。

56. 如何申请职业病诊断？

根据《职业病诊断与鉴定管理办法》规定，劳动者可以选择用人单位所在地、本人户籍所在地或者经常居住地的职业病诊断机构进行职业病诊断。申请职业病诊断时，应当填写《职业病诊断就诊登记表》，并提交以下材料：（1）劳动者职业史和职业病危害接触史（包括在岗时间、工种、岗位、接触的职业病危害因素名称等）；（2）劳动者职业健康检查结果；（3）工作场所职业病危害因素检测结果；（4）职业性放射性疾病诊断还需要个人剂量监测档案等资料；（5）与诊断有关的其他资料。

职业病诊断机构应当按照职业病相关规定和国家职业病诊断标准，依据劳动者的职业史、职业病危害接触史和工作场所职业病危害因素情况、临床表现以及辅助检查结果等，进行综合分析，作出诊断结论。在确认劳动者职业史、职业病危害接触史时，当事人对劳动关系、工种、工作岗位或者在岗时间有争议的，职业病诊断机构应当告知当事人依法向用人单位所在地的劳动人事争议仲裁委员会申请仲裁。

另外，用人单位应当在接到职业病诊断机构通知后10日内如实提供其掌握的职工进行职业病诊断所需的相关材料，未在规定时间内提供的，职业病诊断机构可以依法提请安全生产监督管理部门督促用人单位提供。

57. 职业病诊断争议如何处理？

根据《职业病防治法》第五十三条的规定，当事人对职业病诊断有异议的，可以向作出诊断的医疗卫生机构所在地地方人民政府卫生行政部门申请鉴定。

职业病诊断争议由设区的市级以上地方人民政府卫生行政部门根据当事人的申请，组织职业病诊断鉴定委员会进行鉴定。当事人对设区的市级职业病诊断鉴定委员会的鉴定结论不服的，可以向省、自治区、直辖市人民政府卫生行政部门申请再鉴定。职业病诊断鉴定委员会由相关专业的专家组成。省、自治区、直辖市人民政府卫生行政部门应当设立相关的专家库，需要对职业病争议作出诊断鉴定时，由当事人或者当事人委托有关卫生行政部门从专家库中以随机抽取的方式确定参加职业病诊断鉴定委员会的专家。

职业病诊断鉴定委员会应当按照国务院卫生行政部门颁布的职业病诊断标准和职业病诊断、鉴定办法进行职业病诊断鉴定，并在鉴定后向当事人出具职业病诊断鉴定书。

58. 怎样理解因工外出期间，由于工作原因受到伤害或者发生事故下落不明应认定为工伤的情形？

这里的"因工外出"是指职工不在本单位的工作范围内，因工作需要被领导指派到本单位以外工作，包括不在本单位内，但还在本地范围和到外地出差两种情形。

《最高人民法院关于审理工伤保险行政案件若干问题的规定》第五条规定，社会保险行政部门认定下列情形为"因工外出期间"的，人民法院应予支持：一是职工受用人单位指派或者因工作需要在工作场所以外从事与工作职责有关的活动期间；二是职工受用人单位指派外出学习或者开会期间；三是职工因工作需要的其他外出活动期间。职工因工外出期间从事与工作或者受用人单位指派外出学习、开会无关的个人活动受到伤害，社会保险行政部门不认定为工伤的，人民法院应予支持。

"由于工作原因受到伤害"是指由于工作原因直接或间接造成的伤害，没有证据否定职工所受到的伤害与工作有必然联系的，在排除其他非工作原因的因素后，就应认定为工作原因。这里的"事故"包括安全事故、意外事故以及自然灾害等各种形式的事故。"下落不明"是指职工离开其住所、最后居住地或者其工作单位且没有任何音讯的状况。实践中，职工因工外出期间受到伤害的情形十分复杂，判断是否因工作原因应该掌握的原则是：没有证据否定职工因工外出期间受到的伤害和工作之间的必然联系的，在排除其他非工作原因的因素后，应该认定为工作原因。

另外，2016年3月28日人力资源社会保障部印发的《关于执行〈工伤保险条例〉若干问题的意见（二）》〔以下简称《意见（二）》〕规定："职工因工作原因驻外，有固定的住所、有明确的作息时间，工伤认定时按照在驻在地当地正常工作的情形处理。"

案例评析 在单位组织的拓展训练中受伤能否认定为工伤？

某中学教师刘某，在参加单位组织的外出培训中，在进行拓展训练时不慎摔倒受伤，医疗机构诊断为腰肌扭伤，腰椎骨折。

刘某向当地社会保险行政部门提出工伤认定申请。当地社会保险行政部门受理后，向刘某任教的中学送达了举证通知书，该中学反馈称，认可刘某的受伤经过，但认为与工作无关，不属于工伤。当地社会保险行政部门经调查核实后，依据《工伤保险条例》第十四条第（五）项的规定，认定刘某为工伤。

《工伤保险条例》第十四条第（五）项规定，职工因工外出期间,由于工作原因受到伤害或者发生事故下落不明的,应当认定为工伤。本案中,刘某参加单位组织的对员工的拓展训练,属于因工外出,因此训练期间受伤应该认定为因工外出期间,即由于工作原因受到伤害。

另外,对于认定职工在参加用人单位组织或者指派的活动时受到事故伤害的,如何判定是否为工伤的情形,应着重强调与工作的关联性,即是否能视为工作原因。根据《意见(二)》第四条的规定,职工在参加用人单位组织或者受用人单位指派参加其他单位组织的活动中受到事故伤害的,应当视为工作原因,但参加与工作无关的活动除外。综上所述,当地社会保险行政部门作出认定刘某为工伤的决定,符合法律规定。

59. 怎样理解在上下班途中,受到非本人主要责任的交通事故或者城市轨道交通、客运轮渡、火车事故伤害应认定为工伤的情形?

根据《工伤保险条例》第十四条第(六)项的规定,"在上下班途中,受到非本人主要责任的交通事故或者城市轨道交通、客运轮渡、火车事故伤害的",应认定为工伤。与修订前的《工伤保险条例》相比,该规定调整了上下班途中的工伤认定范围,将上下班途中,受到非本人主要责任的交通事故或者城市轨道交通、客运轮渡、火车事故伤害都纳入工伤认定范围,同时对事故作了"非本人主要责任"的限定,即如果有关部门认定本人在事故中负主要责任,就不能认定为工伤。

根据《最高人民法院关于审理工伤保险行政案件若干问题的规定》第六条的规定,对社会保险行政部门认定下列情形为"上下班途中"的,人民法院应予支持:一是在合理时间内往返于工作地与住所地、经常居住地、单位宿舍的合理路线的上下班途中;二是在合理时间内往返于工作地与配偶、父母、子女居住地的合理路线的上下班途中；三是从事属于日常工作生活所需要的活动，且在合理时间和合理路线的上下班途中；四是在合理时间内其他合理路线的上下班途中。

在《意见（二）》中，对"上下班途中"作了进一步解释，上下班途中应为职工以上下班为目的、在合理时间内往返于工作单位和居住地之间的合理路线。

60. 群众性自治组织工作人员受到事故伤害能否认定为工伤？

根据宪法和《中华人民共和国村民委员会组织法》《中华人民共和国城市居民委员会组织法》的规定，群众性自治组织指的是依照有关法律规定，以城乡居民（村民）一定的居住地为纽带和范围设立，并由居民（村民）选举产生的成员组成的，实行自我管理、自我教育、自我服务的社会组织。

根据《工伤保险条例》第二条第一款的规定，中华人民共和国境内的企业、事业单位、社会团体、民办非企业单位、基金会、律师事务所、会计师事务所等组织和有雇工的个体工商户应当依照本条例规定参加工伤保险，为本单位全部职工或者雇工缴纳工伤保险费。2012年10月29日，人力资源社会保障部、财政部下发《关于进一步做好事业单位等参加工伤保险工作有关问题的通知》，对于事业单位和民间非营利组织等工作人员的工伤问题作了规定，但并未包括居民委员会、村民委员会等群众性自治组织及其成员。因此，在国家尚未出台关于群众性自治组织及其成员的工伤保险办法的前提下，对于基层群众性自治组织聘用人员的工伤问题不能适用《工伤保险条例》及相关规范性文件进行处理，应当通过其他途径予以解决。

61. 在校生在企业实习或利用业余时间勤工助学期间遭受事故伤害能否认定为工伤？

在校生到用人单位实习或利用业余时间勤工助学，其身份是在校生还是劳动者，与实习单位之间的法律关系是否为劳动关系，我国现在还没有一部专门法律来对此进行规定。在相关规范性文件中，对于在校生利用业余时间勤工助学，规定得比较明确，而对于在校生实习环节的约束比较少。原劳动部印发的《关于贯彻执行〈中华人民共和国劳动法〉若干问题的意见》规定："在校生利用业余时间勤工助学，不视为就业，未建立劳动关系，可以不签订劳动合同。"《工伤保险条例》规定，工伤认定需要在与用人单位存在劳动关系（包括事实劳动关系）的前提下进行，而实习生实质上还是在校生，与实习单位之间并未建立真正意义上的劳动者与用人单位之间的身份隶属关系，在校生实习期间与实习企业之间建立的关系不具有劳动关系的特征，双方之间不存在法律上和事实的劳动关系，其权利义务关系不受《劳动法》的调整，社会保险经办机构不向有关学校和企业收取工伤保险费用，在校生实习期间发生伤亡事故的，不能按照《工伤保险条例》进行赔偿，应依照侵权责任法或者合同法直接向人民法院提起民事损害赔偿诉讼。实习生所在学校可以通过与用人单位签订有关工伤补偿的协议、为实习生参加意外伤害保险等方式切实保障学生在实习期间的基本权益。

62. 退休返聘人员在返聘岗位上遭受事故伤害能否认定为工伤？

退休返聘人员是指职工达到法定退休年龄办理退休手续，享受基本养老保险待遇后，被聘到原单位或其他单位继续工作。现阶段我国退休返聘现象比较普遍。根据《中华人民共和国劳动合同法》（以下简称《劳动合同法》）第四十四条的规定，劳动者开始依法享受基本养老保险待遇的,劳动合同终止。《中华人民共和国劳动合同法实施条例》第二十一条规定的劳动者达到法定退休年龄劳动合同(关系)终止属于法定终止情形。因此,退休返聘人员即便与用人单位签订协议,也仅能建立劳务关系而不是劳动关系。

目前,对于退休返聘人员的工伤问题,地方立法的规定不尽相同,主要有三种情形:一是明确把退休返聘人员排除在工伤保险适用范围之外。比如《宁夏回族自治区实施〈工伤保险条例〉办法》第五十二条规定,"用人单位聘用的退休人员以及在校实习学生,不适用本办法"。甘肃、重庆、上海等省市也都出台了类似规定。二是规定退休返聘人员可以要求用人单位支付其工伤保险待遇,发生争议的,通过诉讼方式解决。比如《广东省工伤保险条例》规定,达到法定退休年龄或已经依法享受基本养老保险待遇的劳动者受聘到用人单位工作期间,因工作原因受到人身伤害的,可以要求用人单位参照《广东省工伤保险条例》规定的工伤保险待遇支付有关费用。双方对损害赔偿存在争议的,可以依法通过民事诉讼方式解决。三是对退休返聘人员的工伤保险待遇没有单独作出规定的。比如北京市人民政府2003年发布的《北京市实施〈工伤保险条例〉办法》规定,受伤害人员是用人单位聘用的离退休人员或者超过法定退休年龄的,工伤认定申请不予受理。而在2011年12月发布的《北京市实施〈工伤保险条例〉若干规定》中对此没有单独作出规定。

2016年印发的《意见(二)》对于达到或超过法定退休年龄的人员仍在工作的情形作了进一步明确:一是对于达到或超过法定退休年龄,但未办理退休手续或者未依法享受城镇职工基本养老保险待遇,继续在原用人单位工作期间受到事故伤害或者患职业病的,用人单位依法承担工伤保险责任;二是用人单位招用已经达到、超过法定退休年龄或已经领取城镇职工基本养老保险待遇的人员,在用工期间因工作原因受到事故伤害或者患职业病的,如招用单位已按项目参保等方式为其缴纳了工伤保险费，应适用《工伤保险条例》。

在司法审判实践中，2010 年 9 月 14 日施行的《最高人民法院关于审理劳动争议案件适用法律若干问题的解释（三）》第七条规定，用人单位与其招用的已经依法享受养老保险待遇或领取退休金的人员发生用工争议，向人民法院提起诉讼的，人民法院应当按劳务关系处理。根据此规定，返聘已享受养老保险待遇或领取退休金的人员，已不再是法律意义上的劳动关系，也不再是《工伤保险条例》适用的对象，因此退休返聘人员在返聘期间受到伤害不宜认定为工伤，可以通过民事法律向用人单位或加害人请求人身损害赔偿。

63. 企业在招工考试期间应聘人员遭受意外伤害能否认定为工伤？

企业在招工考试期间，双方之间尚未建立劳动关系，不属于《工伤保险条例》所调整的法律关系，在此期间发生的意外伤害事故，不能认定为工伤，也不能按工伤保险制度的规定处理，而是应当依据民事伤害赔偿的法律法规予以解决。

64. 劳动者在试用期间遭受事故伤害能否认定为工伤？

试用期是指用人单位和新录用的劳动者为了相互了解、选择而约定的一定期限的考察期，在试用期内，任何一方一旦发现实际情况与对方介绍的情况不符，或者发生一方不能适应另一方的情况，都可以在试用期内提出解除劳动合同。根据《劳动法》第二十一条的规定，劳动合同可以约定试用期，试用期最长不得超过 6 个月。根据原劳动部《关于贯彻执行〈中华人民共和国劳动法〉若干问题的意见》的规定，劳动者被用人单位录用后，双方可以在劳动合同中约定试用期，试用期应包括在劳动合同期限内。

从上述规定中可以看出，在试用期内，劳动者和用人单位通过订立劳动合同来确定劳动关系,或者劳动者与用人单位之间虽然没有订立劳动合同,但实质上形成了事实劳动关系。试用期仅仅是劳动者和用人单位确定的一定期限的考察期,在试用期内劳动者与用人单位已经形成了劳动关系或者事实劳动关系。因此,劳动者在试用期内因工作原因受到事故伤害的,应当予以工伤认定。

65. 私自顶替他人上班发生伤亡事故能否认定为工伤?

《工伤保险条例》明确规定了可以享受工伤保险待遇的范围,即企业、事业单位、社会团体、民办非企业单位、基金会、律师事务所、会计师事务所等组织和有雇工的个体工商户的职工或者雇工。劳动者与用人单位之间的劳动关系,既包括通过签订书面劳动合同而确立的劳动关系,也包括劳动者与用人单位未订立书面的劳动合同,但双方实际享有、履行了劳动法所规定的劳动权利义务而形成的事实劳动关系。在未经用人单位允许的情况下,私自顶替他人上班,属于单方面个人行为,并未与公司构成任何劳动关系。因此,私自顶替他人上班受伤不应认定为工伤,不能享有工伤保险的有关待遇。

66. 车辆挂靠其他单位经营,车辆实际所有人聘用的司机工作中伤亡能否认定为工伤?

工伤认定是以劳动关系确认为前提的,在实践中,劳动关系确认往往比较复杂,有时要通过仲裁或者诉讼方式予以确定。《最高人民法院行政审判庭关于车辆挂靠其他单位经营车辆实际所有人聘用的司机工作中伤亡能否认定为工伤问题的答复》规定,个人购买的车辆挂靠其他单位且以挂靠单位的名义对外经营的,其聘用的司机与挂靠单位之间形成了事实劳动关系,在车辆运营中伤亡的,应当适用《劳动法》《劳动合同法》和《工伤保险条例》的有关规定认定是否构成工伤。

67. 职工因工负伤，在抢救过程中由于输血染上肝炎，是认定为工伤还是认定为医疗事故？

职工因工负伤，如果职工所在企业已经参加了工伤保险社会统筹，治疗等费用应该按《工伤保险条例》的有关规定，由社会保险经办机构支付。但职工在抢救过程中，不论是通过什么传染渠道感染上肝炎，都只能按疾病待遇处理，除因工负伤医疗费之外的肝炎治疗等费用应按医疗事故的有关规定处理。

案例评析 职工在工伤医疗期间摔伤能否认定为工伤？

胡某系某企业职工。2014 年 5 月 31 日，胡某在工作时不慎摔伤头部，后被依法认定为工伤。2014 年 12 月 14 日，胡某在住院治疗期间不慎摔倒导致脾破裂。

事后，胡某以工伤住院治疗期间摔伤为由，向当地社会保险行政部门再次提出工伤认定申请。当地社会保险行政部门经调查核实后，依据《工伤保险条例》第十四条的规定，作出不予认定胡某为工伤的决定。胡某不服，向当地人民政府申请行政复议，当地人民政府依法维持了社会保险行政部门作出的不予认定其为工伤的决定。

《工伤保险条例》第十四条规定，职工在工作时间和工作场所内，因工作原因受到事故伤害的；或者因工外出期间，由于工作原因受到伤害或者发生事故下落不明的情形，应当认定为工伤。

本案中，胡某虽然是因工伤住院治疗，但其住院期间既不是工作时间，也不是工作场所，其也未从事任何与工作有关的活动，意外摔伤也并非基于工作原因，不符合《工伤保险条例》第十四条规定的情形。综上所述，当地社会保险行政部门作出不予认定胡某为工伤的决定，符合法律规定。

68. 哪些情形应当视同工伤?

《工伤保险条例》第十五条规定了视同工伤的情形。

(1) 在工作时间和工作岗位,突发疾病死亡或者在 48 小时之内经抢救无效死亡的;

(2) 在抢险救灾等维护国家利益、公共利益活动中受到伤害的;

(3) 职工原在军队服役,因战、因公负伤致残,已取得革命伤残军人证,到用人单位后旧伤复发的。

其中第(一)项、第(二)项情形出现,按照本条例的有关规定享受工伤保险待遇,而原在军队服役,因战、因公负伤致残,已取得革命伤残军人证,到用人单位后旧伤复发的,按照《工伤保险条例》的有关规定享受除一次性伤残补助金以外的工伤保险待遇。

另外,视同工伤的职工享受工伤保险待遇,与认定为工伤的情形没有区别,无论是视同工伤还是认定为工伤,都应按照《工伤保险条例》的规定享受工伤保险待遇。

69. 在突发疾病视同工伤的情形中,对"工作时间"和"工作岗位"怎样限定?

(1) 对于"工作时间"的理解。这里的"工作时间"是指法律规定的或者单位要求职工工作的时间,包括加班加点的时间。实践中需要注意的是,对于"工作时间"的把握不能过于严苛,工作时间作为法律概念,受到《劳动法》等法律的调整。"工作时间"既包括职工实际完成一定工作的时间,也包括职工从事生产或者工作的准备时间和结束时间,以及连续从事有害健康工作需要的间歇时间等。

(2) 对于"工作岗位"的理解。这里的"工作岗位"是指职工日常所在的工作岗位以及从事本单位工作时所在的岗位。从目前情况看，发病地点的判断是一个关键问题，发病地点直接关系到"工作岗位"的认定。目前由于对工作岗位或者工作地点的把握已经适当放宽，对于发病地是否为工作岗位的判断要实事求是。

70. 突发疾病48小时之内经抢救无效死亡视同工伤的情形有哪些？

在工伤认定实践中，对于职工在工作时间、工作岗位突发疾病死亡的情形相对比较容易判断，而对于职工在工作时间和工作岗位上突发疾病，需要送往医疗机构救治的情形，判断起来相对比较复杂。这里"48小时"的确定可能不具备太多的科学依据，但之所以作出这种规定，其用意在于避免将突发疾病视同工伤的情形被无限制地扩大。

"48小时"的起算时间，以医疗机构的初次诊断时间作为突发疾病的起算时间。因此，对于"48小时"的认定不是以在单位发病时间为起算时间，而是以医疗机构初次诊断时间作为突发疾病的起算时间。在医疗机构死亡的，死亡时间是以其出具的《居民死亡医学证明（推断）书》为准。另外，根据2004年印发的《关于实施〈工伤保险条例〉若干问题的意见》的规定，"突发疾病"包括各类疾病。

相关阅读 "过劳死"

"过劳死"一词源自日本，最早出现于日本20世纪七八十年代经济繁荣时期，它并不是临床医学的疾病名称，而是社会医学的词汇。根据日本"过劳死"预防协会所给出的定义，"过劳死"是一种未老先衰、猝然死亡的生命现象。从字面来解释，是指过度劳累工作导致死亡，即非生理的劳动过程中，劳动者的正常工作规律和生活规律遭到破坏，过度疲劳打破人体原有的平衡状态，出现诸如血压升高、动脉硬化、内分泌失调等问题，进而出现致命的状态。

当前我国正处于社会经济高速发展时期，人们在工作中面临的竞争压力日益增大，"过劳死"问题在我国日益突出，成为社会普遍关注的焦点问题，但就目前的相关法律而言，并未对"过劳死"作出明确规定。围绕"过劳死"的劳动者权益保障问题，一些学者提出了职业病说、非职业病说、工伤说、侵权说等多种观点。在当前的法律制度下，对"过劳死"的劳动者进行权益保障存在两个困境。

一是视同工伤的情形对"过劳死"保障力度有限。《工伤保险条例》第十五条第（一）项规定，职工在工作时间和工作岗位，突发疾病死亡或48小时内经抢救无效死亡的视同工伤。这无疑是为防范劳动者"过劳死"风险提供了一定程度的保障，但视同工伤的情形是对工伤认定的一种延伸，而这种延伸不可能是无限制的。所以在《工伤保险条例》中规定了工作时间、工作岗位和48小时的限定期限，而"过劳死"的损害结果未必都发生在工作时间和工作岗位上，同时也有可能超出48小时的限定，适用这一条款视同工伤会出现法律上的困境。

二是"过劳死"无法纳入职业病保护范畴。根据我国《职业病防治法》第二条的规定，职业病是指企业、事业单位和个体经济组织等用人单位的劳动者在职业活动中，因接触粉尘、放射性物质和其他有毒、有害因素而引起的疾病。由此可见，职业病须符合两个条件：（1）在从事职业活动前劳动者本身是健康的；（2）由于接触职业性有害因素引发某种疾病。由于"过劳死"是一个工作强度积累导致身体机能下降直至衰竭的过程，并不局限于某些特定的职业性质，劳动者也未必接触到职业性有毒有害因素。目前，我国职业病目录共计十大类132种，常见的职业病有尘肺病、职业中毒等，以目前的医学知识将"过劳死"在经验法则上加以定型化，列入职业病种类表存在难度。

71. 在抢险救灾等维护国家利益、公共利益活动中受到伤害应视同工伤的情形有哪些?

《工伤保险条例》体现了倡导社会主义道德风尚的原则。在抢险救灾等维护国家利益和公共利益的活动中,体现的就是社会主义良好的道德风尚。根据《工伤保险条例》第十五条第(二)项的规定,在抢险救灾等维护国家利益、公共利益活动中受到伤害的,视同工伤,按照条例的规定享受工伤保险待遇。

一是在维护国家利益活动中受到伤害;二是在维护公共利益活动中受到伤害。其中《工伤保险条例》中特别列举了抢险救灾的情形,也就是说,凡是与抢险救灾性质类似的行为,都可认定为维护国家利益和公共利益的行为。从本质上讲,视同工伤与认定为工伤没有区别。虽然抢险救灾等维护国家利益和公共利益的行为与职工的本职工作不存在直接或间接的关系,但这种行为应该得到提倡,他们所受到的伤害是更广意义上的工伤。因此,将这种行为视同工伤。

72. 见义勇为身亡的,是否能视同工伤?

《工伤保险条例》第十五条第(二)项规定,"在抢险救灾等维护国家利益、公共利益活动中受到伤害的",视同工伤。见义勇为是指公民在法定职责、法定义务之外,为保护国家利益、社会公共利益和他人的人身、财产安全挺身而出的行为,涵盖了《工伤保险条例》中视同工伤的情形,但对于保护他人的人身、财产安全等行为,在《工伤保险条例》中没有相关规定。

2012年7月,国务院办公厅转发民政部等部门《关于加强见义勇为人员权益保护的意见》,对见义勇为人员的基本生活、医疗、入学、就业、住房等方面作了具体规定,尤其是明确了见义勇为死亡人员抚恤补助政策。其中规定:"对见义勇为致残人员,凡符合享受工伤保险待遇条件的，依据《工伤保险条例》落实相应待遇；不符合享受工伤保险待遇条件的，按照《伤残抚恤管理办法》及有关规定，由民政部门评定伤残等级并落实相应待遇。"因此，对于见义勇为行为不能一概而论，应该正确理解《工伤保险条例》中规定的"维护国家利益、公共利益活动"这个前提，不能随意扩大或缩小视同工伤的范围。

73. 职工原在军队服役，因战、因公负伤致残，已取得革命伤残军人证，到用人单位后旧伤复发视同工伤的情形怎样规定？

根据《工伤保险条例》第十五条第（三）项的规定，职工原在军队服役，因战、因公负伤致残，已取得革命伤残军人证，到用人单位后旧伤复发的，按照《工伤保险条例》的有关规定享受除一次性伤残补助金以外的工伤保险待遇。

根据上述规定，职工在军队服役期间已取得革命伤残军人证，到用人单位后旧伤复发的，除了不能享受一次性伤残补助金外，其他各项工伤保险待遇都能享受。这是因为职工原在军队服役期间，因战、因公负伤致残后，已经按照军人的有关规定享受了各项待遇，包括一次性待遇。《工伤保险条例》中规定的一次性伤残补助金是对伤残职工伤残程度的一次性补偿，与军队发给伤残军人的一次性待遇性质是一样的，因此不能重复享受。

74. 认定为工伤或者视同工伤应排除哪些情形？

排除情形是指职工虽然在工作中伤亡，在一定程度上符合《工伤保险条例》规定的应当认定为工伤或者视同工伤的情形，但其伤亡与工作不具有因果关系，因而不能纳入工伤范畴。《工伤保险条例》第十六条规定了三种不得认定为工伤或者视同工伤的情形：一是故意犯罪的；二是醉酒或者吸毒的；三是自残或者自杀的。《社会保险法》第三十七条也规定，故意犯罪、醉酒或者吸毒、自残或者自杀及法律、行政法规规定的其他情形之一导致本人在工作中伤亡的，不认定为工伤。以上这几种情形导致职工本人在工作中受到伤害，具有主观故意性，其后果应由行为人自己承担，不属于工伤保险范畴。

案例评析 职工因醉酒在上班途中遭受非本人主要责任的交通事故能否认定为工伤？

谭某系某物业公司职工。2014 年 8 月 5 日 20 时左右，谭某在去单位上夜班途中横穿马路时，被赵某驾驶的机动车撞倒，后经抢救无效死亡。经检验，谭某血液中的乙醇含量高达 370 mg/100 mL，属于严重醉酒状态。当地公安交警部门在《道路交通事故认定书》中认定，谭某因醉酒，丧失了自我辨认和控制力，而赵某因车速过快，未注意观察路况，故认定事故双方在该起交通事故中承担同等责任。

事后，谭某亲属向当地社会保险行政部门提出工伤认定申请，当地社会保险行政部门经调查核实后，依据《工伤保险条例》第十六条第（二）项的规定，作出不予认定谭某为工伤的决定。谭某亲属不服，以谭某在上班途中遭受非本人主要责任的交通事故伤害为由，向当地人民法院提起行政诉讼，法院经审理后，维持了社会保险行政部门作出的不予认定谭某为工伤的决定。

根据《工伤保险条例》第十六条的规定，职工符合《工伤保险条例》第十四条、第十五条的规定，但是有醉酒情形的，不得认定为工伤或者视同工伤。

本案中，谭某在上班途中遭受非本人主要责任的交通事故，虽然符合《工伤保险条例》第十四条第（六）项的规定，但其在遭受交通事故伤害时处于醉酒状态，故不应认定为工伤。综上所述，当地社会保险行政部门作出不予认定谭某为工伤的决定，符合法律规定。

75. 雇工合同中，关于"因职工操作失误致伤概不负责"条款的效力如何？

工伤保险坚持无责任补偿原则，在工伤事故或职业病发生以后，无论职工有无过错，都需要由雇主通过其统筹形成的工伤保险基金承担待遇支付的责任。

我国宪法明文规定对劳动者实行劳动保护，这种在雇工合同中列出"因职工操作失误致伤概不负责"条款的行为，既不符合宪法和有关法律规定，也严重违反了社会主义公德，应属于无效民事行为。

相关阅读 职工签订劳动合同时，需要警惕哪些合同？

职工在上岗前应用人单位依法签订劳动合同，建立明确的劳动关系，确定双方的权利和义务。与此同时，个别用人单位为规避风险、转嫁责任，往往在劳动合同上做一些文章，劳动者在签订合同时，应学会自我保护，遇有如下合同需要警惕：

一是"生死合同"。在有危险性因素较高的行业，用人单位往往在合同中写上一些逃避责任的条款，典型的如"发生伤亡事故，单位概不负责"。

二是"暗箱合同"。这类合同只从用人单位的利益出发，隐瞒工作过程中的职业危险因素或者采取欺骗手段诱使职工从事危险工作等。

三是"霸王合同"。这类合同只强调用人单位的利益，无视职工依法享有的权益，采取格式化合同，不容职工提出不同意见，甚至规定"本合同条款由单位解释"等。

四是"卖身合同"。这类合同要求职工完全听从用人单位安排，用人单位可以任意安排加班加点，强迫劳动，压榨劳动者剩余价值，甚至规定女职工在限定的时间内不得生育，使职工完全失去人身自由。

五是"双面合同"。一些用人单位在与职工签订劳动合同时,准备两份合同：一份是假合同,用来应付有关部门的检查；另一份是真合同,用来约束职工。

76. 社会保险行政部门受理工伤认定要走哪些程序?

根据《工伤保险条例》和《工伤认定办法》的相关规定,对社会保险行政部门受理工伤认定过程中的规定有：

一是申请人提供材料不完整的,社会保险行政部门应当当场或者在15日内以书面形式一次性告知工伤认定申请人需要补正的全部材料。

二是工伤认定申请人提供的申请材料完整,属于社会保险行政部门管辖范围且在受理时效内的,社会保险行政部门应当受理。社会保险行政部门决定受理的,应当出具《工伤认定申请受理决定书》；决定不予受理的,应当出具《工伤认定申请不予受理决定书》。

三是社会保险行政部门进行调查核实,应当由两名以上工作人员共同进行,并出示执行公务的证件。

四是社会保险行政部门应当自受理工伤认定申请之日起60日内作出工伤认定决定。认定决定包括工伤或视同工伤的认定决定和不属于工伤或不视同工伤的认定决定。对于事实清楚、权利义务明确的工伤认定申请,应当自受理工伤认定申请之日起15日内作出工伤认定决定。

五是社会保险行政部门应当自工伤认定决定作出之日起20日内,将《认定工伤决定书》或者《不予认定工伤决定书》送达受伤害职工(或者其近亲属)和用人单位,并抄送社会保险经办机构。

77. 申请工伤认定的主体及申请时限分别是怎么规定的？

根据《工伤保险条例》第十七条的规定，工伤保险的申请主体有两类：一是工伤职工所在单位；二是工伤职工或者其近亲属，以及工伤职工所在单位的工会组织。

一是工伤职工所在单位。工伤保险实行雇主责任原则，因而在工伤申报方面，用人单位承担主要责任和义务。工伤事故发生或者职业病被确诊以后，职工所在单位承担首要的工伤申报义务。同时，将所在单位的申报时间限定为在事故发生或者职业病被确诊后的30日以内。只有在特殊情况下，经社会保险行政部门同意，才可以适当延长申报时间。

二是工伤职工或者其近亲属，以及工伤职工所在单位的工会组织。申请工伤认定是工伤职工的一项基本权利，是工伤职工获得工伤保险待遇的基本前提。工伤职工申请工伤认定的时限为1年，远远长于所在单位的申请时限。在很多情况下，受伤职工在医疗机构进行抢救或者治疗时，很难办理工伤申请等事项。因此，工伤职工的近亲属，如配偶、父母、成年子女等都可以成为工伤认定申请的主体。

此外，工会作为维护职工权益的专门性群众组织，在工伤保险方面也需承担救助义务。及时进行工伤认定申请是工会组织的一项重要义务。

78. 当用人单位的注册地与生产经营地不在同一统筹地区时，应该如何进行工伤认定、劳动能力鉴定并支付工伤保险待遇？

在参加工伤保险方面，《意见（二）》规定："用人单位注册地与生产经营地不在同一统筹地区的，原则上应在注册地为职工参加工伤保险；未在注册地参加工伤保险的职工，可由用人单位在生产经营地为其参加工伤保险。劳务派遣单位跨地区派遣劳动者，应根据《劳务派遣暂行规定》参加工伤保险。建筑施工企业按项目参保的，应在施工项目所在地参加工伤保险。"

在工伤认定、劳动能力鉴定方面，《意见（二）》规定："职工受到事故伤害或者患职业病后，在参保地进行工伤认定、劳动能力鉴定，并按照参保地的规定依法享受工伤保险待遇；未参加工伤保险的职工，应当在生产经营地进行工伤认定、劳动能力鉴定，并按照生产经营地的规定依法由用人单位支付工伤保险待遇。"

79. 用人单位未在规定的期限内提出工伤认定申请，应当承担什么责任？

工伤事故发生或者职业病被确诊后，为有效保障职工合法权益，职工所在单位应当承担首要的工伤申报义务。因此，《工伤保险条例》第十七条第一款规定："职工发生事故伤害或者按照职业病防治法规定被诊断、鉴定为职业病，所在单位应当自事故伤害发生之日或者被诊断、鉴定为职业病之日起 30 日内，向统筹地区社会保险行政部门提出工伤认定申请。遇有特殊情况，经报社会保险行政部门同意，申请时限可以适当延长。"

同时，《工伤保险条例》第十七条第四款还规定了用人单位不履行工伤申报义务的责任："用人单位未在本条第一款规定的时限内提交工伤认定申请，在此期间发生符合本条例规定的工伤待遇等有关费用由该用人单位负担。"

对于该条规定应从两个方面把握：一是用人单位支付待遇的期间。用人单位未在规定的时限或者没有在社会保险行政部门同意延长的期限内提出工伤认定申请，经工伤职工或者其近亲属、工会组织提出工伤认定申请，并且职工被认定为工伤的，用人单位支付该职工待遇的期间为从职工发生工伤之日起到社会保险行政部门受理工伤认定之日止。二是用人单位支付待遇的项目。该期间内发生的依法应该支付的所有费用都由单位支付，既包括按规定应由用人单位支付的项目，也包括按规定应由工伤保险基金支付的项目。

80. 收到工伤认定申请后该怎么处理？

根据《工伤认定办法》第八条的规定，社会保险行政部门收到工伤认定申请后，应当在15日内对申请人提交的材料进行审核，材料完整的，作出受理或者不予受理的决定；材料不完整的，应当以书面形式一次性告知申请人需要补正的全部材料。社会保险行政部门收到申请人提交的全部补正材料后，应当在15日内作出受理或者不予受理的决定。

社会保险行政部门决定受理的，应当出具《工伤认定申请受理决定书》；决定不予受理的，应当出具《工伤认定申请不予受理决定书》。

81. 作出工伤认定决定的时限是多久？

根据《工伤保险条例》第二十条和《工伤认定办法》第十八条的规定，社会保险行政部门应当自受理工伤认定申请之日起60日内作出工伤认定的决定，出具《认定工伤决定书》或者《不予认定工伤决定书》，并书面通知申请工伤认定的职工或者其近亲属和该职工所在单位。

社会保险行政部门对受理的事实清楚、权利义务明确的工伤认定申请，应当在15日内作出工伤认定的决定。

作出工伤认定决定需要以司法机关或者有关行政主管部门的结论为依据的，在司法机关或者有关行政主管部门尚未作出结论期间，作出工伤认定决定的时限中止。

根据《工伤认定办法》第二十二条的规定，社会保险行政部门应当自工伤认定决定作出之日起20日内，将《认定工伤决定书》或者《不予认定工伤决定书》送达受伤害职工（或者其近亲属）和用人单位，并抄送社会保险经办机构。

《认定工伤决定书》和《不予认定工伤决定书》的送达参照民事法律有关送达的规定执行。

相关阅读 工伤认定申请时限是否存在法定的中止、中断情形？

根据《工伤保险条例》第十七条的规定，职工发生事故伤害或者按照职业病防治法规定被诊断、鉴定为职业病，所在单位应当自事故伤害发生之日或者被诊断、鉴定为职业病之日起30日内，向统筹地区社会保险行政部门提出工伤认定申请。遇有特殊情况，经报社会保险行政部门同意，申请时限可以适当延长。用人单位未按前款规定提出工伤认定申请的，工伤职工或者其近亲属、工会组织在事故伤害发生之日或者被诊断、鉴定为职业病之日起1年内，可以直接向用人单位所在地统筹地区社会保险行政部门提出工伤认定申请。

对于此处规定的"30日"和"1年"时限，应理解为时效规定或除斥期间，如属于除斥期间，一旦超过1年期限，申请人丧失申请权，社会保险行政部门不予受理工伤认定申请；如属于时效规定，就应存在法定的中止、中断等情形，可能会存在超过时效申请仍然合法的情形。对于用人单位的30日时限应理解为时效规定，存在因特殊情况中止、中断，申请适当延长的情形，而对于工伤职工或者其近亲属、工会组织申请的1年时限应理解为除斥期间。2016年印发的《意见（二）》对被延误的不计入工伤认定申请时限的情况进行了明确：一是受不可抗力影响的；二是职工由于被国家机关依法采取强制措施等人身自由受到限制不能申请工伤认定的；三是申请人正式提交了工伤认定申请，但因社会保险机构未登记或者材料遗失等原因造成申请超时限的；四是当事人就确认劳动关系申请劳动仲裁或提起民事诉讼的；五是其他符合法律法规规定的情形。

在司法审判实践中,《最高人民法院关于审理工伤保险行政案件若干问题的规定》也就不属于职工或者其近亲属自身原因超过工伤认定申请期限的,被耽误的时间不计算在工伤认定申请期限内的规定,并对应当认定为不属于职工或者其近亲属自身原因的情形进行了明确:一是不可抗力;二是人身自由受到限制;三是属于用人单位原因;四是社会保险行政部门登记制度不完善;五是当事人对是否存在劳动关系申请仲裁、提起民事诉讼所用时间。

82. 申请工伤认定应提交哪些材料?

工伤认定主要实行书面审查,因此工伤职工所在单位、职工个人、工会组织申请工伤认定时,应当提交全面、真实的书面材料,以便社会保险行政部门准确、及时地作出工伤认定。根据《工伤保险条例》第十八条的规定,提出工伤认定需要提交以下材料:

一是工伤认定申请表。申请表是大多数申请都需要的基本材料。通过申请表,要使认定机构能够对所在单位、职工本人、工伤事故或者职业病的现状和原因等基本事项有一个简明、清楚的了解。工伤认定申请表应当包括事故发生的时间、地点、原因以及职工受伤害经过等基本情况。

二是与用人单位存在劳动关系(包括事实劳动关系)的证明材料。劳动合同是证明用人单位与职工之间存在劳动关系的有力凭证。在2007年《劳动合同法》实施后,劳动合同制度得到了强化和规范。但在一部分私营企业、个体工商户中,不签订劳动合同的现象仍然存在。在此种情形下,有关单位或者个人需要提供能够证明事实劳动关系的材料,这些材料可以是工资报酬的领取证明、工友同事的书面证明等。

三是医疗诊断证明或者职业病诊断证明书(或者职业病诊断鉴定书)。在进行工伤认定时,有关单位或者个人必须提供医疗机构的医疗诊断证明或者职业病诊断机构出具的职业病诊断证明,如职业病诊断证明书或者职业病诊断鉴定书。按照《职业病防治法》的规定,职业病的诊断、鉴定已有一套严格程序,不必再进行调查核实。而普通事故伤害的医疗证明,在出具的程序环节上要求没有那么严格,为了保证所提供的医疗诊断证明的真实性,《工伤保险条例》第十九条规定,社会保险行政部门根据审核需要可以对事故伤害进行调查核实。此外,医师在出具有关工伤的医疗证明文件时必须签名,并对证明的真实性承担法律责任。

83. 什么是事实劳动关系?

所谓事实劳动关系,是指无书面合同或无有效书面合同形成的劳动雇佣关系以及口头协议达成的劳动雇佣关系。一般包括形式要件和实质要件两个方面。从形式要件来说,劳动者与用人单位之间并没有签订书面的劳动合同。从实质要件来说,一是劳动者已经提供劳动行为。如果劳动行为还没有发生,就不可能形成劳动关系。二是劳动者已经成为用人单位成员,比如用人单位提供报酬、社会保险金以及其他福利待遇等。三是劳动者已经纳入用人单位的劳动管理体系,服从用人单位的工作安排,劳动者与用人单位存在从属关系。四是用人单位与劳动者对此存在默认意思表示。

目前,事实劳动关系主要表现为以下几种形式:一是自始至终未订立书面合同;二是劳动合同期满后未及时续订合同,但劳动关系仍在延续;三是劳动者下岗失业以后,保留原有劳动关系而与第三方达成口头协议,形成事实劳动关系;四是其他原因形成的事实劳动关系。

84. 确认事实劳动关系可参考哪些凭证?

在确认事实劳动关系时,由于用人单位未与劳动者签订劳动合同，认定双方存在劳动关系时可参照下列凭证：（1）工资支付凭证或记录（职工工资发放花名册）、缴纳各项社会保险费的记录；（2）用人单位向劳动者发放的"工作证""服务证"等能够证明其身份的证件；（3）劳动者填写的用人单位招工招聘"登记表""报名表"等招用记录；（4）考勤记录；（5）其他劳动者的证言等。其中（1）、（3）、（4）项的有关凭证由用人单位承担举证责任。

85. 工伤认定过程中单位与职工存在争议应由谁来举证？

《工伤保险条例》第十九条第二款规定："职工或者其近亲属认为是工伤，用人单位不认为是工伤的，由用人单位承担举证责任。"

这就意味着，如果职工一方认为与用人单位存在事实劳动关系，但无有效证明，而用人单位不认为存在事实劳动关系的，由用人单位承担举证责任。这是因为在用人单位与职工之间，单位处于管理者位置，职工对单位具有依附性和从属性。许多文书、文件是由用人单位拟定并掌管的，如职工花名册、工资支付单等，而工伤认定中的纠纷往往涉及这些材料的举证。职工个人的许多主张都不太可能得到充分证明，可能会导致职工工伤权益受损。为了保障职工作为弱者的合法权益，在发生工伤认定方面的争议时，不实行"谁主张、谁举证"原则，而由用人单位承担举证责任。

86. 如何进行工伤认定的调查核实？

《工伤保险条例》第十九条第一款规定："社会保险行政部门受理工伤认定申请后，根据审核需要可以对事故伤害进行调查核实，用人单位、职工、工会组织、医疗机构以及有关部门应当予以协助。职业病诊断和诊断争议的鉴定，依照职业病防治法的有关规定执行。对依法取得职业病诊断证明书或者职业病诊断鉴定书的，社会保险行政部门不再进行调查核实。"

社会保险行政部门受理工伤认定申请后，应首先对申请人提供的申请材料进行书面审核。在书面审核过程中，可以通过对当事人提供的材料进行分析、电话询问有关人员、与当事人面谈等方式，对申请材料所提供信息的真实性、全面性、准确性进行评估并作出判断。如果申请人提供的材料真实、准确，并且能够说明自己的主张，社会保险行政部门可以据此形成工伤认定结论。经书面审核后，如果发现申请人提供的材料及相关证据不能支持自己的主张，社会保险行政部门不能据此作出是否属于或视同工伤的认定决定。此时，就需要对申请所涉及的单位和个人进行调查核实，依法查阅与工伤认定有关的资料，询问有关人员并作出调查笔录。被调查的用人单位、工会组织、医疗机构、有关人员等，应当协助社会保险行政部门进行调查，如实反映情况，并提供相应证据。通过实地调查以确定哪些证据可以采信，哪些证据不能采信。

最后，如果经认定机构实地调查后，用人单位与职工有不同的主张，并且各自提供的材料及证据都不足以支持自己的主张，此时应由用人单位承担举证责任。如果用人单位提供的证据不足以推翻职工提供的证据，那么社会保险行政部门可以根据职工提供的材料及证据作出工伤认定决定。

87. 认定工伤决定书应载明哪些事项？

认定工伤决定书应载明下列事项：
（1）用人单位全称；
（2）职工的姓名、性别、年龄、职业、身份证号码；
（3）受伤害部位、事故时间和诊断时间或职业病名称、受伤害经过和核实情况、医疗救治的基本情况和诊断结论；
（4）认定工伤或者视同工伤的依据；
（5）不服认定决定申请行政复议或者提起行政诉讼的部门和时限；
（6）作出认定工伤或者视同工伤决定的时间。

《认定工伤决定书》应当加盖社会保险行政部门工伤认定专用印章。

88. 不予认定工伤决定书应载明哪些事项？

不予认定工伤决定书应载明下列事项：

（1）用人单位全称；

（2）职工的姓名、性别、年龄、职业、身份证号码；

（3）不予认定工伤或者不视同工伤的依据；

（4）不服认定决定申请行政复议或者提起行政诉讼的部门和时限；

（5）作出不予认定工伤或者不视同工伤决定的时间。

《不予认定工伤决定书》应当加盖社会保险行政部门工伤认定专用印章。

89. 工伤认定工作相关文书送达应注意哪些事项？

《工伤保险条例》第二十条规定，社会保险行政部门应当自受理工伤认定申请之日起60日内作出工伤认定的决定，并书面通知申请工伤认定的职工或者其近亲属和该职工所在单位。《工伤认定办法》第二十二条规定，社会保险行政部门应当自工伤认定决定作出之日起20日内，将《认定工伤决定书》或者《不予认定工伤决定书》送达受伤害职工（或者其近亲属）和用人单位，并抄送社会保险经办机构。《认定工伤决定书》和《不予认定工伤决定书》的送达参照民事法律有关送达的规定执行。对于以上规定应理解如下：

（1）送达方式：书面通知。

（2）送达对象：受伤害职工（或者其近亲属）和用人单位，并抄送社会保险经办机构。

（3）送达期限：自工伤认定决定作出之日起20日内（起算的

期间从次日起算)。

(4)送达程序:参照民事法律有关送达的规定执行。根据《中华人民共和国民事诉讼法》的规定,送达诉讼文书必须有送达回证,由受送达人在送达回证上记明收到日期,并签名或者盖章。受送达人在送达回证上的签收日期为送达日期。送达诉讼文书,应当直接送交受送达人。受送达人是公民的,本人不在,交其同住成年家属签收;受送达人是法人或者其他组织的,应当由法人的法定代表人、其他组织的主要负责人或者该法人、组织负责收件的人签收;受送达人有诉讼代理人的,可以送交其代理人签收;受送达人已向人民法院指定代收人的,送交代收人签收。受送达人的同住成年家属、法人或者其他组织负责收件的人、诉讼代理人或者代收人在送达回证上签收的日期为送达日期。受送达人或者其同住成年家属拒绝接收诉讼文书的,送达人可以邀请有关基层组织或者所在单位的代表到场,说明情况,在送达回证上记明拒收事由和日期,由送达人、见证人签名或者盖章,把诉讼文书留在受送达人的住所;也可以把诉讼文书留在受送达人的住所,并采取拍照、录像等方式记录送达过程,即视为送达。

直接送达诉讼文书有困难的,可以委托其他人民法院代为送达,或者邮寄送达。邮寄送达的,以回执上注明的收件日期为送达日期。

受送达人下落不明,或者用本节规定的其他方式无法送达的,公告送达。自发出公告之日起,经过60日,即视为送达。公告送达,应当在案卷中记明原因和经过。根据最高人民法院《关于适用〈中华人民共和国民事诉讼法〉的解释》第一百三十八条的规定,公告送达可以在法院的公告栏和受送达人住所地张贴公告,也可以在报纸、信息网络等媒体上刊登公告,发出公告日期以最后张贴或者刊登的日期为准。对公告送达方式有特殊要求的,应当按要求的方式进行。公告期满,即视为送达。人民法院在受送达人住所地张贴公告的，应当采取拍照、录像等方式记录张贴过程。

90. 职工对工伤认定提起行政诉讼，是否需先申请行政复议？

工伤职工或者其近亲属对工伤认定决定不服的，可以申请行政复议，也可以提起行政诉讼。

根据《工伤保险条例》第五十五条的规定，有下列情形之一的，有关单位或者个人可以依法申请行政复议，也可以依法向人民法院提起行政诉讼：

（1）申请工伤认定的职工或者其近亲属、该职工所在单位对工伤认定申请不予受理的决定不服的；

（2）申请工伤认定的职工或者其近亲属、该职工所在单位对工伤认定结论不服的；

（3）用人单位对经办机构确定的单位缴费费率不服的；

（4）签订服务协议的医疗机构、辅助器具配置机构认为经办机构未履行有关协议或者规定的；

（5）工伤职工或者其近亲属对经办机构核定的工伤保险待遇有异议的。

第四章 劳动能力鉴定

 知识要点

  劳动能力鉴定是工伤保险管理工作的基础,劳动能力鉴定结论关系到工伤职工的切身利益。劳动能力鉴定委员会通过组织医疗卫生专家对工伤职工致残程度进行技术性鉴定,就工伤事故伤害的致残程度进行量化。本章着重介绍劳动能力鉴定的基本含义及原则、进行劳动能力鉴定的条件、鉴定流程和标准等劳动能力鉴定相关知识,通过阅读本章让大家对劳动能力鉴定的过程有一个相对清晰的认识。

91. 劳动能力鉴定的基本含义是什么?

  劳动能力鉴定是指劳动者因工负伤或者患职业病,导致本人劳动能力与社会生活能力受到不同程度影响,依照国家工伤保险法规规定,由劳动能力鉴定机构组织劳动能力鉴定医学专家,根据国家制定的评残标准,运用医学科学技术的方法和手段,确定劳动者劳动功能障碍程度(伤残程度)和生活自理障碍程度的一种综合评定制度。劳动能力鉴定是给予遭受事故伤害或者患职业病的职工工伤保险待遇的基础和前提条件。通过劳动能力鉴定,能够准确评定职工伤残、病残的程度,有利于保障伤残、病残职工的合法权益,同时,也为正确处理与此有关的争议提供了客观依据。

92. 劳动能力鉴定工作的基本原则是什么?

  一是客观、公正原则。客观是指在劳动能力鉴定工作中要实事求是,严格执行国家法律、法规,按照劳动能力鉴定标准,由劳动能力鉴定医疗卫生专家组对工伤职工的伤情进行综合评定。公正是指劳动能力鉴定委员会的工作人员和医疗卫生专家组的专家，在对工伤职工进行劳动能力鉴定过程中，采取公正的态度，做到不徇私情，不作出有失公允的鉴定结论，并在劳动能力鉴定过程中严格履行回避制度。

二是工伤范围原则。工伤认定是进行劳动能力鉴定的前提，劳动能力鉴定的伤害部位和功能障碍应是工伤事故伤害或职业病的直接后果，工伤范围原则是劳动能力鉴定实际操作的前置原则，因为任何鉴定开始前首先要明确鉴定的部位和范围，不能随意增加鉴定部位、扩大鉴定范围，这个范围和部位应以工伤认定的结论为主要依据。对一些存在争议的情形，应先甄别、厘清鉴定范围，再进行伤残等级评定，否则难免出现南辕北辙的谬误。

三是对号入座原则。对号入座原则即在确定伤残等级时要依据鉴定标准，对于在标准条目中有明确条款的伤情，应严格按照相应条款评定等级。对号入座原则要求很明确，对于条目中列明的伤情，就应该对号入座，绝无讨价还价的余地。在应用对号入座原则套用条目时，应注意相近等级关于同一伤情的划分，按照就近就高原则套入相应等级。

四是等级相应原则。在现实操作中，工伤情形复杂多样，不可能将所有的伤情与标准中的530条伤情一一对号入座，等级相应原则就是将某伤情列入某一特定分类仍有欠缺不足时，可以列入相应等级中。等级相应原则体现在2014年版《劳动能力鉴定 职工工伤与职业病致残等级》标准的附录A8中，在实际应用中，如果仍有某些损伤类型未在本标准中提及，可按其对劳动、生活能力影响程度列入相应等级。

93. 为什么要做好劳动能力鉴定工作？

第一，做好劳动能力鉴定工作是落实以人为本理念的内在要求。劳动能力鉴定是确定工伤职工工伤保险待遇的基础和前提条件。通过客观准确地作出鉴定结论，保证工伤职工公平公正地领取工伤保险待遇，通过为工伤职工提供热情贴心的服务，让他们感受到"工伤事故无情，工伤保险有爱"，体现以人为本、服务至上的宗旨和理念。

第二，做好劳动能力鉴定工作是落实依法行政要求的具体举措。劳动能力鉴定是一种依法作出的客观、公正、合理的科学证明行为。为了保证劳动能力鉴定机构和劳动能力鉴定工作做到权责法定、公开公正、廉洁高效，国家制定了《工伤职工劳动能力鉴定管理办法》、修订了国家标准，这是落实相关法律法规要求，促进劳动能力鉴定工作鉴定程序规范化、鉴定人员专业化、鉴定依据标准化的具体举措。

第三，做好劳动能力鉴定工作是完善工伤保险制度的重要保证。劳动能力鉴定工作是工伤保险工作中一个不可或缺的重要环节，按照《工伤保险条例》的规定，劳动能力鉴定委员会的职责包括劳动功能障碍程度和生活自理障碍程度等级鉴定、辅助器具配置确认、停工留薪期确认。因此，劳动能力鉴定工作会对其他各项工伤保险工作产生直接影响。

94. 职工进行劳动能力鉴定的前提是什么？

《工伤保险条例》第二十一条规定："职工发生工伤，经治疗伤情相对稳定后存在残疾、影响劳动能力的，应当进行劳动能力鉴定。"需要注意以下三点：一是工伤职工需经过治疗，伤情处于相对稳定状态后再进行劳动能力鉴定，参加劳动能力鉴定就意味着停工留薪期的结束；二是工伤职工受伤后不是必须参加劳动能力鉴定，只有受伤后遗留残疾才有必要参加劳动能力鉴定；三是劳动能力鉴定并不是对所有的工伤职工进行鉴定，而只是对那些经过治疗仍存在残疾，并影响劳动能力的职工进行鉴定。工伤职工也应结合具体情况，就是否具备工伤康复资格、是否需要安装辅助器具等提出劳动能力鉴定申请。在实际工作中，有些工伤职工因受伤较轻或经工伤医疗后痊愈未留下残疾而选择不进行劳动能力鉴定。

95. 什么是医疗终结或病情相对稳定？

因为工伤情形的复杂性、影响因素的多样性和不同个体的差异，医疗终结或伤情稳定状态很难有绝对的概念。从临床医学角度考虑，有以下几个条件：

一是原发性损伤得到修复或治愈。比如骨折达到复位愈合、器官损害得到修复、损伤创面得到愈合等状态。

二是功能障碍的恢复趋于稳定。神经的损害功能障碍恢复需要较长的时间，衡量功能障碍的医疗终结时间，主要看其功能恢复相对稳定和静止的阶段，即这种功能影响既不朝坏的方向发展也不朝好的方向发展。

三是损伤和医疗过程引起的并发症得到控制。比如灼伤的创面感染得到有效控制。

四是医学条件及自身因素限制。因个体情况限制，某种治疗手段无法进行，或现有医学治疗手段无法令其恢复的状态。

96. 劳动能力鉴定依据什么标准？

劳动能力鉴定标准是进行劳动能力鉴定时所依据的尺度，是确定工伤职工伤残等级的标准。根据《工伤保险条例》第二十二条的规定，劳动能力鉴定标准由国务院社会保险行政部门会同国务院卫生行政部门等部门制定。我国目前使用的国家标准为《劳动能力鉴定 职工工伤与职业病致残等级》（GB/T 16180—2014），是 2014 年 9 月 3 日由国家质量监督检验检疫总局、国家标准化管理委员会批准发布，于 2015 年 1 月 1 日实施的。劳动能力鉴定标准中将工伤职工劳动功能障碍程度分为十个伤残等级，最重的为一级，最轻的为十级；将生活自理障碍程度分为三个等级：完全生活自理障碍、大部分生活自理障碍和部分生活自理障碍，对应着《工伤保险条例》中生活自理障碍程度的三个等级：生活完全不能自理、生活大部分不能自理和生活部分不能自理。

97. 劳动能力鉴定委员会有哪几个组成单位？

《工伤保险条例》规定省、自治区、直辖市劳动能力鉴定委员会和设区的市级劳动能力鉴定委员会分别由省、自治区、直辖市和设区的市级社会保险行政部门、卫生行政部门、工会组织、经办机构代表以及用人单位代表组成。

劳动能力鉴定委员会之所以由社会保险行政部门、卫生行政部门、工会组织、经办机构代表和用人单位代表组成，是因为社会保险行政部门作为管理工伤保险的行政部门，负责制定有关工伤保险的政策，具体负责工伤认定和其他有关事项的组织管理；卫生行政部门主管医疗卫生事业，劳动能力鉴定由具备资格的医疗卫生专家或者医疗机构协助诊断，因此，劳动能力鉴定委员会应有卫生行政部门代表参加；工会组织是代表工人利益的组织，为维护工人的合法权益、保障工伤职工得到及时救助，工会组织代表参加劳动能力鉴定委员会是十分必要的；用人单位代表参加劳动能力鉴定委员会，是因为工伤保险基金主要是由各用人单位缴纳的工伤保险费形成的；经办机构代表参加劳动能力鉴定委员会，是因为经办机构是工伤保险待遇的支付方，一旦工伤职工通过劳动能力鉴定，经办机构就要按照鉴定结论等级支付工伤保险待遇。经办机构代表参加劳动能力鉴定委员会，有利于维护基金的安全。

98. 劳动能力鉴定委员会层级如何划分及其工作职责是什么？

我国劳动能力鉴定委员会从组织上分为两级，即设区的市级劳动能力鉴定委员会和省、自治区、直辖市劳动能力鉴定委员会。

《工伤保险条例》在制定时将劳动能力鉴定委员会分为设区的市级和省级劳动能力鉴定委员会两级，是为了简化程序，便于工伤职工对设区的市级劳动能力鉴定委员会作出的初次劳动能力鉴定结论不服时，可以向上一级，也就是省、自治区、直辖市劳动能力鉴定委员会申请再次鉴定，明确了工伤职工申请劳动能力鉴定的程序，避免出现过去那种劳动能力鉴定时间过长、工伤职工不能及时享受工伤保险待遇的情况。

99. 需要在设区的市级劳动能力鉴定委员会进行鉴定或确认的项目有哪些？

根据《工伤保险条例》及其相关政策的规定，应由设区的市级劳动能力鉴定委员会进行鉴定或确认的项目包括：

一是工伤职工劳动功能障碍程度和生活自理障碍程度的初次鉴定。根据《工伤保险条例》及《工伤职工劳动能力鉴定管理办法》的规定，用人单位、工伤职工或者其近亲属向设区的市级劳动能力鉴定委员会提出申请，并提供工伤认定决定和职工工伤医疗的有关资料。

二是工伤职工劳动功能障碍程度和生活自理障碍程度的复查鉴定。根据《工伤保险条例》第二十八条的规定，自劳动能力鉴定结论作出之日起1年后，工伤职工或者其近亲属、所在单位或者经办机构认为伤残情况发生变化的，可以申请劳动能力复查鉴定。

三是工伤职工停工留薪期的确认。根据《工伤保险条例》第三十三条的规定，停工留薪期一般不超过12个月。伤情严重或者情况特殊，经设区的市级劳动能力鉴定委员会确认，可以适当延长，但延长不得超过12个月。

四是工伤职工辅助器具配置的确认。根据《工伤保险辅助器具配置管理办法》第四条的规定，设区的市级（含直辖市的市辖区、县）劳动能力鉴定委员会负责工伤保险辅助器具配置的确认工作。

五是因工死亡职工供养亲属的劳动能力鉴定。根据《因工死亡职工供养亲属范围规定》第六条的规定，因工死亡职工供养亲属的劳动能力鉴定，由因工死亡职工生前单位所在地设区的市级劳动能力鉴定委员会负责。

六是非法用工单位伤亡人员确定一次性赔偿金数额时进行的劳动能力鉴定。根据《非法用工单位伤亡人员一次性赔偿办法》第三条的规定，非法用工单位伤亡人员的劳动能力鉴定按照属地原则由单位所在地设区的市级劳动能力鉴定委员会办理。

七是工伤职工旧伤复发争议的确认。根据《工伤保险经办规程》第四十四条的规定，工伤职工因旧伤复发需要治疗的，填写《工伤职工旧伤复发治疗申请表》，由就诊的工伤保险协议机构提出工伤复发的诊断意见，经业务部门核准后到工伤保险协议机构就医。对旧伤复发有争议的，由劳动能力鉴定委员会确定。

100. 什么是医疗卫生专家库？列入专家库的医疗卫生专业技术人员需具备的基本条件有哪些？

劳动能力鉴定委员会医疗卫生专家库是劳动能力鉴定委员会必须具备的硬件条件。医疗卫生专家库应按不同学科分类设立若干学科组，每组是由一定数量专门的医疗卫生方面的专家组成的，对某一类病症或其他有关医疗的问题进行综合会诊，然后作出鉴定意见。工伤职工的劳动能力鉴定必须经过具有医疗经验的专家作出鉴定意见后，劳动能力鉴定委员会才能作出劳动能力鉴定结论。

根据《工伤保险条例》第二十四条的规定，列入专家库的医疗卫生专业技术人员应当具备下列条件：一是具有医疗卫生高级专业技术职务任职资格；二是掌握劳动能力鉴定的相关知识；三是具备良好的职业道德。

101. 劳动能力障碍程度的等级划分及对应的定级原则有哪些？

劳动功能障碍程度分为十级。一级为器官缺失或功能完全丧失，其他器官不能代偿，存在特殊医疗依赖，或完全或大部分或部分生活自理障碍；二级为器官严重缺损或畸形，有严重功能障碍或并发症，存在特殊医疗依赖，或大部分或部分生活自理障碍；三级为器官严重缺损或畸形，有严重功能障碍或并发症，存在特殊医疗依赖，或部分生活自理障碍；四级为器官严重缺损或畸形，有严重功能障碍或并发症，存在特殊医疗依赖，或部分生活自理障碍或无生活自理障碍；五级为器官大部分缺损或明显畸形，有较重功能障碍或并发症，存在一般医疗依赖，无生活自理障碍；六级为器官大部分缺损或明显畸形，有中等功能障碍或并发症，存在一般医疗依赖，无生活自理障碍；七级为器官大部分缺损或明显畸形，有轻度功能障碍或并发症，存在一般医疗依赖，无生活自理障碍；八级为器官部分缺损，形态异常，轻度功能障碍，存在一般医疗依赖，无生活自理障碍；九级为器官部分缺损，形态异常，轻度功能障碍，无医疗依赖或者存在一般医疗依赖，无生活自理障碍；十级为器官部分缺损，形态异常，无功能障碍或轻度功能障碍，无医疗依赖或者存在一般医疗依赖，无生活自理障碍。

102. 生活自理障碍程度的等级划分及定级依据是什么？

生活自理障碍程度分为三个等级：生活完全不能自理、生活大部分不能自理和生活部分不能自理。生活自理范围主要包括下列五项：一是进食：完全不能自主进食，需依赖他人帮助；二是翻身：不能自主翻身；三是大、小便：不能自主行动，排大、小便需要依赖他人帮助；四是穿衣、洗漱：不能自己穿衣、洗漱，完全依赖他人帮助；五是自我移动：不能自主走动。

生活自理障碍程度根据完成以上五项的具体情况进行划分：

（1）完全生活自理障碍：生活完全不能自理，上述五项均需护理；

（2）大部分生活自理障碍：生活大部分不能自理，上述五项中三项或四项需要护理；

（3）部分生活自理障碍：生活部分不能自理，上述五项中一项或两项需要护理。

103. 什么是特殊医疗依赖和一般医疗依赖？

特殊医疗依赖是指工伤致残后必须终身接受特殊药物、特殊医疗设备或装置治疗。一般医疗依赖是指工伤致残后仍需接受长期或终身药物治疗。

104. 劳动能力鉴定工作的程序是怎样的？

根据《工伤保险条例》和《工伤职工劳动能力鉴定管理办法》的规定，劳动能力鉴定按照以下程序进行：

一是提出申请。由具备劳动能力鉴定条件的工伤职工本人（或其近亲属）或者该职工的用人单位向当地劳动能力鉴定委员会提出劳动能力鉴定申请，同时提交工伤认定决定和职工工伤医疗的有关资料。

二是审查受理。劳动能力鉴定委员会收到劳动能力鉴定申请后，应当及时对申请人提交的材料进行审核；申请人提供材料不完整的，劳动能力鉴定委员会应当自收到劳动能力鉴定申请之日起5个工作日内一次性书面告知申请人需要补正的全部材料。

三是组织鉴定。申请人提供材料完整的，设区的市级劳动能力鉴定委员会应当及时组织鉴定。根据工伤职工的伤情程度等从医疗卫生专家库中随机抽取3名或者5名与工伤职工伤情相关科别的专家组成专家组进行鉴定，并提前通知工伤职工进行鉴定的时间、地点以及应当携带的材料。工伤职工应当按照通知的时间、地点参加现场鉴定。专家组根据工伤职工伤情，结合医疗诊断情况，依据《劳动能力鉴定 职工工伤与职业病致残等级》标准提出鉴定意见。因鉴定工作需要，专家组提出应当进行有关检查和诊断的，劳动能力鉴定委员会可以委托具备资格的医疗机构协助进行有关的检查和诊断。参加鉴定的专家都应当签署意见并签名。专家意见不一致时，按照少数服从多数的原则确定专家组的鉴定意见。

四是作出鉴定结论。设区的市级劳动能力鉴定委员会应当在收到劳动能力鉴定申请之日起 60 日内，根据专家组的鉴定意见作出劳动能力鉴定结论。伤情复杂、涉及医疗卫生专业较多的，作出劳动能力鉴定结论的期限可以延长 30 日。

五是送达鉴定结论。设区的市级劳动能力鉴定委员会应当自作出鉴定结论之日起 20 日内将劳动能力鉴定结论及时送达工伤职工及其用人单位，并抄送社会保险经办机构。

六是再次鉴定。工伤职工或者其用人单位对设区的市级劳动能力鉴定委员会作出的劳动能力鉴定结论不服的，可以在收到该鉴定结论之日起 15 日内向省、自治区、直辖市劳动能力鉴定委员会申请再次鉴定。省、自治区、直辖市劳动能力鉴定委员会作出的劳动能力鉴定结论为最终结论。

七是复查鉴定。自劳动能力鉴定结论作出之日起 1 年后，工伤职工、用人单位或者社会保险经办机构认为伤残情况发生变化的，可以向设区的市级劳动能力鉴定委员会申请劳动能力复查鉴定。对复查鉴定结论不服的，可以根据《工伤保险条例》第二十六条的规定申请再次鉴定。

105. 劳动能力鉴定申请主体有哪些？

根据《工伤保险条例》第二十三条的规定，劳动能力鉴定由用人单位、工伤职工或者其近亲属向设区的市级劳动能力鉴定委员会提出申请，并提供工伤认定决定和职工工伤医疗的有关资料。因此，可以将劳动能力鉴定申请主体分为三类：

一是用人单位，即工伤职工所在单位。该职工与用人单位之间存在劳动关系，并且工伤是由于为本单位工作造成的，因此，职工发生事故伤害后，为职工申请工伤认定、劳动能力鉴定是单位的法定责任。

二是工伤职工，即因工受到事故伤害被认定为工伤的职工本人。职工如果认为工伤受到的伤害可能或已经影响其劳动能力的，可以申请劳动能力鉴定。同时，申请劳动能力鉴定又是工伤职工的义务，如果工伤职工拒不接受劳动能力鉴定，将停止享受工伤保险待遇。

三是职工的近亲属。职工遭受事故伤害后，伤残情况可能比较严重，自身申请劳动能力鉴定可能极为不便，甚至无法进行申请。因此，法律赋予工伤职工近亲属以申请主体地位，其中，近亲属包括配偶、子女、父母、兄弟姐妹、祖父母、外祖父母。

106. 申请劳动能力鉴定应提交哪些材料？

根据《工伤职工劳动能力鉴定管理办法》第八条的规定，申请劳动能力鉴定应当填写劳动能力鉴定申请表，并提交下列材料：

（1）《工伤认定决定书》原件和复印件；

（2）有效的诊断证明、按照医疗机构病历管理有关规定复印或者复制的检查、检验报告等完整病历材料；

（3）工伤职工的居民身份证或者社会保障卡等其他有效身份证明原件和复印件；

（4）劳动能力鉴定委员会规定的其他材料。

申请劳动能力再次鉴定，除提供初次鉴定规定的相关材料外，还需提交设区的市级劳动能力初次鉴定结论原件和复印件。

107. 申请鉴定的单位或个人对劳动能力鉴定委员会作出的鉴定结论不服如何救济？

劳动能力鉴定是法定机构对劳动者在职业活动中因工负伤或者患职业病后，根据国家工伤保险法规规定，在评定伤残等级时通过医学检查对劳动功能障碍程度（伤残程度）和生活自理障碍程度作出的技术性鉴定结论，不是一种具体行政行为。根据《人力资源社会保障行政复议办法》及《行政诉讼法》的相关规定，对劳动能力鉴定结论的争议，不能通过行政复议和行政诉讼程序来处理。

根据《工伤保险条例》第二十六条的规定，申请鉴定的单位或者个人对设区的市级劳动能力鉴定委员会作出的鉴定结论不服的，可以在收到该鉴定结论之日起15日内向省、自治区、直辖市劳动能力鉴定委员会提出再次鉴定申请。省、自治区、直辖市劳动能力鉴定委员会作出的劳动能力鉴定结论为最终结论。省、自治区、直辖市劳动能力鉴定委员会在再次鉴定的过程中如果发现设区的市级劳动能力鉴定委员会作出的鉴定结论有错误，可以依法定程序重新进行鉴定。

108. 什么是劳动能力复查鉴定？

根据《工伤保险条例》第二十八条的规定，劳动能力复查鉴定是指已经进行劳动能力鉴定的工伤职工，在劳动能力鉴定结论作出1年后，工伤职工、用人单位或者社会保险经办机构认为伤残情况发生变化的，可以向设区的市级劳动能力鉴定委员会申请劳动能力复查鉴定。

建立劳动能力复查鉴定制度，主要是考虑工伤职工的伤残程度经过一定时期后有可能发生变化，出现劳动功能障碍程度和生活自理障碍程度加重或减轻的情况，对这部分职工进行劳动能力复查鉴定，可以保护伤残职工的合法权益，使其享受相应的工伤保险待遇。

109. 劳动能力复查鉴定申请主体有哪些？

根据《工伤保险条例》第二十八条的规定，有权提出劳动能力复查鉴定的申请人包括：

一是工伤职工或者其近亲属。职工因工受到事故伤害被认定为工伤，并经劳动能力鉴定后，开始享受工伤保险待遇。经过1年时间，职工如果认为自己的劳动功能障碍程度和生活自理障碍程度进一步加重，可以申请劳动能力复查鉴定。通过劳动能力复查鉴定，可以改变劳动能力鉴定等级和生活自理障碍程度，使工伤职工享受相应的工伤保险待遇，减轻护理照顾工伤职工的近亲属的经济负担。

二是工伤职工所在单位。工伤职工经劳动能力鉴定后，可以继续工作的，用人单位可以安排与其劳动能力相适应的工作。但是经过一段时间后，如果用人单位认为该职工的伤残程度发生变化，可以提出工伤职工的劳动能力复查鉴定申请。

三是经办机构。工伤职工经过劳动能力鉴定后，经办机构依据劳动能力鉴定结论核定工伤职工的工伤保险待遇。工伤职工劳动能力发生变化直接影响到待遇的给付，工伤职工应该享受与其劳动能力相适应的工伤保险待遇。特别是对于劳动能力已经有了很大改善的职工，如果仍按先前作出的劳动能力鉴定结论享受工伤保险待遇，是对工伤保险基金和其他参保人员的不公，因此，《工伤保险条例》赋予经办机构提出劳动能力复查鉴定申请的权利。

110. 什么是劳动能力鉴定回避制度？

劳动能力鉴定中的回避制度，是指为确保劳动能力鉴定工作的客观、公正，经当事人申请，要求与当事人或申请人有利害关系的劳动能力鉴定委员会成员或者参加鉴定的专家与当事人有利害关系的应当回避，不得参与劳动能力鉴定工作的制度。这里的利害关系是指劳动能力鉴定委员会成员或者参加鉴定的医疗专家与当事人有亲属关系或其他利益关系，他们参加后会影响鉴定结果的客观、公正。

111. 劳动能力鉴定中伤残等级的晋级原则是什么？

根据《劳动能力鉴定 职工工伤与职业病致残等级》标准规定，对于同一器官或者系统多处损伤，或一个以上器官不同部位同时受到损伤者，应先对单项伤残程度进行鉴定。如果几项伤残等级不同的，以重者定级；如果两项及以上伤残等级相同，最多晋升一级。

在实际劳动能力鉴定工作中，对于晋级原则的把握往往体现在专家组评定过程中，属于技术鉴定中的一环，劳动能力鉴定委员会在作出鉴定结论时，往往记载的是最后的定级依据，而不是体现技术鉴定的过程。

鉴定实例 工伤事故至多处损伤时晋级原则的应用

简要病史：杨某，女，48岁，2012年6月因车祸致右腓骨骨折，左锁骨骨折，左胫骨平台骨折，L2-4椎体右侧横突骨折，右膝血肿韧带损伤，行右腓骨及左胫骨平台切开复位内固定术后，现内固定已取出。

检查情况：骨折已愈合，胸廓未见畸形，双侧膝关节屈伸活动可，腰部无压痛。

鉴定结论：根据晋级原则评定为工伤致残程度八级，无生活自理障碍。

鉴定评析：杨某为工伤事故导致的多器官不同部位同时受到损伤者，应先对单项伤残程度进行鉴定：右腓骨骨折，行右腓骨切开复位内固定术后，符合九级23条；左锁骨骨折愈合后无功能障碍，符合十级12条；左胫骨平台骨折，行左胫骨平台切开复位内固定术后，符合九级 23 条；L2-4 椎体右侧横突骨折，符合九级 11 条。

杨某受伤各部位的伤残等级有十级，也有九级，根据定级原则，以重者定级，而在符合伤残程度九级的伤情中，有三项等级相同，最多晋升一级。因此，杨某的工伤致残程度最终确定为八级。

112. 原有伤残及合并症应该如何处理？

根据《劳动能力鉴定 职工工伤与职业病致残等级》标准规定，在劳动能力鉴定过程中，发生工伤或职业病后出现合并症，其致残等级的评定以鉴定时实际的致残结局为依据。

如受工伤损害的器官原有伤残或疾病史，即单个或多器官（如双眼、四肢、肾脏）或系统损伤，本次鉴定时应检查本次工伤伤情是否加重原有伤残，若加重原有伤残，鉴定时以实际的致残结局为依据；若本次伤情轻于原有伤残，鉴定时则以本次工伤伤情致残结局为依据。应当注意的是，对原有伤残及合并症的处理原则适用于初次或再次鉴定，复查鉴定及对复查鉴定结论不服提出的再次鉴定申请不适用此原则。

113. 外伤为主导诱因引发的急性腰椎间盘突出症如何确定？

急性腰椎间盘突出症在工伤事故中比较常见，且在劳动能力鉴定中产生的争议纠纷较多，因此 2014 年版《劳动能力鉴定 职工工伤与职业病致残等级》国家标准明确了急性腰椎间盘突出症的确定诊断要求：一是要有急性外伤史并发坐骨神经刺激征；二是有早期 MRI（1 个月内）影像学依据提示为急性损伤；三是无法提供早期 MRI 资料的，仅提供早期 CT 依据者应继续 3～6 个月治疗与观察后申请鉴定，鉴定时根据遗留症状与体征，如相应受损神经支配肌肉萎缩、肌力减退、异常神经反射等损害程度作出等级评定。

114. 在发生工伤或职业病过程中，伴发精神分裂症和躁郁症如何处理？

工伤事故的发生往往比较突然，遭受工伤事故伤害时，难免会使伤者因受到一定的刺激而出现应激性的精神症状，但应注意区分这种症状与精神分裂症和躁郁症的差别。精神分裂症和躁郁症均为内源性的精神病，发病主要取决于病人自身的生物学素质。因此，2014年版《劳动能力鉴定 职工工伤与职业病致残等级》国家标准明确规定，在发生工伤或职业病过程中伴发的内源性精神病不应与工伤或职业病直接所致的精神性疾病相混淆。精神分裂症和躁郁症不属于工伤或职业病性精神病。

认定精神障碍与工伤、职业病相关需具备以下基本条件：

（1）精神障碍的发病基础需有工伤、职业病的存在；

（2）精神障碍的起病时间需与工伤、职业病的发生相一致；

（3）精神障碍应伴随工伤、职业病的改善和缓解而恢复正常；

（4）无证据提示精神障碍的发病有其他原因（如强阳性家族病史）。

115. 劳动能力鉴定标准中"四肢大关节"包括哪几个关节？

在《劳动能力鉴定 职工工伤与职业病致残等级》标准中，有很多伤残条目与"四肢大关节"有关，而在鉴定标准的附录中没有作明确的说明，造成了鉴定中的很多困惑。但仔细研读标准不难发现，在标准中其实是可以找到对"四肢大关节"的注解的。在职工工伤与职业病致残等级分级中，二级第14条的规定为"四肢大关节（肩、髋、膝、肘）中四个及以上关节功能完全丧失者"，应理解为括号内的肩、髋、膝、肘是对"四肢大关节"的注解，因此在使用2014年版《劳动能力鉴定 职工工伤与职业病致残等级》标准时，"四肢大关节"一般性理解应包括肩关节、髋关节、膝关节和肘关节。

116. 作出劳动能力鉴定结论的期限是多长时间？

根据《工伤保险条例》第二十五条第二款的规定，设区的市级劳动能力鉴定委员会应当自收到劳动能力鉴定申请之日起60日内作出劳动能力鉴定结论，必要时，作出劳动能力鉴定结论的期限可以延长30日。劳动能力鉴定结论应当及时送达申请鉴定的单位和个人。

根据《工伤保险条例》第二十九条的规定，再次鉴定和复查鉴定的期限，依照本条例第二十五条第二款的规定执行。

117. 劳动能力鉴定结论书中应载明哪些内容？

根据《工伤职工劳动能力鉴定管理办法》第十四条的规定，劳动能力鉴定委员会根据专家组的鉴定意见作出劳动能力鉴定结论。劳动能力鉴定结论书应当载明下列事项：
（1）工伤职工及其用人单位的基本信息；
（2）伤情介绍，包括伤残部位、器官功能障碍程度、诊断情况等；
（3）作出鉴定的依据；
（4）鉴定结论。

118. 新旧劳动能力鉴定标准如何衔接？

《劳动能力鉴定 职工工伤与职业病致残等级》（GB/T 16180—2014，以下简称新标准）于2015年1月1日实施。新标准是在充分听取各地意见的基础上对《劳动能力鉴定 职工工伤与职业病致残等级》（GB/T 16180—2006，以下简称原标准）进行的修改和完善，伤情条目由572条调整为530条。根据《关于实施修订后劳动能力鉴定标准有关问题处理意见的通知》（人社部发〔2014〕81

号）要求，劳动能力鉴定标准衔接的有关问题，分别按照下列情形处理：

一是新标准实施后，对依照《工伤保险条例》规定提出的初次劳动能力鉴定申请，劳动能力鉴定委员会应当按照新标准进行鉴定。

二是新标准实施前，已依照《工伤保险条例》规定提出初次劳动能力鉴定申请但尚未作出鉴定结论的，劳动能力鉴定委员会应当按照新标准进行鉴定。若因标准发生变化导致鉴定级别低于原标准的，按照就高原则作出鉴定结论。

三是新标准实施前已作出劳动能力鉴定结论，新标准实施后依照《工伤保险条例》规定提出劳动能力复查鉴定或者再次鉴定申请的，劳动能力鉴定委员会应当按照新标准进行鉴定。

四是按《关于实施修订后劳动能力鉴定标准有关问题处理意见的通知》第三条的规定提出劳动能力复查鉴定及对复查鉴定结论不服提出再次鉴定申请且鉴定级别发生变化的，工伤职工的伤残津贴和生活护理费自作出鉴定结论的次月起作相应调整，一次性伤残补助金不作调整。一次性伤残就业补助金和一次性工伤医疗补助金的计发标准，按与用人单位解除终止劳动关系前最后一次的鉴定结论确定。

119. 人身损害伤残程度鉴定的类型和依据的标准是什么？

对人身损害伤残程度的鉴定，广泛运用于法医鉴定、交通事故处理、工伤职业病劳动能力鉴定、医疗事故赔偿等不同领域，不同对象因不同事由导致的伤残适用不同的伤残鉴定标准，由于都是对人体受伤害程度的一种评定，往往容易引起混淆。现实生活中比较常见的人身损害伤残程度鉴定的类型和依据的标准主要包括以下几种：

（1）职工因工负伤或罹患职业病致残程度的鉴定。依据标准为国家质量监督检验检疫总局、国家标准化管理委员会于2014年9月3日发布，并于2015年1月1日实施的《劳动能力鉴定 职工工伤与职业病致残等级》（GB/T 16180—2014）。

（2）职工非因工伤残或因病进行的劳动能力鉴定。依据标准为国务院社会保险行政部门于2002年4月5日发布并实施的《职工非因工伤残或因病丧失劳动能力程度鉴定标准》。

（3）现役军人因战、因公（含职业病）致残等级评定。依据标准为民政部、人力资源社会保障部、卫生部、总后勤部于2011年12月27日发布，并于2012年1月1日实施的《军人残疾等级评定标准》。该标准将现役军人因战、因公（含职业病）致残程度分为十个等级，最重的为一级，最轻的为十级，其中，一级至六级同样适用于因病致残的义务兵和初级士官。

（4）残疾人残疾等级的评定。依据标准为国家质量监督检验检疫总局、国家标准化管理委员会于2011年1月14日发布，并于2011年5月1日实施的《残疾人残疾分类和分级》，将各类残疾按残疾程度分为四级，残疾一级为极重度，残疾二级为重度，残疾三级为中度，残疾四级为轻度。

（5）道路交通事故受伤人员伤残程度的评定。依据标准为公安部发布，并于2002年12月1日实施的《道路交通事故受伤人员伤残评定》（GB 18667—2002），根据遭受道路交通事故伤害程度分为十个等级，最重的为Ⅰ级，最轻的为Ⅹ级。

（6）医疗事故中所造成的患者人身损害的评定。依据标准为原卫生部2002年7月31日公布，并于2002年9月1日实施的《医疗事故分级标准（试行）》。其中，规定了医疗事故一级乙等至三级戊等对应伤残等级一级至十级。

（7）国家队运动员在运动训练、竞赛中致残等级的评定。依据标准为原国家体委1998年发布的《国家队运动员伤残保险事故程度分级标准》。

(8)《中华人民共和国刑法》及其他法律、法规所涉及的人体损伤程度鉴定。依据标准为最高人民法院、最高人民检察院、公安部、国家安全部和司法部于 2013 年 8 月 30 日发布，并于 2014 年 1 月 1 日实施的《人体损伤程度鉴定标准》。

第五章 工伤保险待遇

 知识要点

　　工伤保险待遇是参保职工在受到事故伤害或者患职业病时获得的医疗救治和经济补偿，其作用是使伤残者的医疗、生活有所保障，使工亡者遗属的基本生活得到保证。工伤保险待遇的高低、项目的多少，取决于国家或该地区的经济发展水平和人们的社会生活水平。本章着重介绍工伤保险待遇的类型、享受的条件、标准及计算办法等，使读者对工伤保险待遇有一个初步的了解。

120. 工伤保险待遇有哪几种类型？

　　工伤保险待遇是指职工遭受工伤事故伤害或者患职业病后，用人单位对发生的暂时或永久人身健康或生命损害的一种补救和补偿，从而使工伤职工的医疗、康复和生活有所保障，使因工死亡者的遗属得到基本的生活保障。《工伤保险条例》规定的工伤保险待遇包括以下几种类型：一是医疗康复待遇。包括工伤治疗及相关补助待遇，康复性治疗待遇，人工器官、矫形器等辅助器具的安装、配置待遇等。二是停工留薪期待遇。职工因工作遭受事故伤害或者患职业病需要暂停工作接受工伤医疗的，在停工留薪期内，原工资福利待遇不变，由所在单位按月支付。生活不能自理的工伤职工在停工留薪期需要护理的，由所在单位负责。三是伤残待遇。工伤职工根据不同的伤残等级，享受一次性伤残补助金、伤残津贴、工伤医疗补助金、伤残就业补助金及生活护理费等。四是工亡待遇。职工因工死亡，其直系亲属可以领取丧葬补助金、供养亲属抚恤金和一次性工亡补助金。

121. 如何理解工伤保险待遇的性质？

工伤保险待遇属于社会帮助，不以待遇的支付人和工伤者的诉求为本位，是疏离个体的"公平"，构架的是社会的公平和正义。

工伤保险待遇旨在保障工伤职工的基本生活需要，工伤保险主要是保障医疗救治和基本生活，而不是指全部的经济损失。工伤保险机构不是侵权人，支付工伤保险待遇不是承担侵权责任，受害人的身体不能等同于财产，无从论及身体损失的价格。因此，工伤保险机构支付的工伤保险待遇实际上既不完全是补偿，也不是赔偿，严格地讲是工伤保险待遇的给付。

122. 参保工伤职工在医疗期间能享受哪些待遇？

根据《工伤保险条例》的相关规定，工伤职工在停工留薪期内，原工资福利待遇不变，由所在单位按月支付，停工留薪期一般不超过12个月。伤情严重或者情况特殊的，经设区的市级劳动能力鉴定委员会确认，可以适当延长，但延长不得超过12个月。生活不能自理的工伤职工在停工留薪期需要护理的，由所在单位负责。

工伤职工在医疗期间能享受的待遇主要包括：

一是工伤医疗费。即职工治疗工伤所需费用，如挂号费、诊疗费、药费、住院费等，符合工伤保险诊疗项目目录、工伤保险药品目录、工伤保险住院服务标准的，从工伤保险基金支付。

二是停工留薪期间工资福利。工伤职工需要暂停工作接受工伤医疗的，享受停工留薪期待遇，停工留薪期满后仍需治疗的，继续享受工伤医疗待遇。在停工留薪期间，原工资福利待遇不变，由用人单位支付。

三是工伤康复费。工伤职工到签订服务协议的医疗机构进行工伤康复费用的申请，符合规定的，从工伤保险基金支付。

四是辅助器具费用。工伤职工存在残疾的，经劳动能力鉴定委员会确认需安装辅助器具的，发生的符合支付标准的辅助器具配置费用，从工伤保险基金支付。

五是住院治疗伙食补助费。工伤职工住院期间的伙食费用，从工伤保险基金支付，基金支付的具体标准由统筹地区人民政府规定。

六是异地就医交通、食宿费。经医疗机构出具证明，报经办机构同意，工伤职工到统筹地区以外就医所需的交通、食宿费用，从工伤保险基金支付，基金支付的具体标准由统筹地区人民政府规定。

七是停工留薪期间生活护理费。工伤职工在停工留薪期间需要护理的，由该职工所在单位负责。

需要注意的是，工伤职工治疗非工伤引发的疾病时，不享受工伤医疗待遇，按照基本医疗保险办法处理。

123. 什么是工伤保险诊疗项目目录、工伤保险药品目录和工伤保险住院服务标准？

根据《工伤保险条例》第三十条第三款的规定，治疗工伤所需费用符合工伤保险诊疗项目目录、工伤保险药品目录、工伤保险住院服务标准的，从工伤保险基金支付。该规定实施的目的在于合理控制医疗费用的支出，提高工伤保险基金的使用效率，从而更好地满足大多数工伤职工的医疗和康复需求。

工伤保险诊疗项目目录、工伤保险药品目录、工伤保险住院服务标准，由国务院社会保险行政部门会同国务院卫生行政部门、食品药品监督管理部门等部门规定。

工伤保险诊疗项目目录是指根据诊疗技术的应用范围、使用的广泛性、技术的熟练程度以及医疗费用的高低，将诊疗技术进行分类并分别制定不同的费用支付办法。制定工伤保险诊疗项目目录是明确工伤保险诊疗服务范围和标准，强化医疗服务管理的一种措施。

工伤保险药品目录是指为保证工伤职工临床治疗所必需、纳入工伤保险基金给付范围的药品目录。自 2009 年 12 月起，基本医疗保险、工伤保险和生育保险药品目录予以统一，使用《国家基本医疗保险、工伤保险和生育保险药品目录》，是基本医疗保险、工伤保险和生育保险基金支付参保人员药品费用和强化医疗保险医疗服务管理的政策依据及标准。2017 年 2 月 21 日，人力资源社会保障部发布《国家基本医疗保险、工伤保险和生育保险药品目录（2017 年版）》，本次药品目录中共收载西药和中成药 2 535 个，与 2009 年版目录相比增加了 339 个。其中，仅工伤保险基金准予支付费用的品种为 5 个，仅生育保险基金准予支付费用的品种为 4 个。

工伤保险住院服务标准也是明确工伤保险医疗服务范围和标准，强化医疗服务管理的重要内容之一。工伤保险住院服务标准是指可纳入工伤保险基金支付范围的与医疗技术非直接相关的病房条件、就诊环境等辅助性服务设施费用的支付标准。

124. 职工治疗工伤如何就医？

根据《工伤保险条例》第三十条的规定，职工治疗工伤应当在签订服务协议的医疗机构就医，情况紧急时可以先到就近的医疗机构急救。工伤职工确需到统筹地区以外就医的，要经医疗机构出具证明，报经办机构同意。

125. 工伤认定行政复议或提起行政诉讼期间，职工治疗费用支付情况是怎样的？

在社会保险行政部门作出认定为工伤的决定后，用人单位或者工伤职工及其近亲属均有可能对工伤认定结论产生不同意见，这类行政复议、行政诉讼的案件越来越多。为保障职工的合法权益，避免出现因行政复议、行政诉讼期间治疗工伤的医疗费没有着落,甚至耽误治疗的情况,《工伤保险条例》第三十一条明确规定,社会保险行政部门作出认定为工伤的决定后发生行政复议、行政诉讼的,行政复议和行政诉讼期间不停止支付工伤职工治疗工伤的医疗费用。

126. 工伤职工享受哪些辅助器具待遇?

职工遭受工伤事故后,可能造成身体器官缺损,诸如肢体缺失、器官切除、颅骨缺损等,器官缺损的部位及严重程度不同会造成不同程度的人体生理功能障碍,在此基础上,又进而导致心理障碍以及影响伤残职工的生活质量。为恢复或提高伤残职工的身体功能,满足工伤职工日常生活和就业的需要,就应当为工伤职工提供安装辅助器具的服务。为此,《工伤保险条例》第三十二条规定,工伤职工因日常生活或者就业需要,经劳动能力鉴定委员会确认,可以安装假肢、矫形器、假眼、假牙和配置轮椅等辅助器具,所需费用按照国家规定的标准从工伤保险基金支付。

127. 工伤停工留薪期及其待遇如何确定?

停工留薪期是指职工因工遭受事故伤害或者患职业病需要暂停工作接受治疗并享受有关待遇的期限。在停工留薪期内,原工资、福利等待遇不变,由所在单位按月支付。通常停工留薪期的长短是根据工伤的伤害部位和程度以及治疗情况而定,但也不排除由于个体差异和不同医疗机构诊疗技术的差别,伤情治愈时间长短不一,因此,停工留薪期又要根据个体情况而定。《工伤保险条例》规定停工留薪期一般不超过12个月,伤情严重或者情况特殊,经设区的市级劳动能力鉴定委员会确认,可以适当延长,但延长不得超过12个月。

工伤职工在停工留薪期满后仍需治疗的,继续享受工伤医疗待遇。生活不能自理的工伤职工在停工留薪期需要护理的，由所在单位负责。

128. 工伤职工享受生活护理费的条件和标准是什么？

根据《工伤保险条例》第三十四条的规定，工伤职工已经评定伤残等级并经劳动能力鉴定委员会确认需要生活护理的，从工伤保险基金按月支付生活护理费。

在2014年版《劳动能力鉴定 职工工伤与职业病致残等级》国家标准中，对生活自理障碍程度等作了规定。生活自理障碍程度依据进食、翻身、大小便、穿衣及洗漱、自我移动等五项内容进行划分，五项均需要护理的，定为完全生活自理障碍；五项中三项或四项需要护理的，定为大部分生活自理障碍；五项中一项或两项需要护理的，定为部分生活自理障碍。生活护理费按照生活完全不能自理、生活大部分不能自理或者生活部分不能自理三个不同等级支付，其标准分别为统筹地区上年度职工月平均工资的50%、40%或者30%。

129. 什么是一次性伤残补助金？

一次性伤残补助金是指为弥补职工因工伤而造成的工资收入损失，由国家工伤保险机构向因工致残被鉴定为1级至10级的职工，依据劳动能力鉴定机构评定的伤残等级，按本人工资的一定比例给予的一次性职业伤害补偿金。一次性伤残补助金是工伤保险待遇的重要组成部分，发放的标准由《工伤保险条例》规定。

130. 什么是伤残就业补助金？

伤残就业补助金是指因工致残被鉴定为五级至十级的工伤职工在提出解除劳动合同或者劳动合同期满后，为保障其基本生活开支，实现再次就业，依据劳动能力鉴定机构评定的伤残等级，由用人单位向职工发放的一次性补偿金。一次性伤残就业补助金是工伤保险待遇的重要组成部分，发放的具体标准由省、自治区、直辖市人民政府规定。

131. 职工因工致残被确定伤残等级后，与用人单位的劳动关系如何处理？

职工遭受工伤事故伤害或者患职业病后，经劳动能力鉴定委员会评定伤残等级，势必会影响其生活、工作和就业能力。为最大限度地维护工伤职工的权益，《工伤保险条例》根据伤残对工伤职工就业、生活造成的不同程度影响，分别作出以下规定：

一是对于被鉴定为一级至四级伤残的工伤职工，用人单位应当与其保留劳动关系。也就是说，用人单位不得与这些职工终止劳动关系，除非这些职工死亡或者已经办理退休手续，或者存在《劳动合同法》第三十九条规定的情形。在保留劳动关系期间，由于工伤职工已完全丧失劳动能力，双方签订的劳动合同应当中止，但用人单位应当履行法定义务，如以工伤职工享受的伤残津贴为基数，为工伤职工缴纳基本医疗保险等社会保险费用。

二是对于被鉴定为五级、六级伤残的工伤职工，用人单位应当与其保留劳动关系，而不能终止或者解除劳动关系。在保留劳动关系期间，由于这些工伤职工并未完全丧失劳动能力，用人单位可为其安排适当工作并发给相应的工资报酬。难以安排工作的，用人单位应按规定按月发给伤残津贴，并为其缴纳基本养老保险、基本医疗保险等各项社会保险费用。经工伤职工本人提出，可以与用人单位解除或者终止劳动关系，但是用人单位应当向其支付一次性工伤医疗补助金和伤残就业补助金。支付一次性补助，是为了使工伤职工在找到新的工作以前，基本生活开支有必要的保障，并有经济能力医治疾病。一次性工伤医疗补助金和伤残就业补助金的具体标准由省、自治区、直辖市人民政府规定。

三是对于被鉴定为七级至十级的工伤职工,在劳动合同期满前,除非工伤职工具有《劳动合同法》第三十九条规定的情形,用人单位不得单方与其解除劳动关系。鉴于被鉴定为七级至十级伤残的工伤职工仍具有大部分劳动能力,可以通过劳动自食其力,用人单位应当与其继续履行原劳动合同或者视客观情况依法与其变更劳动合同的部分内容,并按照劳动合同的规定支付相应的工资报酬。劳动合同期满或者工伤职工本人提出解除劳动合同的,用人单位应当向其支付一次性工伤医疗补助金和伤残就业补助金。

132. 一级至四级伤残职工应享受哪些工伤保险待遇?

职工因工致残被鉴定为一级至四级伤残的,又称完全丧失劳动能力。根据《工伤保险条例》第三十五条的规定,职工因工致残被鉴定为一级至四级伤残的,保留劳动关系,退出工作岗位,并享受以下待遇:

(1) 从工伤保险基金按伤残等级支付一次性伤残补助金,标准为:一级伤残为27个月的本人工资,二级伤残为25个月的本人工资,三级伤残为23个月的本人工资,四级伤残为21个月的本人工资。

(2) 从工伤保险基金按月支付伤残津贴,标准为:一级伤残为本人工资的90%,二级伤残为本人工资的85%,三级伤残为本人工资的80%,四级伤残为本人工资的75%。伤残津贴实际金额低于当地最低工资标准的,由工伤保险基金补足差额。

(3) 工伤职工达到退休年龄并办理退休手续后,停发伤残津贴,按照国家有关规定享受基本养老保险待遇。基本养老保险待遇低于伤残津贴的,由工伤保险基金补足差额。

职工因工致残被鉴定为一级至四级伤残的,由用人单位和职工个人以伤残津贴为基数,缴纳基本医疗保险费。

133. 工伤职工退休后，是否继续享受伤残津贴？

对于工伤职工达到法定退休年龄后，是应该继续享受伤残津贴，还是停发伤残津贴享受养老保险待遇，曾存在两种不同的观点。一种观点认为，应该继续享受伤残津贴，1996年公布的《企业职工工伤保险试行办法》作出的就是这样的规定；另一种观点则认为，工伤保险提供的伤残津贴是对工伤职工收入损失的替代性补偿，工伤职工达到法定退休年龄，从理论上讲，已不属于劳动就业人群范围，超过退休年龄应停发伤残津贴，享受养老保险待遇。通过研究论证，《工伤保险条例》采纳了后一种观点，但是为了保障工伤职工享受的待遇不会因此而遭受损失，《工伤保险条例》规定，工伤职工达到退休年龄并办理退休手续后，停发伤残津贴，按照国家有关规定享受基本养老保险待遇。工伤职工退休后享受的基本养老保险待遇低于伤残津贴的，由工伤保险基金补足差额。另外，对于被鉴定为一级至四级伤残完全丧失劳动能力的工伤职工，为保证职工更好地享受基本医疗保险待遇，《工伤保险条例》规定，由用人单位和职工个人以伤残津贴为基数，缴纳基本医疗保险费。

134. 五级、六级伤残职工应享受哪些工伤保险待遇？

职工因工致残被鉴定为五级、六级伤残的，又称大部分丧失劳动能力。根据《工伤保险条例》第三十六条的规定，职工因工致残被鉴定为五级、六级伤残的，享受以下待遇：

（1）从工伤保险基金按伤残等级支付一次性伤残补助金，标准为：五级伤残为18个月的本人工资，六级伤残为16个月的本人工资。

（2）保留与用人单位的劳动关系，由用人单位安排适当工作。难以安排工作的，由用人单位按月发给伤残津贴，标准为：五级伤残为本人工资的70%，六级伤残为本人工资的60%，并由用人单位按照规定为其缴纳应缴纳的各项社会保险费。伤残津贴实际金额低于当地最低工资标准的,由用人单位补足差额。

经工伤职工本人提出,该职工可以与用人单位解除或者终止劳动关系,由工伤保险基金支付一次性工伤医疗补助金,由用人单位支付一次性伤残就业补助金。一次性工伤医疗补助金和一次性伤残就业补助金的具体标准由省、自治区、直辖市人民政府规定。

135. 七级至十级伤残职工应享受哪些工伤保险待遇?

职工因工致残被鉴定为七级至十级伤残的,又称部分丧失劳动能力。根据《工伤保险条例》第三十七条的规定,职工因工致残被鉴定为七级至十级伤残的,享受以下待遇:

(1) 从工伤保险基金按伤残等级支付一次性伤残补助金,标准为:七级伤残为13个月的本人工资,八级伤残为11个月的本人工资,九级伤残为9个月的本人工资,十级伤残为7个月的本人工资。

(2) 劳动、聘用合同期满终止,或者职工本人提出解除劳动、聘用合同的,由工伤保险基金支付一次性工伤医疗补助金,由用人单位支付一次性伤残就业补助金。一次性工伤医疗补助金和一次性伤残就业补助金的具体标准由省、自治区、直辖市人民政府规定。

136. 工伤复发后应享受哪些待遇?

工伤复发是指职工因工伤事故或者患职业病,经过医疗机构必要的诊断治疗,包括采取病情检查、确诊、药物治疗、手术治疗等医疗措施,确定工伤职工伤(病)情痊愈,终结医疗,终止停工留薪期,经劳动能力鉴定委员会确定伤残等级后或者正处于劳动能力鉴定过程中,工伤职工原有病情出现不同程度的反复。

根据《工伤保险条例》第三十八条的规定,工伤职工工伤复发,确认需要治疗的,享受工伤医疗待遇、配置辅助器具待遇、停工留薪期待遇。

137. 工亡职工近亲属可以享受哪些待遇？

根据《工伤保险条例》第三十九条的规定，职工因工死亡，其近亲属按照下列规定从工伤保险基金领取丧葬补助金、供养亲属抚恤金和一次性工亡补助金：

（1）丧葬补助金为6个月的统筹地区上年度职工月平均工资。

（2）供养亲属抚恤金按照职工本人工资的一定比例发给由因工死亡职工生前提供主要生活来源、无劳动能力的亲属。标准为：配偶每月40%，其他亲属每人每月30%，孤寡老人或者孤儿每人每月在上述标准的基础上增加10%。核定的各供养亲属的抚恤金之和不应高于因工死亡职工生前的工资。供养亲属的具体范围由国务院社会保险行政部门规定。

（3）一次性工亡补助金标准为上一年度全国城镇居民人均可支配收入的20倍。以2016年一次性工亡补助金水平计算，2015年度全国城镇居民人均可支配收入31 195元，一次性工亡补助金标准为31 195元的20倍，即623 900元。

伤残职工在停工留薪期内因工伤导致死亡的，其近亲属同样享受丧葬补助金、供养亲属抚恤金、一次性工亡补助金等工伤保险待遇。

需要注意的是，由于一次性工亡补助金与一级至四级伤残职工一次性伤残补助金相类似，都是一次性待遇，其计发标准也相似，所以对于一级至四级伤残职工在停工留薪期后死亡的，《工伤保险条例》只规定了其近亲属可以按照规定享受丧葬补助金和供养亲属抚恤金，而没有规定可以享受一次性工亡补助金。

138. 工伤职工供养亲属范围是如何划定的？

根据《因工死亡职工供养亲属范围规定》第二条的规定，职工供养亲属是指该职工的配偶、子女、父母、祖父母、外祖父母、孙子女、外孙子女、兄弟姐妹。其中，子女，包括婚生子女、非婚生子女、养子女和有抚养关系的继子女，婚生子女、非婚生子女包括遗腹子女；父母，包括生父母、养父母和有抚养关系的继父母；兄弟姐妹，包括同父母的兄弟姐妹、同父异母或者同母异父的兄弟姐妹、养兄弟姐妹、有抚养关系的继兄弟姐妹。

139. 工亡职工供养亲属申请领取抚恤金需要具备什么条件？

根据《因工死亡职工供养亲属范围规定》第三条的规定，依靠因工死亡职工生前提供主要生活来源，并有下列情形之一的，可按规定申请供养亲属抚恤金：(1) 完全丧失劳动能力的；(2) 工亡职工配偶男年满60周岁、女年满55周岁的；(3) 工亡职工父母男年满60周岁、女年满55周岁的；(4) 工亡职工子女未满18周岁的；(5) 工亡职工父母均已死亡，其祖父、外祖父年满60周岁，祖母、外祖母年满55周岁的；(6) 工亡职工子女已经死亡或完全丧失劳动能力，其孙子女、外孙子女未满18周岁的；(7) 工亡职工父母均已死亡或完全丧失劳动能力，其兄弟姐妹未满18周岁的。

140. 工亡职工供养亲属停止享受抚恤金待遇的条件有哪些？

根据《因工死亡职工供养亲属范围规定》第四条的规定，领取抚恤金人员有下列情形之一的，停止享受抚恤金待遇：(1) 年满18周岁且未完全丧失劳动能力的；(2) 就业或参军的；(3) 工亡职工配偶再婚的；(4) 被他人或组织收养的；(5) 死亡的。

另外，第五条还规定，领取抚恤金的人员，在被判刑收监执行期间，停止享受抚恤金待遇。刑满释放仍符合领取抚恤金资格的，按规定的标准享受抚恤金。

141. 哪些工伤保险待遇应由用人单位支付？

根据《社会保险法》第三十九条的规定，应由工伤职工所在用人单位支付下列费用：（1）治疗工伤期间的工资福利；（2）五级、六级伤残职工按月领取的伤残津贴；（3）终止或者解除劳动合同时，应当享受的一次性伤残就业补助金。

142. 伤残津贴、供养亲属抚恤金、生活护理费如何调整？

伤残津贴、供养亲属抚恤金、生活护理费等都非一次性待遇，而是长期或者持续一定时期的待遇。为了保证这些待遇水平不因物价上涨等因素而降低，有必要适时进行调整。伤残津贴、供养亲属抚恤金、生活护理费的调整主要考虑统筹地区职工平均工资和生活费用变化等情况。

与此同时，工伤保险实行属地管理。由于我国幅员辽阔，各地区社会经济发展水平不平衡，各地区职工工资增长、生活费提高、物价指数变化等存在较大差异，制定全国统一的调整办法，按全国统一的标准和水平来调整，无法适应各地区的实际情况。因此，《工伤保险条例》第四十条规定，伤残津贴、供养亲属抚恤金、生活护理费由统筹地区社会保险行政部门根据职工平均工资和生活费用变化等情况适时调整。调整办法由省、自治区、直辖市人民政府规定。

143. 职工因工外出期间发生事故或者在抢险救灾中下落不明的，工伤保险待遇如何给付？

下落不明是指离开最后居住地后没有音讯的状况。宣告死亡是指职工因事故下落不明，从其事故发生之日起，其配偶、父母、子女等利害关系人可以向人民法院申请宣告他（她）死亡。职工因工外出期间发生事故或者在抢险救灾中下落不明，其生死虽处于不确定的状态,但为了保护相关利害关系人的利益,《工伤保险条例》第四十一条规定:"职工因工外出期间发生事故或者在抢险救灾中下落不明的,从事故发生当月起3个月内照发工资,从第4个月起停发工资,由工伤保险基金向其供养亲属按月支付供养亲属抚恤金。生活有困难的,可以预支一次性工亡补助金的50%。职工被人民法院宣告死亡的,按照本条例第三十九条职工因工死亡的规定处理。"

应当注意的是,虽然我国有公民下落不明满2年,有关利害关系人可以向人民法院申请宣告其失踪的法律规定,但职工因工外出期间发生事故或者在抢险救灾中下落不明的,其供养亲属享受相关待遇并不以是否经过宣告失踪为程序要件,而是从事故发生、职工音讯消失当月起即按规定发放有关待遇。

144. 工伤职工停止享受工伤保险待遇的情形有哪些?

工伤职工有享受工伤保险待遇的权利,这些权利是与具备相应的条件和应尽的义务相对应的。根据《工伤保险条例》第四十二条的规定,工伤职工有下列情形之一的,停止享受工伤保险待遇:

(1)丧失享受待遇条件的。主要包括以下情形:停工留薪期满的,停止支付原工资福利待遇;享受抚恤金的工亡职工的子女达到一定年龄或就业的,停止享受遗属抚恤金待遇;享受抚恤金的工亡职工的亲属死亡的,停止享受遗属抚恤金待遇等。

(2)拒不接受劳动能力鉴定的。劳动能力鉴定是工伤保险管理工作中的一个重要环节,是确定工伤保险待遇的基础和前提条件,为解决工伤问题提供科学依据,也是工伤职工应履行的法定义务。如果工伤职工没有正当理由拒不接受劳动能力鉴定,一方面工伤保险待遇无法确定,另一方面也表明工伤职工并不愿意接受工伤保险制度提供的帮助,因此就不应当再享受工伤保险待遇。

(3)拒绝治疗的。提供医疗救治,帮助工伤职工恢复劳动能力，使他们重返社会是实行工伤保险制度的重要目的之一。如果职工无正当理由拒绝治疗，则有悖于《工伤保险条例》的立法初衷。规定拒绝治疗的不得再继续享受工伤保险待遇，是为了促使工伤职工积极配合治疗，尽可能地恢复劳动能力，提高自己的生活质量，而不是一味消极地依靠社会救助。

145. 用人单位分立、合并、转让后，工伤职工权益如何保障？

用人单位分立是指一个单位分成两个或两个以上的单位。合并是指两个或两个以上的单位联合组成一个单位，或一个单位兼并另一个或一个以上的单位。转让是指用人单位的所有权向他人（法人或自然人）让渡。

根据《中华人民共和国民法通则》第四十四条第二款的规定，企业法人分立、合并，其权利与义务由变更后的法人享有和承担，《中华人民共和国合伙企业法》和《中华人民共和国个人独资企业法》等法律也有相关规定。因此，《工伤保险条例》第四十三条第一款规定，用人单位分立、合并、转让的，承继单位应当承担原用人单位的工伤保险责任；原用人单位已经参加工伤保险的，承继单位应当到当地经办机构办理工伤保险变更登记。

146. 实行承包经营的，工伤保险责任由谁承担？

承包经营是指企业与承包者间订立承包经营合同，将企业的经营管理权全部或部分在一定期限内交给承包者，由承包者对企业进行经营管理，并承担经营风险及获取企业收益的行为。由于承包只是企业经营管理的一种补充措施，不能消灭、变更原有企业或创设新的企业，也不能改变合资企业的法人地位、名称和经营范围。承包者与被承包的企业之间存在的是一种合同关系。而工伤保险责任与劳动关系之间有着天然的关联，前者是附随于后者而产生的。因此，《工伤保险条例》第四十三条第二款规定，用人单位实行承包经营的，工伤保险责任由职工劳动关系所在单位承担。

147. 职工被借调期间受到工伤事故伤害的，工伤保险责任由谁承担？

借调是一种临时性的人事安排。被借调的人员会由原任机构或单位暂时"借"到其他机构或单位（借调单位）任职，以执行指定的工作。被借调职工的劳动关系不变，合同、履历等与工伤保险有关的档案资料，一般由原用人单位保管，并由原用人单位承担缴纳社会保险费的责任。因此，《工伤保险条例》第四十三条第三款规定，职工被借调期间受到工伤事故伤害的，由原用人单位承担工伤保险责任，但原用人单位与借调单位可以约定补偿办法。

148. 企业破产时，工伤保险待遇如何支付？

根据《工伤保险条例》第四十三条第四款规定，企业破产的，在破产清算时依法拨付应当由单位支付的工伤保险待遇费用。

企业因不能清偿到期债务而被依法宣告破产的，以及因营业期限届满等原因解散的，应当依法进行财产清算。我国法律规定，清算财产能够清偿企业债务的，按法定程序分别支付清算费用、职工工资和社会保险费用，缴纳所欠税款，清偿公司债务。由此可见，法律对破产、解散企业职工的社会保险权益是给予优先保障的。

149. 职工在被派遣出境工作期间的工伤保险关系怎样处理？

在国际上工伤保险没有互免协议。一些国家法律规定，前往该国工作期间或在该国停留期间，必须依据该国法律参加工伤保险或购买意外伤害险。国内的工伤保险与境外的工伤保险在保障的性质和作用方面大体相同，但在保险的项目、标准和支付方式上存在差异。为了给被派遣出境工作的职工以更好的工作保障，《工伤保条例》第四十四条规定，职工被派遣出境工作，依据前往国家或者地区的法律应当参加当地工伤保险的，参加当地工伤保险，其国内工伤保险关系中止，待回国后工伤保险关系接续；对于不能参加当地工伤保险的，其国内工伤保险关系不中止，继续按照国内工伤保险法律规定执行，包括工伤保险费的缴纳、工伤认定、劳动能力鉴定、待遇的给付等。

150. 职工再次发生工伤时，工伤保险待遇怎样处理？

职工再次发生工伤，与工伤复发不同，是指工伤职工遭受两次或两次以上的工伤事故或者患有职业病的情形，在前次遭受工伤事故或者患职业病经治疗并确定伤残等级之后，再次遭受工伤事故或者患上职业病。再次发生工伤的职工在经过治疗伤情相对稳定后，应当接受劳动能力鉴定委员会重新评定伤残等级的要求。《工伤保险条例》第四十五条规定："职工再次发生工伤，根据规定应当享受伤残津贴的，按照新认定的伤残等级享受伤残津贴待遇。"例如，某职工过去被鉴定为八级，不享受伤残津贴，但其再次遭受工伤事故，经重新鉴定为四级，那么其就可以享受伤残津贴。

151. 用人单位未给职工办理工伤保险，职工遭遇工伤或者患职业病后如何处理？

根据《工伤保险条例》第六十二条的规定，用人单位应当参加工伤保险而未参加的，由社会保险行政部门责令限期参加，补缴应当缴纳的工伤保险费，并自欠缴之日起，按日加收万分之五的滞纳金；逾期仍不缴纳的，处欠缴数额1倍以上3倍以下的罚款。

应当参加工伤保险而未参加的用人单位职工发生工伤的，由该用人单位按照《工伤保险条例》规定的工伤保险待遇项目和标准支付费用。

用人单位参加工伤保险并补缴应当缴纳的工伤保险费、滞纳金后，由工伤保险基金和用人单位依照《工伤保险条例》的规定支付新发生的费用。

152. 什么是非法用工单位伤亡人员？

非法用工单位伤亡人员是指无营业执照或者未经依法登记、备案的单位以及被依法吊销营业执照或者撤销登记、备案的单位受到事故伤害或者患职业病的职工，或者用人单位使用童工造成的伤残、死亡童工。

153. 非法用工单位伤亡人员一次性赔偿包括哪些项目？

根据《非法用工单位伤亡人员一次性赔偿办法》的规定，一次性赔偿包括受到事故伤害或者患职业病的职工或童工在治疗期间的费用和一次性赔偿金。一次性赔偿金数额应当在受到事故伤害或者患职业病的职工或童工死亡或者经劳动能力鉴定后确定。

154. 非法用工单位伤亡人员一次性赔偿按什么标准支付？

根据《非法用工单位伤亡人员一次性赔偿办法》的规定，一次性赔偿金按照以下标准支付：一级伤残的为赔偿基数的16倍，二级伤残的为赔偿基数的14倍，三级伤残的为赔偿基数的12倍，四级伤残的为赔偿基数的10倍，五级伤残的为赔偿基数的8倍，六级伤残的为赔偿基数的6倍，七级伤残的为赔偿基数的4倍，八级伤残的为赔偿基数的3倍，九级伤残的为赔偿基数的2倍，十级伤残的为赔偿基数的1倍。赔偿基数是指单位所在工伤保险统筹地区上年度职工年平均工资。

155. 用工单位与伤残职工就赔偿数额发生争议怎样处理？

根据《工伤保险条例》第五十四条的规定，职工与用人单位发生工伤待遇方面的争议，按照处理劳动争议的有关规定处理。

156. 工伤职工或者其近亲属对经办机构核定的工伤保险待遇有异议怎样处理?

根据《工伤保险条例》第五十五条的规定,工伤职工或者其近亲属对经办机构核定的工伤保险待遇有异议的,可以依法申请行政复议,也可以依法向人民法院提起行政诉讼。

第六章 监督管理和法律责任

 知识要点

　　工伤保险的保障项目多，待遇相对优厚，关系到工伤职工及用人单位双方的切身利益，社会关注较大，监督管理和法律责任对于保障工伤保险工作顺利开展有着至关重要的作用。工伤保险的组织机构由于经济条件和历史传统等的不同而有所差异。本章着重介绍我国现行工伤保险监督管理的相关内容及法律责任等相关知识。

157. 工伤保险监督的基本含义是什么？

　　工伤保险监督是对工伤保险基金及其管理行为的监督，即依国家有关法律、法规和政策对工伤的发生和确定，工伤保险待遇的给付，工伤保险基金的收支，以及工伤保险基金运营管理的合法性、真实性、有效性实施的监督检查。

158. 我国工伤保险的监督管理原则是什么？

　　工伤保险监督是工伤保险制度的重要组成部分，贯穿于工伤保险机构的日常工作中，除了通过具体的条文明确各监督机构的监督职责外，还应从宏观层面认识工伤保险工作监督的基本原则。我国工伤保险的监督管理原则主要包括：

　　一是公正原则。工伤保险监督机构在行使监督职能时，应实事求是，秉公办事，以客观事实为依据，以法律、法规和政策为准绳，综合运用行政、经济和法律手段，对工伤保险管理工作予以监督检查。

　　二是依法原则。工伤保险监督机构必须依照法律、法规和政策的有关规定，在法定权限内，依法定程序有效行使监督权，即依法监督。同时,也要对有关管理部门管理行为的合法性进行监督,使违法的管理行为受到相应的行政处罚及刑事处罚。

三是独立原则。工伤保险监督机构应独立行使监督权,不受任何部门和个人的干预,对所检查的管理行为保持独立、中立、公正。如果有关检查人员涉及利害关系,应当回避。

四是安全原则。安全原则是指工伤保险监督工作应以保障工伤保险基金的安全运行、稳健保值为重心。工伤保险监督机构通过监督保护国家和社会利益,确保参加保险的用人单位和职工的合法利益,维护基金的安全和保值。

五是科学原则。应建立科学、合理的监督机构和监督机制,建立严密适度的监督法规体系和科学规范的监督指标体系。在进行监督活动时,应用先进有效的科技设备,不断提高监督工作的质量和效率。

159. 我国工伤保险监督管理是如何发展的?

1951年2月26日政务院颁布的《中华人民共和国劳动保险条例》第六章,对劳动保险事业的执行与监督作出了一系列相关规定。1953年1月26日劳动部公布试行的《中华人民共和国劳动保险条例实施细则修正草案》,在第十七章中进一步明确了劳动保险业务的监督与检查工作的相关规定,尤其是对劳动保险业务中出现的错误和违规的处理办法作了详尽的说明。"文化大革命"期间,劳动保险制度遭受严重冲击,职工的退休、医疗、工伤、生育等多项待遇都转由其所在单位负担,相关的监督检查制度基本上被相关的信访制度所替代。

1978年以后,我国工伤保险制度进行了一系列的调整改革,1996年劳动部制定并实施《企业职工工伤保险试行办法》,进一步推进了工伤保险制度改革,在工伤保险监督检查等方面也作出了探索。初步划分了政事分别管理的界限,即县级以上各级人民政府劳动行政部门主管本行政区域内的企业职工工伤保险工作，县级以上工伤保险经办机构经办工伤保险业务。2004年开始实施的《工伤保险条例》进一步对工伤保险管理、事务经办、监督检查和审计机构及其职责作出了规定。

2010年10月28日通过的《社会保险法》第十章、第十一章对社会保险监督及法律责任作出进一步明确规定，为工伤保险的监督管理提供了坚实的法律基础。

160. 什么是社会保险经办机构？

社会保险经办机构是指各级社会保险行政部门依照规定设立的负责社会保险事务工作的办事机构，包括人力资源社会保障部设立的社会保险事业管理中心以及地方各级社会保险行政部门设立的社会保险事业管理中心。依据人力资源社会保障部的"三定方案"规定，人力资源社会保障部设立属于事业单位性质的社会保险事业管理中心，承办有关社会保险事务工作。县级以上地方各级人民政府的社会保险行政部门根据工作需要设立负责社会保险经办工作的机构，承办区域内的社会保险事务工作。

根据《社会保险法》第七十二条的规定，统筹地区设立社会保险经办机构。社会保险经办机构根据工作需要，经所在地的社会保险行政部门和机构编制管理机关批准，可以在本统筹地区设立分支机构和服务网点。社会保险经办机构的人员经费和经办社会保险发生的基本运行费用、管理费用，由同级财政按照国家规定予以保障。

161. 工伤保险经办机构有哪些职责？

根据《工伤保险条例》第四十六条的规定，工伤保险经办机构具体承办工伤保险事务，履行下列职责：（1）根据省、自治区、直辖市人民政府规定，征收工伤保险费；（2）核查用人单位的工资总额和职工人数，办理工伤保险登记，并负责保存用人单位缴费和职工享受工伤保险待遇情况的记录；（3）进行工伤保险的调查、统计；（4）按照规定管理工伤保险基金的支出；（5）按照规定核定工伤保险待遇；（6）为工伤职工或者其近亲属免费提供咨询服务。

162. 与社会保险经办机构签订服务协议的医疗机构、辅助器具配置机构应具备哪些条件？

与社会保险经办机构签订服务协议的医疗机构、辅助器具配置机构应当具备以下条件：一是应为合法医疗机构、辅助器具配置机构。应按照《医疗机构管理条例》等规定，经登记并取得合法、有效的医疗机构执业许可证或者辅助器具配置机构执业许可证；具有相应的人员、技术设备和相对固定的服务对象，能保证及时提供服务；严格遵守有关质量规定，建立健全各项质量管理制度；能够严格执行国家、省（自治区、直辖市）物价和计量部门规定的价格及计量标准，定期接受物价和计量部门的监督、检查，并取得合格证明。二是应当具备能够为工伤职工有效提供基本医疗服务所需的资格与条件，包括能够严格执行有关工伤保险用药、诊疗、住院服务目录和标准等规定，制定与工伤保险日常管理相适应的内部管理制度，配备和使用必需的管理设备和手段。

163. 社会保险经办机构与医疗机构、辅助器具配置机构等相关机构如何签订服务协议？

协议管理是社会保险经办机构加强对医疗机构、辅助器具配置机构管理的主要方式。服务协议是指社会保险经办机构与医疗机构、辅助器具配置机构就有关工伤职工就诊、康复、配置辅助器具期间提供相关服务时，明确服务对象、服务范围、服务质量、服务期限及费用审核、费用结算、争议处理等内容的书面协议。协议管理有助于明确双方的权利义务关系、规范双方行为及保障工伤职工和服务机构的权益；可以控制工伤保险基金的支出，使现有的工伤保险基金发挥更大的作用，为工伤职工提供优质、及时、有效的服务。

根据《工伤保险条例》的规定，社会保险经办机构与医疗机构、辅助器具配置机构在平等协商的基础上签订服务协议，并向社会公布签订服务协议的医疗机构、辅助器具配置机构的名单。社会保险经办机构与医疗机构等签订服务协议，应当在协议中明确规定双方的权利义务以及违约责任条款。例如，在协议中首先应明确双方的基本权利义务，其次针对服务的具体内容按特定事项分别规定双方的具体权利义务，最后应就双方违反协议各自应承担的责任作出明确规定。对医疗机构等不按服务协议提供服务的，可以按照违约责任条款处理，直至解除服务协议；社会保险经办机构不履行协议规定的，同样也应当按照协议的规定处理。

164. 什么情况下社会保险经办机构与医疗机构、辅助器具配置机构之间可以解除服务协议？

根据《工伤保险条例》第五十九条的规定，医疗机构、辅助器具配置机构不按服务协议提供服务的，社会保险经办机构可以解除服务协议。社会保险经办机构不按时足额结算费用的，由社会保险行政部门责令改正；医疗机构、辅助器具配置机构可以解除服务协议。

165. 社会保险经办机构如何对费用进行核查和结算？

根据《工伤保险条例》第四十八条的规定，社会保险经办机构按照协议和国家有关目录、标准对工伤职工医疗费用、康复费用、辅助器具配置费用的使用情况进行核查，并按时足额结算费用。

核查内容：核查已发生的工伤职工医疗费用、康复费用、辅助器具配置费用是否符合服务协议和工伤保险诊疗项目目录、工伤保险药品目录、工伤保险住院服务标准的规定。这些目录和标准由人力资源社会保障部会同卫生部、国家食品药品监督管理局等部门制定。

核查方式：检查医疗机构、辅助器具配置机构的诊疗处方、入出院标准、住院病历和特殊检查治疗等项目，对不符合工伤保险条例规定的费用不予支付；对符合规定的费用则要按时足额拨付。

工伤保险费用的具体结算方式：包括总额预付结算、服务项目结算和服务单元结算等方式，也可以多种方式结合使用。社会保险经办机构应根据不同的结算方式，合理制定工伤保险费用的结算标准。

166. 社会保险经办机构及社会保险核查人员开展核查工作时的权利义务有哪些？

在开展核查工作时，社会保险核查人员可以行使以下权利：一是要求被核查单位提供用人情况、工资收入情况、财务报表、统计报表、缴费数据和相关账册、会计凭证等与缴纳社会保险费有关的情况和资料；二是可以记录、录音、录像、照相和复制与缴纳社会保险费有关的资料，对被核查对象的参保情况和缴纳社会保险费等方面的情况进行调查和询问；三是要求被核查对象提供与核查事项有关的资料。

社会保险核查人员应承担以下义务：一是办理核查事务应当实事求是、客观公正，不得利用工作之便谋取私利；二是保守被核查单位的商业秘密以及个人隐私；三是为举报人保密；四是与被核查对象或事项有利害关系的，应当回避。

167. 为什么需要定期公布工伤保险基金的收支情况？

根据《工伤保险条例》第四十九条的规定，社会保险经办机构应当定期公布工伤保险基金的收支情况，及时向社会保险行政部门提出调整费率的建议。社会保险经办机构应在承办工伤保险事务的过程中,将基金征缴数额、支出数额、收支结余、收支规定执行情况定期向社会公布。定期公布工伤保险基金收支情况的意义在于:一是便于接受社会监督。工伤保险基金收支情况直接关系到每个参保单位和职工的切身利益。社会保险经办机构定期公布工伤保险基金收支情况,可以方便社会监督,保证基金运行阳光透明。二是保障基金安全。公布工伤保险基金收支过程中的问题,如偷逃、拒缴工伤保险费,骗取工伤保险待遇和有关支出的违法行为,可以督促有关责任人改正违法行为,维护广大参保单位和职工的合法权益。三是有利于科学决策。社会保险经办机构公布工伤保险基金收支情况,有利于在较大的社会范围内证实这些信息的准确性和真实性,从而有利于社会保险行政部门、财政部门等决策部门掌握准确的信息,作出科学的决策。

168. 工伤保险经办机构由谁来监督?

根据《工伤保险条例》第五十一条的规定,社会保险行政部门依法对工伤保险费的征缴和工伤保险基金的支付情况进行监督检查。财政部门和审计机关依法对工伤保险基金的收支、管理情况进行监督。《社会保险法》更是从人大监督、行政监督、社会监督三个方面建立了比较完备的社会保险监督体系。

169. 个人或社会组织发现有关工伤保险的违法行为怎么办?

群众监督是我国公民拥有和行使国家权力的重要表现形式。我国宪法规定,公民对于任何国家机关和工作人员,有提出批评和建议的权利;对于任何国家机关和工作人员的违法失职行为,有向有关国家机关提出申诉、控告或者检举的权利,但是不得捏造或者歪曲事实进行诬告。对于公民的申诉、控告和检举,有关国家机关必须查清事实,负责处理。任何人不得压制和打击报复。为落实这一权利,杜绝工伤保险的违法行为,《工伤保险条例》第五十二条规定,任何组织和个人对有关工伤保险的违法行为,有权举报。社会保险行政部门对举报应当及时调查,按照规定处理,并为举报人保密。

目前,各级社会保险行政部门已经普遍建立了投诉举报制度,设置工作机构、配备工作人员、设立举报信箱、公布举报电话。当公民个人或社会组织发现违反《工伤保险条例》的行为时,均可向社会保险行政部门举报,社会保险行政部门对违法行为应予以制止、责令改正,同时要为举报人保密,采取切实可行的措施,防止举报人在工作、工资和福利待遇及人身安全方面受到侵害;对于打击、报复举报人的,要依法严肃处理。

170. 工会组织在工伤保险监督工作中应发挥哪些作用?

根据《工伤保险条例》第五十三条的规定,工会组织依法维护工伤职工的合法权益,对用人单位的工伤保险工作实行监督。工会是代表和维护职工合法权益的群众组织,对用人单位遵守有关法律法规的情况进行监督。工会监督是一个重要的群众监督渠道,主要包括以下几个方面:

(1) 参与工伤保险政策的制定。社会保险行政部门制定工伤保险的政策、标准,应当征求当地工会组织的意见。工会组织要广泛听取职工群众、基层工会组织的意见和要求,结合本地区的实际情况,协助政府有关部门制定地方工伤保险制度实施的发展规划和实施方案。

(2) 督促用人单位为职工依法参加工伤保险。尽管工伤保险是强制性保险,但我国各地区在这方面进度不一,相当多的职工未能参加工伤保险。为了推动我国工伤保险制度改革,工会组织应当积极协助政府有关部门扩大工伤保险参保面,依法督促用人单位参加当地统筹地区的工伤保险,以保障职工的合法权益。

(3)若用人单位未依法提出工伤认定申请,工会组织可向有关部门提出申请。根据《工伤保险条例》的规定,职工发生事故伤害或者按照职业病防治法规定被诊断、鉴定为职业病,所在单位应当自事故伤害发生之日或者被诊断、鉴定为职业病之日起30日内,向统筹地区社会保险行政部门提出工伤认定申请。用人单位未按前款规定提出工伤认定申请的,工伤职工或者其近亲属、工会组织在事故伤害发生之日或者被诊断、鉴定为职业病之日起1年内,可以直接向用人单位所在地统筹地区社会保险行政部门提出工伤认定申请。

(4)在工伤保险监督工作中的其他作用。在工伤争议中向职工提供相关法律咨询、援助;监督用人单位依法足额缴纳工伤保险费以及提供其他与工伤保险有关的待遇;对工伤保险工作中存在的问题提出意见和建议;广泛宣传安全生产法律法规,普及安全生产知识,强化职工的安全意识,做好工伤预防工作。

171. 职工与用人单位发生工伤待遇方面的争议如何处理?

《工伤保险条例》第五十四条规定,职工与用人单位发生工伤待遇方面的争议,按照处理劳动争议的有关规定处理。职工与用人单位发生的工伤待遇方面的争议,实质上属于劳动争议。

根据《中华人民共和国劳动争议调解仲裁法》第五条的规定,发生劳动争议,当事人不愿协商、协商不成或者达成和解协议后不履行的,可以向调解组织申请调解;不愿调解、调解不成或者达成调解协议后不履行的,可以向劳动争议仲裁委员会申请仲裁;对仲裁裁决不服的,除本法另有规定外,可以向人民法院提起诉讼。

172. 什么是行政复议?

行政复议是指依照《行政复议法》的规定,公民、法人或者其他组织认为行政机关或法律法规授权的组织实施的具体行政行为侵犯了自己的合法权益，向行政复议机关提出申请，由复议机关受理、审查并作出决定的法律制度，也是公民、法人或其他组织通过行政救济途径解决行政争议的一种方法。

173. 哪些行为不能申请行政复议？

根据《人力资源社会保障行政复议办法》第八条的规定，公民、法人或者其他组织对下列事项不能申请行政复议：（1）人力资源社会保障部门作出的行政处分或者其他人事处理决定；（2）劳动者与用人单位之间发生的劳动人事争议；（3）劳动能力鉴定委员会的行为；（4）劳动人事争议仲裁委员会的仲裁、调解等行为；（5）已就同一事项向其他有权受理的行政机关申请行政复议的；（6）向人民法院提起行政诉讼，人民法院已经依法受理的；（7）法律、行政法规规定的其他情形。

174. 什么是行政诉讼？

行政诉讼是指依照《行政诉讼法》的规定，公民、法人或者其他组织认为行政机关或法律法规授权的组织实施的具体行政行为侵犯了自己的合法权益，向人民法院起诉，人民法院对被诉行为进行审查并依法裁决的法律制度。

175. 无正当理由不受理工伤认定申请有哪些情形？

无正当理由不受理工伤认定申请，是指有管辖权的社会保险行政部门无法定原因或者其他正当理由而拒不受理工伤认定申请的情形。主要表现为以下几种情形：（1）申请人提出的工伤认定申请符合法定工伤认定申请条件，社会保险行政部门拒不受理的；（2）申请人提出的工伤认定申请符合法定工伤认定申请条件，社会保险行政部门在法定的受理期限内不予受理的；（3）申请人提交的工伤认定申请材料符合工伤认定申请要求,社会保险行政部门故意设置障碍,不予受理的;(4)因社会保险行政部门工作人员的失职行为导致申请人超过申请时限的;(5)因社会保险行政部门的原因,致使申请人无法按正常情形提交工伤认定申请,社会保险行政部门不予受理的,如工伤认定机关迁移等。

176. 如何理解"弄虚作假将不符合工伤条件的人员认定为工伤职工"的情形?

弄虚作假将不符合工伤条件的人员认定为工伤职工,是指在工伤认定中,负责工伤认定的社会保险行政部门工作人员利用手中的职权,为将自己的亲友或者有其他利益关系不属于工伤范围的人员认定为工伤,而采取的编造事实,提供虚假证明材料、虚假鉴定或者故意违反工伤认定程序等行为。

177. 未妥善保管申请工伤认定的证据材料,致使有关证据灭失的情形有哪些?

证据材料包括书证、物证、视听资料、证人证言、当事人陈述、鉴定结论、勘验笔录、现场笔录等。证据材料是进行工伤认定的依据,关系到工伤职工是否被认定为工伤,是其取得工伤保险待遇的前提条件,受理工伤认定的工作人员必须妥善保管,这是其法定职责。社会保险行政部门工作人员不能妥善保管申请工伤认定的证据材料,致使有关证据灭失的,属于严重的失职行为,应依法给予行政处分,若情节严重,还可能构成玩忽职守罪。

178. 社会保险经办机构应当承担法定责任的情形有哪些?

根据《工伤保险条例》第五十八条的规定,社会保险经办机构有下列行为之一的,由社会保险行政部门责令改正,对直接负责的主管人员和其他责任人员依法给予纪律处分;情节严重,构成犯罪的，依法追究刑事责任；造成当事人经济损失的，由社会保险经办机构依法承担赔偿责任：（1）未按规定保存用人单位缴费和职工享受工伤保险待遇情况记录的；（2）不按规定核定工伤保险待遇的；（3）收受当事人财物的。

179. 对于用人单位、工伤职工或者其近亲属骗取工伤保险待遇的行为应承担哪些法律责任？

根据《社会保险法》第八十八条的规定，由社会保险行政部门责令退回骗取的社会保险金，处骗取金额 2 倍以上 5 倍以下的罚款。《工伤保险条例》第六十条规定，用人单位、工伤职工或者其近亲属骗取工伤保险待遇，医疗机构、辅助器具配置机构骗取工伤保险基金支出的，由社会保险行政部门责令退还，处骗取金额 2 倍以上 5 倍以下的罚款；情节严重，构成犯罪的，依法追究刑事责任。

180. 劳动能力鉴定委员会的法定职责有哪些？

劳动能力鉴定委员会主要承担下列职责：（1）贯彻执行国家有关法律、法规、政策和标准；（2）制定修改劳动能力鉴定规章制度并监督组织实施；（3）选聘医疗卫生专家组成专家库，并根据医疗卫生专家的意见作出鉴定结论；（4）领导和监督劳动能力鉴定机构开展工作；（5）组织交流劳动能力鉴定工作经验，定期通报劳动能力鉴定工作情况；（6）负责对从事劳动能力鉴定工作的医疗卫生专家和工作人员进行业务培训和管理考核；（7）协调和处理劳动能力鉴定工作的重大问题。

附录：相关法律法规政策

一、法律、法规

中华人民共和国劳动法

（1994年7月5日 中华人民共和国主席令第28号 2009年8月27日修正）

第一章 总　　则

第一条 为了保护劳动者的合法权益，调整劳动关系，建立和维护适应社会主义市场经济的劳动制度，促进经济发展和社会进步，根据宪法，制定本法。

第二条 在中华人民共和国境内的企业、个体经济组织（以下统称用人单位）和与之形成劳动关系的劳动者，适用本法。

国家机关、事业组织、社会团体和与之建立劳动合同关系的劳动者，依照本法执行。

第三条 劳动者享有平等就业和选择职业的权利、取得劳动报酬的权利、休息休假的权利、获得劳动安全卫生保护的权利、接受职业技能培训的权利、享受社会保险和福利的权利、提请劳动争议处理的权利以及法律规定的其他劳动权利。

劳动者应当完成劳动任务，提高职业技能，执行劳动安全卫生规程，遵守劳动纪律和职业道德。

第四条 用人单位应当依法建立和完善规章制度，保障劳动者享有劳动权利和履行劳动义务。

第五条 国家采取各种措施，促进劳动就业，发展职业教育，制定劳动标准，调节社会收入，完善社会保险，协调劳动关系，逐步提高劳动者的生活水平。

第六条 国家提倡劳动者参加社会义务劳动，开展劳动竞赛和合理化建议活动，鼓励和保护劳动者进行科学研究、技术革新和发明创造，表彰和奖励劳动模范和先进工作者。

第七条 劳动者有权依法参加和组织工会。

工会代表和维护劳动者的合法权益，依法独立自主地开展活动。

第八条 劳动者依照法律规定，通过职工大会、职工代表大会或者其他形式，参与民主管理或者就保护劳动者合法权益与用人单位进行平等协商。

第九条 国务院劳动行政部门主管全国劳动工作。

县级以上地方人民政府劳动行政部门主管本行政区域内的劳动工作。

第二章 促进就业

第十条 国家通过促进经济和社会发展，创造就业条件，扩大就业机会。

国家鼓励企业、事业组织、社会团体在法律、行政法规规定的范围内兴办产业或者拓展经营，增加就业。

国家支持劳动者自愿组织起来就业和从事个体经营实现就业。

第十一条 地方各级人民政府应当采取措施，发展多种类型的职业介绍机构，提供就业服务。

第十二条 劳动者就业，不因民族、种族、性别、宗教信仰不同而受歧视。

第十三条 妇女享有与男子平等的就业权利。在录用职工时，除国家规定的不适合妇女的工种或者岗位外，不得以性别为由拒绝录用妇女或者提高对妇女的录用标准。

第十四条 残疾人、少数民族人员、退出现役的军人的就业,法律、法规有特别规定的,从其规定。

第十五条 禁止用人单位招用未满十六周岁的未成年人。

文艺、体育和特种工艺单位招用未满十六周岁的未成年人,必须依照国家有关规定,履行审批手续,并保障其接受义务教育的权利。

第三章 劳动合同和集体合同

第十六条 劳动合同是劳动者与用人单位确立劳动关系、明确双方权利和义务的协议。

建立劳动关系应当订立劳动合同。

第十七条 订立和变更劳动合同,应当遵循平等自愿、协商一致的原则,不得违反法律、行政法规的规定。

劳动合同依法订立即具有法律约束力,当事人必须履行劳动合同规定的义务。

第十八条 下列劳动合同无效:

(一)违反法律、行政法规的劳动合同;

(二)采取欺诈、威胁等手段订立的劳动合同。

无效的劳动合同,从订立的时候起,就没有法律约束力。确认劳动合同部分无效的,如果不影响其余部分的效力,其余部分仍然有效。

劳动合同的无效,由劳动争议仲裁委员会或者人民法院确认。

第十九条 劳动合同应当以书面形式订立,并具备以下条款:

(一)劳动合同期限;

(二)工作内容;

(三)劳动保护和劳动条件;

(四)劳动报酬;

(五)劳动纪律;

（六）劳动合同终止的条件；

（七）违反劳动合同的责任。

劳动合同除前款规定的必备条款外，当事人可以协商约定其他内容。

第二十条 劳动合同的期限分为有固定期限、无固定期限和以完成一定的工作为期限。

劳动者在同一用人单位连续工作满十年以上，当事人双方同意续延劳动合同的，如果劳动者提出订立无固定期限的劳动合同，应当订立无固定期限的劳动合同。

第二十一条 劳动合同可以约定试用期。试用期最长不得超过六个月。

第二十二条 劳动合同当事人可以在劳动合同中约定保守用人单位商业秘密的有关事项。

第二十三条 劳动合同期满或者当事人约定的劳动合同终止条件出现，劳动合同即行终止。

第二十四条 经劳动合同当事人协商一致，劳动合同可以解除。

第二十五条 劳动者有下列情形之一的，用人单位可以解除劳动合同：

（一）在试用期间被证明不符合录用条件的；

（二）严重违反劳动纪律或者用人单位规章制度的；

（三）严重失职，营私舞弊，对用人单位利益造成重大损害的；

（四）被依法追究刑事责任的。

第二十六条 有下列情形之一的，用人单位可以解除劳动合同，但是应当提前三十日以书面形式通知劳动者本人：

（一）劳动者患病或者非因工负伤，医疗期满后，不能从事原工作也不能从事由用人单位另行安排的工作的；

（二）劳动者不能胜任工作，经过培训或者调整工作岗位，仍不能胜任工作的；

（三）劳动合同订立时所依据的客观情况发生重大变化，致使原劳动合同无法履行，经当事人协商不能就变更劳动合同达成协议的。

第二十七条 用人单位濒临破产进行法定整顿期间或者生产经营状况发生严重困难，确需裁减人员的，应当提前三十日向工会或者全体职工说明情况，听取工会或者职工的意见，经向劳动行政部门报告后，可以裁减人员。

用人单位依据本条规定裁减人员，在六个月内录用人员的，应当优先录用被裁减的人员。

第二十八条 用人单位依据本法第二十四条、第二十六条、第二十七条的规定解除劳动合同的，应当依照国家有关规定给予经济补偿。

第二十九条 劳动者有下列情形之一的，用人单位不得依据本法第二十六条、第二十七条的规定解除劳动合同：

（一）患职业病或者因工负伤并被确认丧失或者部分丧失劳动能力的；

（二）患病或者负伤，在规定的医疗期内的；

（三）女职工在孕期、产期、哺乳期内的；

（四）法律、行政法规规定的其他情形。

第三十条 用人单位解除劳动合同，工会认为不适当的，有权提出意见。如果用人单位违反法律、法规或者劳动合同，工会有权要求重新处理；劳动者申请仲裁或者提起诉讼的，工会应当依法给予支持和帮助。

第三十一条 劳动者解除劳动合同，应当提前三十日以书面形式通知用人单位。

第三十二条 有下列情形之一的，劳动者可以随时通知用人单位解除劳动合同：

（一）在试用期内的；

（二）用人单位以暴力、威胁或者非法限制人身自由的手段强迫劳动的；

（三）用人单位未按照劳动合同约定支付劳动报酬或者提供劳动条件的。

第三十三条　企业职工一方与企业可以就劳动报酬、工作时间、休息休假、劳动安全卫生、保险福利等事项，签订集体合同。集体合同草案应当提交职工代表大会或者全体职工讨论通过。

集体合同由工会代表职工与企业签订；没有建立工会的企业，由职工推举的代表与企业签订。

第三十四条　集体合同签订后应当报送劳动行政部门；劳动行政部门自收到集体合同文本之日起十五日内未提出异议的，集体合同即行生效。

第三十五条　依法签订的集体合同对企业和企业全体职工具有约束力。职工个人与企业订立的劳动合同中劳动条件和劳动报酬等标准不得低于集体合同的规定。

第四章　工作时间和休息休假

第三十六条　国家实行劳动者每日工作时间不超过八小时、平均每周工作时间不超过四十四小时的工时制度。

第三十七条　对实行计件工作的劳动者，用人单位应当根据本法第三十六条规定的工时制度合理确定其劳动定额和计件报酬标准。

第三十八条　用人单位应当保证劳动者每周至少休息一日。

第三十九条　企业因生产特点不能实行本法第三十六条、第三十八条规定的，经劳动行政部门批准，可以实行其他工作和休息办法。

第四十条　用人单位在下列节日期间应当依法安排劳动者休假：

（一）元旦；

（二）春节；

（三）国际劳动节；

（四）国庆节；

（五）法律、法规规定的其他休假节日。

第四十一条 用人单位由于生产经营需要，经与工会和劳动者协商后可以延长工作时间，一般每日不得超过一小时；因特殊原因需要延长工作时间的，在保障劳动者身体健康的条件下延长工作时间每日不得超过三小时，但是每月不得超过三十六小时。

第四十二条 有下列情形之一的，延长工作时间不受本法第四十一条的限制：

（一）发生自然灾害、事故或者因其他原因，威胁劳动者生命健康和财产安全，需要紧急处理的；

（二）生产设备、交通运输线路、公共设施发生故障，影响生产和公众利益，必须及时抢修的；

（三）法律、行政法规规定的其他情形。

第四十三条 用人单位不得违反本法规定延长劳动者的工作时间。

第四十四条 有下列情形之一的，用人单位应当按照下列标准支付高于劳动者正常工作时间工资的工资报酬：

（一）安排劳动者延长工作时间的，支付不低于工资的百分之一百五十的工资报酬；

（二）休息日安排劳动者工作又不能安排补休的，支付不低于工资的百分之二百的工资报酬；

（三）法定休假日安排劳动者工作的，支付不低于工资的百分之三百的工资报酬。

第四十五条 国家实行带薪年休假制度。

劳动者连续工作一年以上的,享受带薪年休假。具体办法由国务院规定。

第五章 工　　资

第四十六条　工资分配应当遵循按劳分配原则,实行同工同酬。

工资水平在经济发展的基础上逐步提高。国家对工资总量实行宏观调控。

第四十七条　用人单位根据本单位的生产经营特点和经济效益,依法自主确定本单位的工资分配方式和工资水平。

第四十八条　国家实行最低工资保障制度。最低工资的具体标准由省、自治区、直辖市人民政府规定,报国务院备案。

用人单位支付劳动者的工资不得低于当地最低工资标准。

第四十九条　确定和调整最低工资标准应当综合参考下列因素:

(一)劳动者本人及平均赡养人口的最低生活费用;

(二)社会平均工资水平;

(三)劳动生产率;

(四)就业状况;

(五)地区之间经济发展水平的差异。

第五十条　工资应当以货币形式按月支付给劳动者本人。不得克扣或者无故拖欠劳动者的工资。

第五十一条　劳动者在法定休假日和婚丧假期间以及依法参加社会活动期间,用人单位应当依法支付工资。

第六章　劳动安全卫生

第五十二条　用人单位必须建立、健全劳动安全卫生制度,严格执行国家劳动安全卫生规程和标准,对劳动者进行劳动安全卫生教育，防止劳动过程中的事故，减少职业危害。

第五十三条　劳动安全卫生设施必须符合国家规定的标准。

新建、改建、扩建工程的劳动安全卫生设施必须与主体工程同时设计、同时施工、同时投入生产和使用。

第五十四条　用人单位必须为劳动者提供符合国家规定的劳动安全卫生条件和必要的劳动防护用品，对从事有职业危害作业的劳动者应当定期进行健康检查。

第五十五条　从事特种作业的劳动者必须经过专门培训并取得特种作业资格。

第五十六条　劳动者在劳动过程中必须严格遵守安全操作规程。

劳动者对用人单位管理人员违章指挥、强令冒险作业，有权拒绝执行；对危害生命安全和身体健康的行为，有权提出批评、检举和控告。

第五十七条　国家建立伤亡事故和职业病统计报告和处理制度。县级以上各级人民政府劳动行政部门、有关部门和用人单位应当依法对劳动者在劳动过程中发生的伤亡事故和劳动者的职业病状况，进行统计、报告和处理。

第七章　女职工和未成年工特殊保护

第五十八条　国家对女职工和未成年工实行特殊劳动保护。

未成年工是指年满十六周岁未满十八周岁的劳动者。

第五十九条　禁止安排女职工从事矿山井下、国家规定的第四级体力劳动强度的劳动和其他禁忌从事的劳动。

第六十条　不得安排女职工在经期从事高处、低温、冷水作业和国家规定的第三级体力劳动强度的劳动。

第六十一条　不得安排女职工在怀孕期间从事国家规定的第三级体力劳动强度的劳动和孕期禁忌从事的劳动。对怀孕七个月以上的女职工，不得安排其延长工作时间和夜班劳动。

第六十二条 女职工生育享受不少于九十天的产假。

第六十三条 不得安排女职工在哺乳未满一周岁的婴儿期间从事国家规定的第三级体力劳动强度的劳动和哺乳期禁忌从事的其他劳动，不得安排其延长工作时间和夜班劳动。

第六十四条 不得安排未成年工从事矿山井下、有毒有害、国家规定的第四级体力劳动强度的劳动和其他禁忌从事的劳动。

第六十五条 用人单位应当对未成年工定期进行健康检查。

第八章 职业培训

第六十六条 国家通过各种途径，采取各种措施，发展职业培训事业，开发劳动者的职业技能，提高劳动者素质，增强劳动者的就业能力和工作能力。

第六十七条 各级人民政府应当把发展职业培训纳入社会经济发展的规划，鼓励和支持有条件的企业、事业组织、社会团体和个人进行各种形式的职业培训。

第六十八条 用人单位应当建立职业培训制度，按照国家规定提取和使用职业培训经费，根据本单位实际，有计划地对劳动者进行职业培训。

从事技术工种的劳动者，上岗前必须经过培训。

第六十九条 国家确定职业分类，对规定的职业制定职业技能标准，实行职业资格证书制度，由经过政府批准的考核鉴定机构负责对劳动者实施职业技能考核鉴定。

第九章 社会保险和福利

第七十条 国家发展社会保险事业，建立社会保险制度，设立社会保险基金，使劳动者在年老、患病、工伤、失业、生育等情况下获得帮助和补偿。

第七十一条 社会保险水平应当与社会经济发展水平和社会承受能力相适应。

第七十二条 社会保险基金按照保险类型确定资金来源,逐步实行社会统筹。用人单位和劳动者必须依法参加社会保险,缴纳社会保险费。

第七十三条 劳动者在下列情形下,依法享受社会保险待遇:

(一)退休;

(二)患病、负伤;

(三)因工伤残或者患职业病;

(四)失业;

(五)生育。

劳动者死亡后,其遗属依法享受遗属津贴。

劳动者享受社会保险待遇的条件和标准由法律、法规规定。

劳动者享受的社会保险金必须按时足额支付。

第七十四条 社会保险基金经办机构依照法律规定收支、管理和运营社会保险基金,并负有使社会保险基金保值增值的责任。

社会保险基金监督机构依照法律规定,对社会保险基金的收支、管理和运营实施监督。

社会保险基金经办机构和社会保险基金监督机构的设立和职能由法律规定。

任何组织和个人不得挪用社会保险基金。

第七十五条 国家鼓励用人单位根据本单位实际情况为劳动者建立补充保险。

国家提倡劳动者个人进行储蓄性保险。

第七十六条 国家发展社会福利事业,兴建公共福利设施,为劳动者休息、休养和疗养提供条件。

用人单位应当创造条件,改善集体福利,提高劳动者的福利待遇。

第十章 劳动争议

第七十七条 用人单位与劳动者发生劳动争议,当事人可以依法申请调解、仲裁、提起诉讼,也可以协商解决。

调解原则适用于仲裁和诉讼程序。

第七十八条 解决劳动争议,应当根据合法、公正、及时处理的原则,依法维护劳动争议当事人的合法权益。

第七十九条 劳动争议发生后,当事人可以向本单位劳动争议调解委员会申请调解;调解不成,当事人一方要求仲裁的,可以向劳动争议仲裁委员会申请仲裁。当事人一方也可以直接向劳动争议仲裁委员会申请仲裁。对仲裁裁决不服的,可以向人民法院提起诉讼。

第八十条 在用人单位内,可以设立劳动争议调解委员会。劳动争议调解委员会由职工代表、用人单位代表和工会代表组成。劳动争议调解委员会主任由工会代表担任。

劳动争议经调解达成协议的,当事人应当履行。

第八十一条 劳动争议仲裁委员会由劳动行政部门代表、同级工会代表、用人单位方面的代表组成。劳动争议仲裁委员会主任由劳动行政部门代表担任。

第八十二条 提出仲裁要求的一方应当自劳动争议发生之日起六十日内向劳动争议仲裁委员会提出书面申请。仲裁裁决一般应在收到仲裁申请的六十日内作出。对仲裁裁决无异议的,当事人必须履行。

第八十三条 劳动争议当事人对仲裁裁决不服的,可以自收到仲裁裁决书之日起十五日内向人民法院提起诉讼。一方当事人在法定期限内不起诉又不履行仲裁裁决的,另一方当事人可以申请人民法院强制执行。

第八十四条 因签订集体合同发生争议,当事人协商解决不成的,当地人民政府劳动行政部门可以组织有关各方协调处理。

因履行集体合同发生争议,当事人协商解决不成的,可以向劳动争议仲裁委员会申请仲裁;对仲裁裁决不服的,可以自收到仲裁裁决书之日起十五日内向人民法院提起诉讼。

第十一章 监督检查

第八十五条 县级以上各级人民政府劳动行政部门依法对用人单位遵守劳动法律、法规的情况进行监督检查,对违反劳动法律、法规的行为有权制止,并责令改正。

第八十六条 县级以上各级人民政府劳动行政部门监督检查人员执行公务,有权进入用人单位了解执行劳动法律、法规的情况,查阅必要的资料,并对劳动场所进行检查。

县级以上各级人民政府劳动行政部门监督检查人员执行公务,必须出示证件,秉公执法并遵守有关规定。

第八十七条 县级以上各级人民政府有关部门在各自职责范围内,对用人单位遵守劳动法律、法规的情况进行监督。

第八十八条 各级工会依法维护劳动者的合法权益,对用人单位遵守劳动法律、法规的情况进行监督。

任何组织和个人对于违反劳动法律、法规的行为有权检举和控告。

第十二章 法律责任

第八十九条 用人单位制定的劳动规章制度违反法律、法规规定的,由劳动行政部门给予警告,责令改正;对劳动者造成损害的,应当承担赔偿责任。

第九十条 用人单位违反本法规定,延长劳动者工作时间的,由劳动行政部门给予警告,责令改正,并可以处以罚款。

第九十一条 用人单位有下列侵害劳动者合法权益情形之一

的，由劳动行政部门责令支付劳动者的工资报酬、经济补偿，并可以责令支付赔偿金：

（一）克扣或者无故拖欠劳动者工资的；

（二）拒不支付劳动者延长工作时间工资报酬的；

（三）低于当地最低工资标准支付劳动者工资的；

（四）解除劳动合同后，未依照本法规定给予劳动者经济补偿的。

第九十二条　用人单位的劳动安全设施和劳动卫生条件不符合国家规定或者未向劳动者提供必要的劳动防护用品和劳动保护设施的，由劳动行政部门或者有关部门责令改正，可以处以罚款；情节严重的，提请县级以上人民政府决定责令停产整顿；对事故隐患不采取措施，致使发生重大事故，造成劳动者生命和财产损失的，对责任人员依照刑法有关规定追究刑事责任。

第九十三条　用人单位强令劳动者违章冒险作业，发生重大伤亡事故，造成严重后果的，对责任人员依法追究刑事责任。

第九十四条　用人单位非法招用未满十六周岁的未成年人的，由劳动行政部门责令改正，处以罚款；情节严重的，由工商行政管理部门吊销营业执照。

第九十五条　用人单位违反本法对女职工和未成年工的保护规定，侵害其合法权益的，由劳动行政部门责令改正，处以罚款；对女职工或者未成年工造成损害的，应当承担赔偿责任。

第九十六条　用人单位有下列行为之一，由公安机关对责任人员处以十五日以下拘留、罚款或者警告；构成犯罪的，对责任人员依法追究刑事责任：

（一）以暴力、威胁或者非法限制人身自由的手段强迫劳动的；

（二）侮辱、体罚、殴打、非法搜查和拘禁劳动者的。

第九十七条　由于用人单位的原因订立的无效合同，对劳动者造成损害的，应当承担赔偿责任。

第九十八条 用人单位违反本法规定的条件解除劳动合同或者故意拖延不订立劳动合同的,由劳动行政部门责令改正;对劳动者造成损害的,应当承担赔偿责任。

第九十九条 用人单位招用尚未解除劳动合同的劳动者,对原用人单位造成经济损失的,该用人单位应当依法承担连带赔偿责任。

第一百条 用人单位无故不缴纳社会保险费的,由劳动行政部门责令其限期缴纳,逾期不缴的,可以加收滞纳金。

第一百零一条 用人单位无理阻挠劳动行政部门、有关部门及其工作人员行使监督检查权,打击报复举报人员的,由劳动行政部门或者有关部门处以罚款;构成犯罪的,对责任人员依法追究刑事责任。

第一百零二条 劳动者违反本法规定的条件解除劳动合同或者违反劳动合同中约定的保密事项,对用人单位造成经济损失的,应当依法承担赔偿责任。

第一百零三条 劳动行政部门或者有关部门的工作人员滥用职权、玩忽职守、徇私舞弊,构成犯罪的,依法追究刑事责任;不构成犯罪的,给予行政处分。

第一百零四条 国家工作人员和社会保险基金经办机构的工作人员挪用社会保险基金,构成犯罪的,依法追究刑事责任。

第一百零五条 违反本法规定侵害劳动者合法权益,其他法律、法规已规定处罚的,依照该法律、行政法规的规定处罚。

第十三章 附 则

第一百零六条 省、自治区、直辖市人民政府根据本法和本地区的实际情况,规定劳动合同制度的实施步骤,报国务院备案。

第一百零七条 本法自1995年1月1日起施行。

中华人民共和国劳动争议调解仲裁法

(2007年12月29日　中华人民共和国主席令第80号)

第一章　总　则

第一条　为了公正及时解决劳动争议,保护当事人合法权益,促进劳动关系和谐稳定,制定本法。

第二条　中华人民共和国境内的用人单位与劳动者发生的下列劳动争议,适用本法:

(一)因确认劳动关系发生的争议;

(二)因订立、履行、变更、解除和终止劳动合同发生的争议;

(三)因除名、辞退和辞职、离职发生的争议;

(四)因工作时间、休息休假、社会保险、福利、培训以及劳动保护发生的争议;

(五)因劳动报酬、工伤医疗费、经济补偿或者赔偿金等发生的争议;

(六)法律、法规规定的其他劳动争议。

第三条　解决劳动争议,应当根据事实,遵循合法、公正、及时、着重调解的原则,依法保护当事人的合法权益。

第四条　发生劳动争议,劳动者可以与用人单位协商,也可以请工会或者第三方共同与用人单位协商,达成和解协议。

第五条　发生劳动争议,当事人不愿协商、协商不成或者达成和解协议后不履行的,可以向调解组织申请调解;不愿调解、调解不成或者达成调解协议后不履行的,可以向劳动争议仲裁委员会申请仲裁；对仲裁裁决不服的，除本法另有规定的外，可以向人民法院提起诉讼。

第六条 发生劳动争议，当事人对自己提出的主张，有责任提供证据。与争议事项有关的证据属于用人单位掌握管理的，用人单位应当提供；用人单位不提供的，应当承担不利后果。

第七条 发生劳动争议的劳动者一方在十人以上，并有共同请求的，可以推举代表参加调解、仲裁或者诉讼活动。

第八条 县级以上人民政府劳动行政部门会同工会和企业方面代表建立协调劳动关系三方机制，共同研究解决劳动争议的重大问题。

第九条 用人单位违反国家规定，拖欠或者未足额支付劳动报酬，或者拖欠工伤医疗费、经济补偿或者赔偿金的，劳动者可以向劳动行政部门投诉，劳动行政部门应当依法处理。

第二章 调 解

第十条 发生劳动争议，当事人可以到下列调解组织申请调解：

（一）企业劳动争议调解委员会；

（二）依法设立的基层人民调解组织；

（三）在乡镇、街道设立的具有劳动争议调解职能的组织。

企业劳动争议调解委员会由职工代表和企业代表组成。职工代表由工会成员担任或者由全体职工推举产生，企业代表由企业负责人指定。企业劳动争议调解委员会主任由工会成员或者双方推举的人员担任。

第十一条 劳动争议调解组织的调解员应当由公道正派、联系群众、热心调解工作，并具有一定法律知识、政策水平和文化水平的成年公民担任。

第十二条 当事人申请劳动争议调解可以书面申请，也可以口头申请。口头申请的，调解组织应当当场记录申请人基本情况、申请调解的争议事项、理由和时间。

第十三条　调解劳动争议，应当充分听取双方当事人对事实和理由的陈述，耐心疏导，帮助其达成协议。

第十四条　经调解达成协议的，应当制作调解协议书。

调解协议书由双方当事人签名或者盖章，经调解员签名并加盖调解组织印章后生效，对双方当事人具有约束力，当事人应当履行。

自劳动争议调解组织收到调解申请之日起十五日内未达成调解协议的，当事人可以依法申请仲裁。

第十五条　达成调解协议后，一方当事人在协议约定期限内不履行调解协议的，另一方当事人可以依法申请仲裁。

第十六条　因支付拖欠劳动报酬、工伤医疗费、经济补偿或者赔偿金事项达成调解协议，用人单位在协议约定期限内不履行的，劳动者可以持调解协议书依法向人民法院申请支付令。人民法院应当依法发出支付令。

第三章　仲　　裁

第一节　一　般　规　定

第十七条　劳动争议仲裁委员会按照统筹规划、合理布局和适应实际需要的原则设立。省、自治区人民政府可以决定在市、县设立；直辖市人民政府可以决定在区、县设立。直辖市、设区的市也可以设立一个或者若干个劳动争议仲裁委员会。劳动争议仲裁委员会不按行政区划层层设立。

第十八条　国务院劳动行政部门依照本法有关规定制定仲裁规则。省、自治区、直辖市人民政府劳动行政部门对本行政区域的劳动争议仲裁工作进行指导。

第十九条 劳动争议仲裁委员会由劳动行政部门代表、工会代表和企业方面代表组成。劳动争议仲裁委员会组成人员应当是单数。

劳动争议仲裁委员会依法履行下列职责:

(一) 聘任、解聘专职或者兼职仲裁员;

(二) 受理劳动争议案件;

(三) 讨论重大或者疑难的劳动争议案件;

(四) 对仲裁活动进行监督。

劳动争议仲裁委员会下设办事机构,负责办理劳动争议仲裁委员会的日常工作。

第二十条 劳动争议仲裁委员会应当设仲裁员名册。

仲裁员应当公道正派并符合下列条件之一:

(一) 曾任审判员的;

(二) 从事法律研究、教学工作并具有中级以上职称的;

(三) 具有法律知识、从事人力资源管理或者工会等专业工作满五年的;

(四) 律师执业满三年的。

第二十一条 劳动争议仲裁委员会负责管辖本区域内发生的劳动争议。

劳动争议由劳动合同履行地或者用人单位所在地的劳动争议仲裁委员会管辖。双方当事人分别向劳动合同履行地和用人单位所在地的劳动争议仲裁委员会申请仲裁的,由劳动合同履行地的劳动争议仲裁委员会管辖。

第二十二条 发生劳动争议的劳动者和用人单位为劳动争议仲裁案件的双方当事人。

劳务派遣单位或者用工单位与劳动者发生劳动争议的,劳务派遣单位和用工单位为共同当事人。

第二十三条 与劳动争议案件的处理结果有利害关系的第三人,可以申请参加仲裁活动或者由劳动争议仲裁委员会通知其参加仲裁活动。

第二十四条 当事人可以委托代理人参加仲裁活动。委托他人参加仲裁活动，应当向劳动争议仲裁委员会提交有委托人签名或者盖章的委托书，委托书应当载明委托事项和权限。

第二十五条 丧失或者部分丧失民事行为能力的劳动者，由其法定代理人代为参加仲裁活动；无法定代理人的，由劳动争议仲裁委员会为其指定代理人。劳动者死亡的，由其近亲属或者代理人参加仲裁活动。

第二十六条 劳动争议仲裁公开进行，但当事人协议不公开进行或者涉及国家秘密、商业秘密和个人隐私的除外。

第二节 申请和受理

第二十七条 劳动争议申请仲裁的时效期间为一年。仲裁时效期间从当事人知道或者应当知道其权利被侵害之日起计算。

前款规定的仲裁时效，因当事人一方向对方当事人主张权利，或者向有关部门请求权利救济，或者对方当事人同意履行义务而中断。从中断时起，仲裁时效期间重新计算。

因不可抗力或者有其他正当理由，当事人不能在本条第一款规定的仲裁时效期间申请仲裁的，仲裁时效中止。从中止时效的原因消除之日起，仲裁时效期间继续计算。

劳动关系存续期间因拖欠劳动报酬发生争议的，劳动者申请仲裁不受本条第一款规定的仲裁时效期间的限制；但是，劳动关系终止的，应当自劳动关系终止之日起一年内提出。

第二十八条 申请人申请仲裁应当提交书面仲裁申请，并按照被申请人人数提交副本。

仲裁申请书应当载明下列事项：

（一）劳动者的姓名、性别、年龄、职业、工作单位和住所，用人单位的名称、住所和法定代表人或者主要负责人的姓名、职务；

（二）仲裁请求和所根据的事实、理由；

（三）证据和证据来源、证人姓名和住所。

书写仲裁申请确有困难的，可以口头申请，由劳动争议仲裁委员会记入笔录，并告知对方当事人。

第二十九条 劳动争议仲裁委员会收到仲裁申请之日起五日内，认为符合受理条件的，应当受理，并通知申请人；认为不符合受理条件的，应当书面通知申请人不予受理，并说明理由。对劳动争议仲裁委员会不予受理或者逾期未作出决定的，申请人可以就该劳动争议事项向人民法院提起诉讼。

第三十条 劳动争议仲裁委员会受理仲裁申请后，应当在五日内将仲裁申请书副本送达被申请人。

被申请人收到仲裁申请书副本后，应当在十日内向劳动争议仲裁委员会提交答辩书。劳动争议仲裁委员会收到答辩书后，应当在五日内将答辩书副本送达申请人。被申请人未提交答辩书的，不影响仲裁程序的进行。

第三节　开庭和裁决

第三十一条 劳动争议仲裁委员会裁决劳动争议案件实行仲裁庭制。仲裁庭由三名仲裁员组成，设首席仲裁员。简单劳动争议案件可以由一名仲裁员独任仲裁。

第三十二条 劳动争议仲裁委员会应当在受理仲裁申请之日起五日内将仲裁庭的组成情况书面通知当事人。

第三十三条 仲裁员有下列情形之一，应当回避，当事人也有权以口头或者书面方式提出回避申请：

（一）是本案当事人或者当事人、代理人的近亲属的；

（二）与本案有利害关系的；

（三）与本案当事人、代理人有其他关系，可能影响公正裁决的；

（四）私自会见当事人、代理人，或者接受当事人、代理人的请客送礼的。

劳动争议仲裁委员会对回避申请应当及时作出决定，并以口头或者书面方式通知当事人。

第三十四条 仲裁员有本法第三十三条第四项规定情形，或者有索贿受贿、徇私舞弊、枉法裁决行为的，应当依法承担法律责任。劳动争议仲裁委员会应当将其解聘。

第三十五条 仲裁庭应当在开庭五日前，将开庭日期、地点书面通知双方当事人。当事人有正当理由的，可以在开庭三日前请求延期开庭。是否延期，由劳动争议仲裁委员会决定。

第三十六条 申请人收到书面通知，无正当理由拒不到庭或者未经仲裁庭同意中途退庭的，可以视为撤回仲裁申请。

被申请人收到书面通知，无正当理由拒不到庭或者未经仲裁庭同意中途退庭的，可以缺席裁决。

第三十七条 仲裁庭对专门性问题认为需要鉴定的，可以交由当事人约定的鉴定机构鉴定；当事人没有约定或者无法达成约定的，由仲裁庭指定的鉴定机构鉴定。

根据当事人的请求或者仲裁庭的要求，鉴定机构应当派鉴定人参加开庭。当事人经仲裁庭许可，可以向鉴定人提问。

第三十八条 当事人在仲裁过程中有权进行质证和辩论。质证和辩论终结时，首席仲裁员或者独任仲裁员应当征询当事人的最后意见。

第三十九条 当事人提供的证据经查证属实的，仲裁庭应当将其作为认定事实的根据。

劳动者无法提供由用人单位掌握管理的与仲裁请求有关的证据，仲裁庭可以要求用人单位在指定期限内提供。用人单位在指定期限内不提供的，应当承担不利后果。

第四十条 仲裁庭应当将开庭情况记入笔录。当事人和其他仲裁参加人认为对自己陈述的记录有遗漏或者差错的，有权申请补正。如果不予补正，应当记录该申请。

笔录由仲裁员、记录人员、当事人和其他仲裁参加人签名或者盖章。

第四十一条 当事人申请劳动争议仲裁后，可以自行和解。达成和解协议的，可以撤回仲裁申请。

第四十二条 仲裁庭在作出裁决前，应当先行调解。

调解达成协议的，仲裁庭应当制作调解书。

调解书应当写明仲裁请求和当事人协议的结果。调解书由仲裁员签名，加盖劳动争议仲裁委员会印章，送达双方当事人。调解书经双方当事人签收后，发生法律效力。

调解不成或者调解书送达前，一方当事人反悔的，仲裁庭应当及时作出裁决。

第四十三条 仲裁庭裁决劳动争议案件，应当自劳动争议仲裁委员会受理仲裁申请之日起四十五日内结束。案情复杂需要延期的，经劳动争议仲裁委员会主任批准，可以延期并书面通知当事人，但是延长期限不得超过十五日。逾期未作出仲裁裁决的，当事人可以就该劳动争议事项向人民法院提起诉讼。

仲裁庭裁决劳动争议案件时，其中一部分事实已经清楚，可以就该部分先行裁决。

第四十四条 仲裁庭对追索劳动报酬、工伤医疗费、经济补偿或者赔偿金的案件，根据当事人的申请，可以裁决先予执行，移送人民法院执行。

仲裁庭裁决先予执行的，应当符合下列条件：

（一）当事人之间权利义务关系明确；

（二）不先予执行将严重影响申请人的生活。

劳动者申请先予执行的，可以不提供担保。

第四十五条 裁决应当按照多数仲裁员的意见作出，少数仲裁员的不同意见应当记入笔录。仲裁庭不能形成多数意见时，裁决应当按照首席仲裁员的意见作出。

第四十六条 裁决书应当载明仲裁请求、争议事实、裁决理由、裁决结果和裁决日期。裁决书由仲裁员签名，加盖劳动争议仲裁委员会印章。对裁决持不同意见的仲裁员，可以签名，也可以不签名。

第四十七条 下列劳动争议，除本法另有规定的外，仲裁裁决为终局裁决，裁决书自作出之日起发生法律效力：

（一）追索劳动报酬、工伤医疗费、经济补偿或者赔偿金，不超过当地月最低工资标准十二个月金额的争议；

（二）因执行国家的劳动标准在工作时间、休息休假、社会保险等方面发生的争议。

第四十八条 劳动者对本法第四十七条规定的仲裁裁决不服的，可以自收到仲裁裁决书之日起十五日内向人民法院提起诉讼。

第四十九条 用人单位有证据证明本法第四十七条规定的仲裁裁决有下列情形之一，可以自收到仲裁裁决书之日起三十日内向劳动争议仲裁委员会所在地的中级人民法院申请撤销裁决：

（一）适用法律、法规确有错误的；

（二）劳动争议仲裁委员会无管辖权的；

（三）违反法定程序的；

（四）裁决所根据的证据是伪造的；

（五）对方当事人隐瞒了足以影响公正裁决的证据的；

（六）仲裁员在仲裁该案时有索贿受贿、徇私舞弊、枉法裁决行为的。

人民法院经组成合议庭审查核实裁决有前款规定情形之一的，应当裁定撤销。

仲裁裁决被人民法院裁定撤销的，当事人可以自收到裁定书之日起十五日内就该劳动争议事项向人民法院提起诉讼。

第五十条 当事人对本法第四十七条规定以外的其他劳动争议案件的仲裁裁决不服的,可以自收到仲裁裁决书之日起十五日内向人民法院提起诉讼;期满不起诉的,裁决书发生法律效力。

第五十一条 当事人对发生法律效力的调解书、裁决书,应当依照规定的期限履行。一方当事人逾期不履行的,另一方当事人可以依照民事诉讼法的有关规定向人民法院申请执行。受理申请的人民法院应当依法执行。

第四章 附 则

第五十二条 事业单位实行聘用制的工作人员与本单位发生劳动争议的,依照本法执行;法律、行政法规或者国务院另有规定的,依照其规定。

第五十三条 劳动争议仲裁不收费。劳动争议仲裁委员会的经费由财政予以保障。

第五十四条 本法自 2008 年 5 月 1 日起施行。

中华人民共和国社会保险法

(2010年10月28日　中华人民共和国主席令第35号)

第一章　总　　则

第一条　为了规范社会保险关系，维护公民参加社会保险和享受社会保险待遇的合法权益，使公民共享发展成果，促进社会和谐稳定，根据宪法，制定本法。

第二条　国家建立基本养老保险、基本医疗保险、工伤保险、失业保险、生育保险等社会保险制度，保障公民在年老、疾病、工伤、失业、生育等情况下依法从国家和社会获得物质帮助的权利。

第三条　社会保险制度坚持广覆盖、保基本、多层次、可持续的方针，社会保险水平应当与经济社会发展水平相适应。

第四条　中华人民共和国境内的用人单位和个人依法缴纳社会保险费，有权查询缴费记录、个人权益记录，要求社会保险经办机构提供社会保险咨询等相关服务。

个人依法享受社会保险待遇，有权监督本单位为其缴费情况。

第五条　县级以上人民政府将社会保险事业纳入国民经济和社会发展规划。

国家多渠道筹集社会保险资金。县级以上人民政府对社会保险事业给予必要的经费支持。

国家通过税收优惠政策支持社会保险事业。

第六条　国家对社会保险基金实行严格监管。

国务院和省、自治区、直辖市人民政府建立健全社会保险基金监督管理制度，保障社会保险基金安全、有效运行。

县级以上人民政府采取措施，鼓励和支持社会各方面参与社会保险基金的监督。

第七条 国务院社会保险行政部门负责全国的社会保险管理工作，国务院其他有关部门在各自的职责范围内负责有关的社会保险工作。

县级以上地方人民政府社会保险行政部门负责本行政区域的社会保险管理工作，县级以上地方人民政府其他有关部门在各自的职责范围内负责有关的社会保险工作。

第八条 社会保险经办机构提供社会保险服务，负责社会保险登记、个人权益记录、社会保险待遇支付等工作。

第九条 工会依法维护职工的合法权益，有权参与社会保险重大事项的研究，参加社会保险监督委员会，对与职工社会保险权益有关的事项进行监督。

第二章 基本养老保险

第十条 职工应当参加基本养老保险，由用人单位和职工共同缴纳基本养老保险费。

无雇工的个体工商户、未在用人单位参加基本养老保险的非全日制从业人员以及其他灵活就业人员可以参加基本养老保险，由个人缴纳基本养老保险费。

公务员和参照公务员法管理的工作人员养老保险的办法由国务院规定。

第十一条 基本养老保险实行社会统筹与个人账户相结合。

基本养老保险基金由用人单位和个人缴费以及政府补贴等组成。

第十二条 用人单位应当按照国家规定的本单位职工工资总额的比例缴纳基本养老保险费，记入基本养老保险统筹基金。

职工应当按照国家规定的本人工资的比例缴纳基本养老保险费，记入个人账户。

无雇工的个体工商户、未在用人单位参加基本养老保险的非全日制从业人员以及其他灵活就业人员参加基本养老保险的，应当按照国家规定缴纳基本养老保险费，分别记入基本养老保险统筹基金和个人账户。

第十三条 国有企业、事业单位职工参加基本养老保险前，视同缴费年限期间应当缴纳的基本养老保险费由政府承担。

基本养老保险基金出现支付不足时，政府给予补贴。

第十四条 个人账户不得提前支取，记账利率不得低于银行定期存款利率，免征利息税。个人死亡的，个人账户余额可以继承。

第十五条 基本养老金由统筹养老金和个人账户养老金组成。

基本养老金根据个人累计缴费年限、缴费工资、当地职工平均工资、个人账户金额、城镇人口平均预期寿命等因素确定。

第十六条 参加基本养老保险的个人，达到法定退休年龄时累计缴费满十五年的，按月领取基本养老金。

参加基本养老保险的个人，达到法定退休年龄时累计缴费不足十五年的，可以缴费至满十五年，按月领取基本养老金；也可以转入新型农村社会养老保险或者城镇居民社会养老保险，按照国务院规定享受相应的养老保险待遇。

第十七条 参加基本养老保险的个人，因病或者非因工死亡的，其遗属可以领取丧葬补助金和抚恤金；在未达到法定退休年龄时因病或者非因工致残完全丧失劳动能力的，可以领取病残津贴。所需资金从基本养老保险基金中支付。

第十八条 国家建立基本养老金正常调整机制。根据职工平均工资增长、物价上涨情况，适时提高基本养老保险待遇水平。

第十九条 个人跨统筹地区就业的，其基本养老保险关系随本人转移，缴费年限累计计算。个人达到法定退休年龄时，基本养老金分段计算、统一支付。具体办法由国务院规定。

第二十条 国家建立和完善新型农村社会养老保险制度。

新型农村社会养老保险实行个人缴费、集体补助和政府补贴相结合。

第二十一条 新型农村社会养老保险待遇由基础养老金和个人账户养老金组成。

参加新型农村社会养老保险的农村居民，符合国家规定条件的，按月领取新型农村社会养老保险待遇。

第二十二条 国家建立和完善城镇居民社会养老保险制度。

省、自治区、直辖市人民政府根据实际情况，可以将城镇居民社会养老保险和新型农村社会养老保险合并实施。

第三章 基本医疗保险

第二十三条 职工应当参加职工基本医疗保险，由用人单位和职工按照国家规定共同缴纳基本医疗保险费。

无雇工的个体工商户、未在用人单位参加职工基本医疗保险的非全日制从业人员以及其他灵活就业人员可以参加职工基本医疗保险，由个人按照国家规定缴纳基本医疗保险费。

第二十四条 国家建立和完善新型农村合作医疗制度。

新型农村合作医疗的管理办法，由国务院规定。

第二十五条 国家建立和完善城镇居民基本医疗保险制度。

城镇居民基本医疗保险实行个人缴费和政府补贴相结合。

享受最低生活保障的人、丧失劳动能力的残疾人、低收入家庭六十周岁以上的老年人和未成年人等所需个人缴费部分，由政府给予补贴。

第二十六条 职工基本医疗保险、新型农村合作医疗和城镇居民基本医疗保险的待遇标准按照国家规定执行。

第二十七条 参加职工基本医疗保险的个人，达到法定退休年龄时累计缴费达到国家规定年限的,退休后不再缴纳基本医疗保险费,按照国家规定享受基本医疗保险待遇;未达到国家规定年限的,可以缴费至国家规定年限。

第二十八条 符合基本医疗保险药品目录、诊疗项目、医疗服务设施标准以及急诊、抢救的医疗费用,按照国家规定从基本医疗保险基金中支付。

第二十九条 参保人员医疗费用中应当由基本医疗保险基金支付的部分,由社会保险经办机构与医疗机构、药品经营单位直接结算。

社会保险行政部门和卫生行政部门应当建立异地就医医疗费用结算制度,方便参保人员享受基本医疗保险待遇。

第三十条 下列医疗费用不纳入基本医疗保险基金支付范围:
(一)应当从工伤保险基金中支付的;
(二)应当由第三人负担的;
(三)应当由公共卫生负担的;
(四)在境外就医的。

医疗费用依法应当由第三人负担,第三人不支付或者无法确定第三人的,由基本医疗保险基金先行支付。基本医疗保险基金先行支付后,有权向第三人追偿。

第三十一条 社会保险经办机构根据管理服务的需要,可以与医疗机构、药品经营单位签订服务协议,规范医疗服务行为。

医疗机构应当为参保人员提供合理、必要的医疗服务。

第三十二条 个人跨统筹地区就业的,其基本医疗保险关系随本人转移,缴费年限累计计算。

第四章 工 伤 保 险

第三十三条 职工应当参加工伤保险,由用人单位缴纳工伤保险费,职工不缴纳工伤保险费。

第三十四条 国家根据不同行业的工伤风险程度确定行业的差别费率,并根据使用工伤保险基金、工伤发生率等情况在每个行业内确定费率档次。行业差别费率和行业内费率档次由国务院社会保险行政部门制定,报国务院批准后公布施行。

社会保险经办机构根据用人单位使用工伤保险基金、工伤发生率和所属行业费率档次等情况,确定用人单位缴费费率。

第三十五条 用人单位应当按照本单位职工工资总额,根据社会保险经办机构确定的费率缴纳工伤保险费。

第三十六条 职工因工作原因受到事故伤害或者患职业病,且经工伤认定的,享受工伤保险待遇;其中,经劳动能力鉴定丧失劳动能力的,享受伤残待遇。

工伤认定和劳动能力鉴定应当简捷、方便。

第三十七条 职工因下列情形之一导致本人在工作中伤亡的,不认定为工伤:

(一)故意犯罪;

(二)醉酒或者吸毒;

(三)自残或者自杀;

(四)法律、行政法规规定的其他情形。

第三十八条 因工伤发生的下列费用,按照国家规定从工伤保险基金中支付:

(一)治疗工伤的医疗费用和康复费用;

(二)住院伙食补助费;

(三)到统筹地区以外就医的交通食宿费;

(四)安装配置伤残辅助器具所需费用;

(五)生活不能自理的,经劳动能力鉴定委员会确认的生活护理费;

(六)一次性伤残补助金和一至四级伤残职工按月领取的伤残津贴;

（七）终止或者解除劳动合同时，应当享受的一次性医疗补助金；

（八）因工死亡的，其遗属领取的丧葬补助金、供养亲属抚恤金和因工死亡补助金；

（九）劳动能力鉴定费。

第三十九条　因工伤发生的下列费用，按照国家规定由用人单位支付：

（一）治疗工伤期间的工资福利；

（二）五级、六级伤残职工按月领取的伤残津贴；

（三）终止或者解除劳动合同时，应当享受的一次性伤残就业补助金。

第四十条　工伤职工符合领取基本养老金条件的，停发伤残津贴，享受基本养老保险待遇。基本养老保险待遇低于伤残津贴的，从工伤保险基金中补足差额。

第四十一条　职工所在用人单位未依法缴纳工伤保险费，发生工伤事故的，由用人单位支付工伤保险待遇。用人单位不支付的，从工伤保险基金中先行支付。

从工伤保险基金中先行支付的工伤保险待遇应当由用人单位偿还。用人单位不偿还的，社会保险经办机构可以依照本法第六十三条的规定追偿。

第四十二条　由于第三人的原因造成工伤，第三人不支付工伤医疗费用或者无法确定第三人的，由工伤保险基金先行支付。工伤保险基金先行支付后，有权向第三人追偿。

第四十三条　工伤职工有下列情形之一，停止享受工伤保险待遇：

（一）丧失享受待遇条件的；

（二）拒不接受劳动能力鉴定的；

（三）拒绝治疗的。

第五章 失 业 保 险

第四十四条 职工应当参加失业保险,由用人单位和职工按照国家规定共同缴纳失业保险费。

第四十五条 失业人员符合下列条件的,从失业保险基金中领取失业保险金:

(一)失业前用人单位和本人已经缴纳失业保险费满一年的;

(二)非因本人意愿中断就业的;

(三)已经进行失业登记,并有求职要求的。

第四十六条 失业人员失业前用人单位和本人累计缴费满一年不足五年的,领取失业保险金的期限最长为十二个月;累计缴费满五年不足十年的,领取失业保险金的期限最长为十八个月;累计缴费十年以上的,领取失业保险金的期限最长为二十四个月。重新就业后,再次失业的,缴费时间重新计算,领取失业保险金的期限与前次失业应当领取而尚未领取的失业保险金的期限合并计算,最长不超过二十四个月。

第四十七条 失业保险金的标准,由省、自治区、直辖市人民政府确定,不得低于城市居民最低生活保障标准。

第四十八条 失业人员在领取失业保险金期间,参加职工基本医疗保险,享受基本医疗保险待遇。

失业人员应当缴纳的基本医疗保险费从失业保险基金中支付,个人不缴纳基本医疗保险费。

第四十九条 失业人员在领取失业保险金期间死亡的,参照当地对在职职工死亡的规定,向其遗属发给一次性丧葬补助金和抚恤金。所需资金从失业保险基金中支付。

个人死亡同时符合领取基本养老保险丧葬补助金、工伤保险丧葬补助金和失业保险丧葬补助金条件的,其遗属只能选择领取其中的一项。

第五十条　用人单位应当及时为失业人员出具终止或者解除劳动关系的证明，并将失业人员的名单自终止或者解除劳动关系之日起十五日内告知社会保险经办机构。

失业人员应当持本单位为其出具的终止或者解除劳动关系的证明，及时到指定的公共就业服务机构办理失业登记。

失业人员凭失业登记证明和个人身份证明，到社会保险经办机构办理领取失业保险金的手续。失业保险金领取期限自办理失业登记之日起计算。

第五十一条　失业人员在领取失业保险金期间有下列情形之一的，停止领取失业保险金，并同时停止享受其他失业保险待遇：

（一）重新就业的；

（二）应征服兵役的；

（三）移居境外的；

（四）享受基本养老保险待遇的；

（五）无正当理由，拒不接受当地人民政府指定部门或者机构介绍的适当工作或者提供的培训的。

第五十二条　职工跨统筹地区就业的，其失业保险关系随本人转移，缴费年限累计计算。

第六章　生育保险

第五十三条　职工应当参加生育保险，由用人单位按照国家规定缴纳生育保险费，职工不缴纳生育保险费。

第五十四条　用人单位已经缴纳生育保险费的，其职工享受生育保险待遇；职工未就业配偶按照国家规定享受生育医疗费用待遇。所需资金从生育保险基金中支付。

生育保险待遇包括生育医疗费用和生育津贴。

第五十五条　生育医疗费用包括下列各项：

（一）生育的医疗费用；

（二）计划生育的医疗费用；

（三）法律、法规规定的其他项目费用。

第五十六条　职工有下列情形之一的，可以按照国家规定享受生育津贴：

（一）女职工生育享受产假；

（二）享受计划生育手术休假；

（三）法律、法规规定的其他情形。

生育津贴按照职工所在用人单位上年度职工月平均工资计发。

第七章　社会保险费征缴

第五十七条　用人单位应当自成立之日起三十日内凭营业执照、登记证书或者单位印章，向当地社会保险经办机构申请办理社会保险登记。社会保险经办机构应当自收到申请之日起十五日内予以审核，发给社会保险登记证件。

用人单位的社会保险登记事项发生变更或者用人单位依法终止的，应当自变更或者终止之日起三十日内，到社会保险经办机构办理变更或者注销社会保险登记。

工商行政管理部门、民政部门和机构编制管理机关应当及时向社会保险经办机构通报用人单位的成立、终止情况，公安机关应当及时向社会保险经办机构通报个人的出生、死亡以及户口登记、迁移、注销等情况。

第五十八条　用人单位应当自用工之日起三十日内为其职工向社会保险经办机构申请办理社会保险登记。未办理社会保险登记的，由社会保险经办机构核定其应当缴纳的社会保险费。

自愿参加社会保险的无雇工的个体工商户、未在用人单位参加社会保险的非全日制从业人员以及其他灵活就业人员，应当向社会保险经办机构申请办理社会保险登记。

国家建立全国统一的个人社会保障号码。个人社会保障号码为公民身份号码。

第五十九条 县级以上人民政府加强社会保险费的征收工作。

社会保险费实行统一征收，实施步骤和具体办法由国务院规定。

第六十条 用人单位应当自行申报、按时足额缴纳社会保险费，非因不可抗力等法定事由不得缓缴、减免。职工应当缴纳的社会保险费由用人单位代扣代缴，用人单位应当按月将缴纳社会保险费的明细情况告知本人。

无雇工的个体工商户、未在用人单位参加社会保险的非全日制从业人员以及其他灵活就业人员，可以直接向社会保险费征收机构缴纳社会保险费。

第六十一条 社会保险费征收机构应当依法按时足额征收社会保险费，并将缴费情况定期告知用人单位和个人。

第六十二条 用人单位未按规定申报应当缴纳的社会保险费数额的，按照该单位上月缴费额的百分之一百一十确定应当缴纳数额；缴费单位补办申报手续后，由社会保险费征收机构按照规定结算。

第六十三条 用人单位未按时足额缴纳社会保险费的，由社会保险费征收机构责令其限期缴纳或者补足。

用人单位逾期仍未缴纳或者补足社会保险费的，社会保险费征收机构可以向银行和其他金融机构查询其存款账户；并可以申请县级以上有关行政部门作出划拨社会保险费的决定，书面通知其开户银行或者其他金融机构划拨社会保险费。用人单位账户余额少于应当缴纳的社会保险费的，社会保险费征收机构可以要求该用人单位提供担保，签订延期缴费协议。

用人单位未足额缴纳社会保险费且未提供担保的，社会保险费征收机构可以申请人民法院扣押、查封、拍卖其价值相当于应当缴纳社会保险费的财产，以拍卖所得抵缴社会保险费。

第八章 社会保险基金

第六十四条 社会保险基金包括基本养老保险基金、基本医疗保险基金、工伤保险基金、失业保险基金和生育保险基金。各项社会保险基金按照社会保险险种分别建账，分账核算，执行国家统一的会计制度。

社会保险基金专款专用，任何组织和个人不得侵占或者挪用。

基本养老保险基金逐步实行全国统筹，其他社会保险基金逐步实行省级统筹，具体时间、步骤由国务院规定。

第六十五条 社会保险基金通过预算实现收支平衡。

县级以上人民政府在社会保险基金出现支付不足时，给予补贴。

第六十六条 社会保险基金按照统筹层次设立预算。社会保险基金预算按照社会保险项目分别编制。

第六十七条 社会保险基金预算、决算草案的编制、审核和批准，依照法律和国务院规定执行。

第六十八条 社会保险基金存入财政专户，具体管理办法由国务院规定。

第六十九条 社会保险基金在保证安全的前提下，按照国务院规定投资运营实现保值增值。

社会保险基金不得违规投资运营，不得用于平衡其他政府预算，不得用于兴建、改建办公场所和支付人员经费、运行费用、管理费用，或者违反法律、行政法规规定挪作其他用途。

第七十条 社会保险经办机构应当定期向社会公布参加社会保险情况以及社会保险基金的收入、支出、结余和收益情况。

第七十一条 国家设立全国社会保障基金，由中央财政预算拨款以及国务院批准的其他方式筹集的资金构成，用于社会保障支出的补充、调剂。全国社会保障基金由全国社会保障基金管理运营机构负责管理运营,在保证安全的前提下实现保值增值。

全国社会保障基金应当定期向社会公布收支、管理和投资运营的情况。国务院财政部门、社会保险行政部门、审计机关对全国社会保障基金的收支、管理和投资运营情况实施监督。

第九章 社会保险经办

第七十二条 统筹地区设立社会保险经办机构。社会保险经办机构根据工作需要,经所在地的社会保险行政部门和机构编制管理机关批准,可以在本统筹地区设立分支机构和服务网点。

社会保险经办机构的人员经费和经办社会保险发生的基本运行费用、管理费用,由同级财政按照国家规定予以保障。

第七十三条 社会保险经办机构应当建立健全业务、财务、安全和风险管理制度。

社会保险经办机构应当按时足额支付社会保险待遇。

第七十四条 社会保险经办机构通过业务经办、统计、调查获取社会保险工作所需的数据,有关单位和个人应当及时、如实提供。

社会保险经办机构应当及时为用人单位建立档案,完整、准确地记录参加社会保险的人员、缴费等社会保险数据,妥善保管登记、申报的原始凭证和支付结算的会计凭证。

社会保险经办机构应当及时、完整、准确地记录参加社会保险的个人缴费和用人单位为其缴费,以及享受社会保险待遇等个人权益记录,定期将个人权益记录单免费寄送本人。

用人单位和个人可以免费向社会保险经办机构查询、核对其缴费和享受社会保险待遇记录,要求社会保险经办机构提供社会保险咨询等相关服务。

第七十五条 全国社会保险信息系统按照国家统一规划,由县级以上人民政府按照分级负责的原则共同建设。

第十章 社会保险监督

第七十六条 各级人民代表大会常务委员会听取和审议本级人民政府对社会保险基金的收支、管理、投资运营以及监督检查情况的专项工作报告,组织对本法实施情况的执法检查等,依法行使监督职权。

第七十七条 县级以上人民政府社会保险行政部门应当加强对用人单位和个人遵守社会保险法律、法规情况的监督检查。

社会保险行政部门实施监督检查时,被检查的用人单位和个人应当如实提供与社会保险有关的资料,不得拒绝检查或者谎报、瞒报。

第七十八条 财政部门、审计机关按照各自职责,对社会保险基金的收支、管理和投资运营情况实施监督。

第七十九条 社会保险行政部门对社会保险基金的收支、管理和投资运营情况进行监督检查,发现存在问题的,应当提出整改建议,依法作出处理决定或者向有关行政部门提出处理建议。社会保险基金检查结果应当定期向社会公布。

社会保险行政部门对社会保险基金实施监督检查,有权采取下列措施:

(一)查阅、记录、复制与社会保险基金收支、管理和投资运营相关的资料,对可能被转移、隐匿或者灭失的资料予以封存;

(二)询问与调查事项有关的单位和个人,要求其对与调查事项有关的问题作出说明、提供有关证明材料;

(三)对隐匿、转移、侵占、挪用社会保险基金的行为予以制止并责令改正。

第八十条 统筹地区人民政府成立由用人单位代表、参保人员代表,以及工会代表、专家等组成的社会保险监督委员会,掌握、分析社会保险基金的收支、管理和投资运营情况,对社会保险工作提出咨询意见和建议，实施社会监督。

社会保险经办机构应当定期向社会保险监督委员会汇报社会保险基金的收支、管理和投资运营情况。社会保险监督委员会可以聘请会计师事务所对社会保险基金的收支、管理和投资运营情况进行年度审计和专项审计。审计结果应当向社会公开。

社会保险监督委员会发现社会保险基金收支、管理和投资运营中存在问题的，有权提出改正建议；对社会保险经办机构及其工作人员的违法行为，有权向有关部门提出依法处理建议。

第八十一条 社会保险行政部门和其他有关行政部门、社会保险经办机构、社会保险费征收机构及其工作人员，应当依法为用人单位和个人的信息保密，不得以任何形式泄露。

第八十二条 任何组织或者个人有权对违反社会保险法律、法规的行为进行举报、投诉。

社会保险行政部门、卫生行政部门、社会保险经办机构、社会保险费征收机构和财政部门、审计机关对属于本部门、本机构职责范围的举报、投诉，应当依法处理；对不属于本部门、本机构职责范围的，应当书面通知并移交有权处理的部门、机构处理。有权处理的部门、机构应当及时处理，不得推诿。

第八十三条 用人单位或者个人认为社会保险费征收机构的行为侵害自己合法权益的，可以依法申请行政复议或者提起行政诉讼。

用人单位或者个人对社会保险经办机构不依法办理社会保险登记、核定社会保险费、支付社会保险待遇、办理社会保险转移接续手续或者侵害其他社会保险权益的行为，可以依法申请行政复议或者提起行政诉讼。

个人与所在用人单位发生社会保险争议的，可以依法申请调解、仲裁，提起诉讼。用人单位侵害个人社会保险权益的，个人也可以要求社会保险行政部门或者社会保险费征收机构依法处理。

第十一章 法 律 责 任

第八十四条 用人单位不办理社会保险登记的，由社会保险行政部门责令限期改正；逾期不改正的，对用人单位处应缴社会保险费数额一倍以上三倍以下的罚款，对其直接负责的主管人员和其他直接责任人员处五百元以上三千元以下的罚款。

第八十五条 用人单位拒不出具终止或者解除劳动关系证明的，依照《中华人民共和国劳动合同法》的规定处理。

第八十六条 用人单位未按时足额缴纳社会保险费的，由社会保险费征收机构责令限期缴纳或者补足，并自欠缴之日起，按日加收万分之五的滞纳金；逾期仍不缴纳的，由有关行政部门处欠缴数额一倍以上三倍以下的罚款。

第八十七条 社会保险经办机构以及医疗机构、药品经营单位等社会保险服务机构以欺诈、伪造证明材料或者其他手段骗取社会保险基金支出的，由社会保险行政部门责令退回骗取的社会保险金，处骗取金额二倍以上五倍以下的罚款；属于社会保险服务机构的，解除服务协议；直接负责的主管人员和其他直接责任人员有执业资格的，依法吊销其执业资格。

第八十八条 以欺诈、伪造证明材料或者其他手段骗取社会保险待遇的，由社会保险行政部门责令退回骗取的社会保险金，处骗取金额二倍以上五倍以下的罚款。

第八十九条 社会保险经办机构及其工作人员有下列行为之一的，由社会保险行政部门责令改正；给社会保险基金、用人单位或者个人造成损失的，依法承担赔偿责任；对直接负责的主管人员和其他直接责任人员依法给予处分：

（一）未履行社会保险法定职责的；

（二）未将社会保险基金存入财政专户的；

（三）克扣或者拒不按时支付社会保险待遇的；

（四）丢失或者篡改缴费记录、享受社会保险待遇记录等社会保险数据、个人权益记录的；

（五）有违反社会保险法律、法规的其他行为的。

第九十条 社会保险费征收机构擅自更改社会保险费缴费基数、费率，导致少收或者多收社会保险费的，由有关行政部门责令其追缴应当缴纳的社会保险费或者退还不应当缴纳的社会保险费；对直接负责的主管人员和其他直接责任人员依法给予处分。

第九十一条 违反本法规定，隐匿、转移、侵占、挪用社会保险基金或者违规投资运营的，由社会保险行政部门、财政部门、审计机关责令追回；有违法所得的，没收违法所得；对直接负责的主管人员和其他直接责任人员依法给予处分。

第九十二条 社会保险行政部门和其他有关行政部门、社会保险经办机构、社会保险费征收机构及其工作人员泄露用人单位和个人信息的，对直接负责的主管人员和其他直接责任人员依法给予处分；给用人单位或者个人造成损失的，应当承担赔偿责任。

第九十三条 国家工作人员在社会保险管理、监督工作中滥用职权、玩忽职守、徇私舞弊的，依法给予处分。

第九十四条 违反本法规定，构成犯罪的，依法追究刑事责任。

第十二章 附 则

第九十五条 进城务工的农村居民依照本法规定参加社会保险。

第九十六条 征收农村集体所有的土地，应当足额安排被征地农民的社会保险费，按照国务院规定将被征地农民纳入相应的社会保险制度。

第九十七条 外国人在中国境内就业的，参照本法规定参加社会保险。

第九十八条 本法自2011年7月1日起施行。

中华人民共和国职业病防治法

(2001年10月27日 中华人民共和国主席令第60号 2016年7月2日修正)

第一章 总　　则

第一条 为了预防、控制和消除职业病危害,防治职业病,保护劳动者健康及其相关权益,促进经济社会发展,根据宪法,制定本法。

第二条 本法适用于中华人民共和国领域内的职业病防治活动。

本法所称职业病,是指企业、事业单位和个体经济组织等用人单位的劳动者在职业活动中,因接触粉尘、放射性物质和其他有毒、有害因素而引起的疾病。

职业病的分类和目录由国务院卫生行政部门会同国务院安全生产监督管理部门、劳动保障行政部门制定、调整并公布。

第三条 职业病防治工作坚持预防为主、防治结合的方针,建立用人单位负责、行政机关监管、行业自律、职工参与和社会监督的机制,实行分类管理、综合治理。

第四条 劳动者依法享有职业卫生保护的权利。

用人单位应当为劳动者创造符合国家职业卫生标准和卫生要求的工作环境和条件,并采取措施保障劳动者获得职业卫生保护。

工会组织依法对职业病防治工作进行监督,维护劳动者的合法权益。用人单位制定或者修改有关职业病防治的规章制度,应当听取工会组织的意见。

第五条 用人单位应当建立、健全职业病防治责任制,加强对职业病防治的管理,提高职业病防治水平,对本单位产生的职业病危害承担责任。

第六条 用人单位的主要负责人对本单位的职业病防治工作全面负责。

第七条 用人单位必须依法参加工伤保险。

国务院和县级以上地方人民政府劳动保障行政部门应当加强对工伤保险的监督管理,确保劳动者依法享受工伤保险待遇。

第八条 国家鼓励和支持研制、开发、推广、应用有利于职业病防治和保护劳动者健康的新技术、新工艺、新设备、新材料,加强对职业病的机理和发生规律的基础研究,提高职业病防治科学技术水平;积极采用有效的职业病防治技术、工艺、设备、材料;限制使用或者淘汰职业病危害严重的技术、工艺、设备、材料。

国家鼓励和支持职业病医疗康复机构的建设。

第九条 国家实行职业卫生监督制度。

国务院安全生产监督管理部门、卫生行政部门、劳动保障行政部门依照本法和国务院确定的职责,负责全国职业病防治的监督管理工作。国务院有关部门在各自的职责范围内负责职业病防治的有关监督管理工作。

县级以上地方人民政府安全生产监督管理部门、卫生行政部门、劳动保障行政部门依据各自职责,负责本行政区域内职业病防治的监督管理工作。县级以上地方人民政府有关部门在各自的职责范围内负责职业病防治的有关监督管理工作。

县级以上人民政府安全生产监督管理部门、卫生行政部门、劳动保障行政部门(以下统称职业卫生监督管理部门)应当加强沟通,密切配合,按照各自职责分工,依法行使职权,承担责任。

第十条 国务院和县级以上地方人民政府应当制定职业病防治

规划，将其纳入国民经济和社会发展计划，并组织实施。

县级以上地方人民政府统一负责、领导、组织、协调本行政区域的职业病防治工作，建立健全职业病防治工作体制、机制，统一领导、指挥职业卫生突发事件应对工作；加强职业病防治能力建设和服务体系建设，完善、落实职业病防治工作责任制。

乡、民族乡、镇的人民政府应当认真执行本法，支持职业卫生监督管理部门依法履行职责。

第十一条 县级以上人民政府职业卫生监督管理部门应当加强对职业病防治的宣传教育，普及职业病防治的知识，增强用人单位的职业病防治观念，提高劳动者的职业健康意识、自我保护意识和行使职业卫生保护权利的能力。

第十二条 有关防治职业病的国家职业卫生标准，由国务院卫生行政部门组织制定并公布。

国务院卫生行政部门应当组织开展重点职业病监测和专项调查，对职业健康风险进行评估，为制定职业卫生标准和职业病防治政策提供科学依据。

县级以上地方人民政府卫生行政部门应当定期对本行政区域的职业病防治情况进行统计和调查分析。

第十三条 任何单位和个人有权对违反本法的行为进行检举和控告。有关部门收到相关的检举和控告后，应当及时处理。

对防治职业病成绩显著的单位和个人，给予奖励。

第二章　前期预防

第十四条 用人单位应当依照法律、法规要求，严格遵守国家职业卫生标准，落实职业病预防措施，从源头上控制和消除职业病危害。

第十五条 产生职业病危害的用人单位的设立除应当符合法律、行政法规规定的设立条件外，其工作场所还应当符合下列职业卫生要求：

（一）职业病危害因素的强度或者浓度符合国家职业卫生标准；

（二）有与职业病危害防护相适应的设施；

（三）生产布局合理，符合有害与无害作业分开的原则；

（四）有配套的更衣间、洗浴间、孕妇休息间等卫生设施；

（五）设备、工具、用具等设施符合保护劳动者生理、心理健康的要求；

（六）法律、行政法规和国务院卫生行政部门、安全生产监督管理部门关于保护劳动者健康的其他要求。

第十六条 国家建立职业病危害项目申报制度。

用人单位工作场所存在职业病目录所列职业病的危害因素的，应当及时、如实向所在地安全生产监督管理部门申报危害项目，接受监督。

职业病危害因素分类目录由国务院卫生行政部门会同国务院安全生产监督管理部门制定、调整并公布。职业病危害项目申报的具体办法由国务院安全生产监督管理部门制定。

第十七条 新建、扩建、改建建设项目和技术改造、技术引进项目（以下统称建设项目）可能产生职业病危害的，建设单位在可行性论证阶段应当进行职业病危害预评价。

医疗机构建设项目可能产生放射性职业病危害的，建设单位应当向卫生行政部门提交放射性职业病危害预评价报告。卫生行政部门应当自收到预评价报告之日起三十日内，作出审核决定并书面通知建设单位。未提交预评价报告或者预评价报告未经卫生行政部门审核同意的，不得开工建设。

职业病危害预评价报告应当对建设项目可能产生的职业病危害因素及其对工作场所和劳动者健康的影响作出评价，确定危害类别和职业病防护措施。

建设项目职业病危害分类管理办法由国务院安全生产监督管理

部门制定。

第十八条 建设项目的职业病防护设施所需费用应当纳入建设项目工程预算，并与主体工程同时设计，同时施工，同时投入生产和使用。

建设项目的职业病防护设施设计应当符合国家职业卫生标准和卫生要求；其中，医疗机构放射性职业病危害严重的建设项目的防护设施设计，应当经卫生行政部门审查同意后，方可施工。

建设项目在竣工验收前，建设单位应当进行职业病危害控制效果评价。

医疗机构可能产生放射性职业病危害的建设项目竣工验收时，其放射性职业病防护设施经卫生行政部门验收合格后，方可投入使用；其他建设项目的职业病防护设施应当由建设单位负责依法组织验收，验收合格后，方可投入生产和使用。安全生产监督管理部门应当加强对建设单位组织的验收活动和验收结果的监督核查。

第十九条 国家对从事放射性、高毒、高危粉尘等作业实行特殊管理。具体管理办法由国务院制定。

第三章 劳动过程中的防护与管理

第二十条 用人单位应当采取下列职业病防治管理措施：

（一）设置或者指定职业卫生管理机构或者组织，配备专职或者兼职的职业卫生管理人员，负责本单位的职业病防治工作；

（二）制定职业病防治计划和实施方案；

（三）建立、健全职业卫生管理制度和操作规程；

（四）建立、健全职业卫生档案和劳动者健康监护档案；

（五）建立、健全工作场所职业病危害因素监测及评价制度；

（六）建立、健全职业病危害事故应急救援预案。

第二十一条 用人单位应当保障职业病防治所需的资金投入，不得挤占、挪用，并对因资金投入不足导致的后果承担责任。

第二十二条 用人单位必须采用有效的职业病防护设施,并为劳动者提供个人使用的职业病防护用品。

用人单位为劳动者个人提供的职业病防护用品必须符合防治职业病的要求;不符合要求的,不得使用。

第二十三条 用人单位应当优先采用有利于防治职业病和保护劳动者健康的新技术、新工艺、新设备、新材料,逐步替代职业病危害严重的技术、工艺、设备、材料。

第二十四条 产生职业病危害的用人单位,应当在醒目位置设置公告栏,公布有关职业病防治的规章制度、操作规程、职业病危害事故应急救援措施和工作场所职业病危害因素检测结果。

对产生严重职业病危害的作业岗位,应当在其醒目位置,设置警示标识和中文警示说明。警示说明应当载明产生职业病危害的种类、后果、预防以及应急救治措施等内容。

第二十五条 对可能发生急性职业损伤的有毒、有害工作场所,用人单位应当设置报警装置,配置现场急救用品、冲洗设备、应急撤离通道和必要的泄险区。

对放射工作场所和放射性同位素的运输、贮存,用人单位必须配置防护设备和报警装置,保证接触放射线的工作人员佩戴个人剂量计。

对职业病防护设备、应急救援设施和个人使用的职业病防护用品,用人单位应当进行经常性的维护、检修,定期检测其性能和效果,确保其处于正常状态,不得擅自拆除或者停止使用。

第二十六条 用人单位应当实施由专人负责的职业病危害因素日常监测,并确保监测系统处于正常运行状态。

用人单位应当按照国务院安全生产监督管理部门的规定,定期对工作场所进行职业病危害因素检测、评价。检测、评价结果存入用人单位职业卫生档案,定期向所在地安全生产监督管理部门报告并向劳动者公布。

职业病危害因素检测、评价由依法设立的取得国务院安全生产监督管理部门或者设区的市级以上地方人民政府安全生产监督管理部门按照职责分工给予资质认可的职业卫生技术服务机构进行。职业卫生技术服务机构所作检测、评价应当客观、真实。

发现工作场所职业病危害因素不符合国家职业卫生标准和卫生要求时，用人单位应当立即采取相应治理措施，仍然达不到国家职业卫生标准和卫生要求的，必须停止存在职业病危害因素的作业；职业病危害因素经治理后，符合国家职业卫生标准和卫生要求的，方可重新作业。

第二十七条 职业卫生技术服务机构依法从事职业病危害因素检测、评价工作，接受安全生产监督管理部门的监督检查。安全生产监督管理部门应当依法履行监督职责。

第二十八条 向用人单位提供可能产生职业病危害的设备的，应当提供中文说明书，并在设备的醒目位置设置警示标识和中文警示说明。警示说明应当载明设备性能、可能产生的职业病危害、安全操作和维护注意事项、职业病防护以及应急救治措施等内容。

第二十九条 向用人单位提供可能产生职业病危害的化学品、放射性同位素和含有放射性物质的材料的，应当提供中文说明书。说明书应当载明产品特性、主要成分、存在的有害因素、可能产生的危害后果、安全使用注意事项、职业病防护以及应急救治措施等内容。产品包装应当有醒目的警示标识和中文警示说明。贮存上述材料的场所应当在规定的部位设置危险物品标识或者放射性警示标识。

国内首次使用或者首次进口与职业病危害有关的化学材料，使用单位或者进口单位按照国家规定经国务院有关部门批准后，应当向国务院卫生行政部门、安全生产监督管理部门报送该化学材料的毒性鉴定以及经有关部门登记注册或者批准进口的文件等资料。

进口放射性同位素、射线装置和含有放射性物质的物品的，按照国家有关规定办理。

第三十条 任何单位和个人不得生产、经营、进口和使用国家明令禁止使用的可能产生职业病危害的设备或者材料。

第三十一条 任何单位和个人不得将产生职业病危害的作业转移给不具备职业病防护条件的单位和个人。不具备职业病防护条件的单位和个人不得接受产生职业病危害的作业。

第三十二条 用人单位对采用的技术、工艺、设备、材料,应当知悉其产生的职业病危害,对有职业病危害的技术、工艺、设备、材料隐瞒其危害而采用的,对所造成的职业病危害后果承担责任。

第三十三条 用人单位与劳动者订立劳动合同(含聘用合同,下同)时,应当将工作过程中可能产生的职业病危害及其后果、职业病防护措施和待遇等如实告知劳动者,并在劳动合同中写明,不得隐瞒或者欺骗。

劳动者在已订立劳动合同期间因工作岗位或者工作内容变更,从事与所订立劳动合同中未告知的存在职业病危害的作业时,用人单位应当依照前款规定,向劳动者履行如实告知的义务,并协商变更原劳动合同相关条款。

用人单位违反前两款规定的,劳动者有权拒绝从事存在职业病危害的作业,用人单位不得因此解除与劳动者所订立的劳动合同。

第三十四条 用人单位的主要负责人和职业卫生管理人员应当接受职业卫生培训,遵守职业病防治法律、法规,依法组织本单位的职业病防治工作。

用人单位应当对劳动者进行上岗前的职业卫生培训和在岗期间的定期职业卫生培训,普及职业卫生知识,督促劳动者遵守职业病防治法律、法规、规章和操作规程,指导劳动者正确使用职业病防护设备和个人使用的职业病防护用品。

劳动者应当学习和掌握相关的职业卫生知识,增强职业病防范意识,遵守职业病防治法律、法规、规章和操作规程,正确使用、维护职业病防护设备和个人使用的职业病防护用品,发现职业病危害事故隐患应当及时报告。

劳动者不履行前款规定义务的,用人单位应当对其进行教育。

第三十五条 对从事接触职业病危害的作业的劳动者,用人单位应当按照国务院安全生产监督管理部门、卫生行政部门的规定组织上岗前、在岗期间和离岗时的职业健康检查,并将检查结果书面告知劳动者。职业健康检查费用由用人单位承担。

用人单位不得安排未经上岗前职业健康检查的劳动者从事接触职业病危害的作业;不得安排有职业禁忌的劳动者从事其所禁忌的作业;对在职业健康检查中发现有与所从事的职业相关的健康损害的劳动者,应当调离原工作岗位,并妥善安置;对未进行离岗前职业健康检查的劳动者不得解除或者终止与其订立的劳动合同。

职业健康检查应当由省级以上人民政府卫生行政部门批准的医疗卫生机构承担。

第三十六条 用人单位应当为劳动者建立职业健康监护档案,并按照规定的期限妥善保存。

职业健康监护档案应当包括劳动者的职业史、职业病危害接触史、职业健康检查结果和职业病诊疗等有关个人健康资料。

劳动者离开用人单位时,有权索取本人职业健康监护档案复印件,用人单位应当如实、无偿提供,并在所提供的复印件上签章。

第三十七条 发生或者可能发生急性职业病危害事故时,用人单位应当立即采取应急救援和控制措施,并及时报告所在地安全生产监督管理部门和有关部门。安全生产监督管理部门接到报告后,应当及时会同有关部门组织调查处理;必要时,可以采取临时控制措施。卫生行政部门应当组织做好医疗救治工作。

对遭受或者可能遭受急性职业病危害的劳动者,用人单位应当及时组织救治、进行健康检查和医学观察,所需费用由用人单位承担。

第三十八条 用人单位不得安排未成年工从事接触职业病危害的作业；不得安排孕期、哺乳期的女职工从事对本人和胎儿、婴儿有危害的作业。

第三十九条 劳动者享有下列职业卫生保护权利：

（一）获得职业卫生教育、培训；

（二）获得职业健康检查、职业病诊疗、康复等职业病防治服务；

（三）了解工作场所产生或者可能产生的职业病危害因素、危害后果和应当采取的职业病防护措施；

（四）要求用人单位提供符合防治职业病要求的职业病防护设施和个人使用的职业病防护用品，改善工作条件；

（五）对违反职业病防治法律、法规以及危及生命健康的行为提出批评、检举和控告；

（六）拒绝违章指挥和强令进行没有职业病防护措施的作业；

（七）参与用人单位职业卫生工作的民主管理，对职业病防治工作提出意见和建议。

用人单位应当保障劳动者行使前款所列权利。因劳动者依法行使正当权利而降低其工资、福利等待遇或者解除、终止与其订立的劳动合同的，其行为无效。

第四十条 工会组织应当督促并协助用人单位开展职业卫生宣传教育和培训，有权对用人单位的职业病防治工作提出意见和建议，依法代表劳动者与用人单位签订劳动安全卫生专项集体合同，与用人单位就劳动者反映的有关职业病防治的问题进行协调并督促解决。

工会组织对用人单位违反职业病防治法律、法规，侵犯劳动者合法权益的行为，有权要求纠正；产生严重职业病危害时，有权要求采取防护措施，或者向政府有关部门建议采取强制性措施；发生职业病危害事故时，有权参与事故调查处理；发现危及劳动者生命健康的情形时,有权向用人单位建议组织劳动者撤离危险现场,用人单位应当立即作出处理。

第四十一条 用人单位按照职业病防治要求,用于预防和治理职业病危害、工作场所卫生检测、健康监护和职业卫生培训等费用,按照国家有关规定,在生产成本中据实列支。

第四十二条 职业卫生监督管理部门应当按照职责分工,加强对用人单位落实职业病防护管理措施情况的监督检查,依法行使职权,承担责任。

第四章 职业病诊断与职业病病人保障

第四十三条 医疗卫生机构承担职业病诊断,应当经省、自治区、直辖市人民政府卫生行政部门批准。省、自治区、直辖市人民政府卫生行政部门应当向社会公布本行政区域内承担职业病诊断的医疗卫生机构的名单。

承担职业病诊断的医疗卫生机构应当具备下列条件:

(一)持有《医疗机构执业许可证》;

(二)具有与开展职业病诊断相适应的医疗卫生技术人员;

(三)具有与开展职业病诊断相适应的仪器、设备;

(四)具有健全的职业病诊断质量管理制度。

承担职业病诊断的医疗卫生机构不得拒绝劳动者进行职业病诊断的要求。

第四十四条 劳动者可以在用人单位所在地、本人户籍所在地或者经常居住地依法承担职业病诊断的医疗卫生机构进行职业病诊断。

第四十五条 职业病诊断标准和职业病诊断、鉴定办法由国务院卫生行政部门制定。职业病伤残等级的鉴定办法由国务院劳动保障行政部门会同国务院卫生行政部门制定。

第四十六条 职业病诊断,应当综合分析下列因素:

（一）病人的职业史；
（二）职业病危害接触史和工作场所职业病危害因素情况；
（三）临床表现以及辅助检查结果等。

没有证据否定职业病危害因素与病人临床表现之间的必然联系的，应当诊断为职业病。

承担职业病诊断的医疗卫生机构在进行职业病诊断时，应当组织三名以上取得职业病诊断资格的执业医师集体诊断。

职业病诊断证明书应当由参与诊断的医师共同签署，并经承担职业病诊断的医疗卫生机构审核盖章。

第四十七条 用人单位应当如实提供职业病诊断、鉴定所需的劳动者职业史和职业病危害接触史、工作场所职业病危害因素检测结果等资料；安全生产监督管理部门应当监督检查和督促用人单位提供上述资料；劳动者和有关机构也应当提供与职业病诊断、鉴定有关的资料。

职业病诊断、鉴定机构需要了解工作场所职业病危害因素情况时，可以对工作场所进行现场调查，也可以向安全生产监督管理部门提出，安全生产监督管理部门应当在十日内组织现场调查。用人单位不得拒绝、阻挠。

第四十八条 职业病诊断、鉴定过程中，用人单位不提供工作场所职业病危害因素检测结果等资料的，诊断、鉴定机构应当结合劳动者的临床表现、辅助检查结果和劳动者的职业史、职业病危害接触史，并参考劳动者的自述、安全生产监督管理部门提供的日常监督检查信息等，作出职业病诊断、鉴定结论。

劳动者对用人单位提供的工作场所职业病危害因素检测结果等资料有异议，或者因劳动者的用人单位解散、破产，无用人单位提供上述资料的，诊断、鉴定机构应当提请安全生产监督管理部门进行调查，安全生产监督管理部门应当自接到申请之日起三十日内对存在异议的资料或者工作场所职业病危害因素情况作出判定；有关部门应当配合。

第四十九条 职业病诊断、鉴定过程中，在确认劳动者职业史、职业病危害接触史时，当事人对劳动关系、工种、工作岗位或者在岗时间有争议的，可以向当地的劳动人事争议仲裁委员会申请仲裁；接到申请的劳动人事争议仲裁委员会应当受理，并在三十日内作出裁决。

当事人在仲裁过程中对自己提出的主张，有责任提供证据。劳动者无法提供由用人单位掌握管理的与仲裁主张有关的证据的，仲裁庭应当要求用人单位在指定期限内提供；用人单位在指定期限内不提供的，应当承担不利后果。

劳动者对仲裁裁决不服的，可以依法向人民法院提起诉讼。

用人单位对仲裁裁决不服的，可以在职业病诊断、鉴定程序结束之日起十五日内依法向人民法院提起诉讼；诉讼期间，劳动者的治疗费用按照职业病待遇规定的途径支付。

第五十条 用人单位和医疗卫生机构发现职业病病人或者疑似职业病病人时，应当及时向所在地卫生行政部门和安全生产监督管理部门报告。确诊为职业病的，用人单位还应当向所在地劳动保障行政部门报告。接到报告的部门应当依法作出处理。

第五十一条 县级以上地方人民政府卫生行政部门负责本行政区域内的职业病统计报告的管理工作，并按照规定上报。

第五十二条 当事人对职业病诊断有异议的，可以向作出诊断的医疗卫生机构所在地地方人民政府卫生行政部门申请鉴定。

职业病诊断争议由设区的市级以上地方人民政府卫生行政部门根据当事人的申请，组织职业病诊断鉴定委员会进行鉴定。

当事人对设区的市级职业病诊断鉴定委员会的鉴定结论不服的，可以向省、自治区、直辖市人民政府卫生行政部门申请再鉴定。

第五十三条 职业病诊断鉴定委员会由相关专业的专家组成。

省、自治区、直辖市人民政府卫生行政部门应当设立相关的专家库，需要对职业病争议作出诊断鉴定时，由当事人或者当事人委托有关卫生行政部门从专家库中以随机抽取的方式确定参加诊断鉴定委员会的专家。

职业病诊断鉴定委员会应当按照国务院卫生行政部门颁布的职业病诊断标准和职业病诊断、鉴定办法进行职业病诊断鉴定，向当事人出具职业病诊断鉴定书。职业病诊断、鉴定费用由用人单位承担。

第五十四条 职业病诊断鉴定委员会组成人员应当遵守职业道德，客观、公正地进行诊断鉴定，并承担相应的责任。职业病诊断鉴定委员会组成人员不得私下接触当事人，不得收受当事人的财物或者其他好处，与当事人有利害关系的，应当回避。

人民法院受理有关案件需要进行职业病鉴定时，应当从省、自治区、直辖市人民政府卫生行政部门依法设立的相关的专家库中选取参加鉴定的专家。

第五十五条 医疗卫生机构发现疑似职业病病人时，应当告知劳动者本人并及时通知用人单位。

用人单位应当及时安排对疑似职业病病人进行诊断；在疑似职业病病人诊断或者医学观察期间，不得解除或者终止与其订立的劳动合同。

疑似职业病病人在诊断、医学观察期间的费用，由用人单位承担。

第五十六条 用人单位应当保障职业病病人依法享受国家规定的职业病待遇。

用人单位应当按照国家有关规定，安排职业病病人进行治疗、康复和定期检查。

用人单位对不适宜继续从事原工作的职业病病人，应当调离原岗位，并妥善安置。

用人单位对从事接触职业病危害的作业的劳动者，应当给予适当岗位津贴。

第五十七条 职业病病人的诊疗、康复费用，伤残以及丧失劳动能力的职业病病人的社会保障，按照国家有关工伤保险的规定执行。

第五十八条 职业病病人除依法享有工伤保险外，依照有关民事法律，尚有获得赔偿的权利的，有权向用人单位提出赔偿要求。

第五十九条 劳动者被诊断患有职业病，但用人单位没有依法参加工伤保险的，其医疗和生活保障由该用人单位承担。

第六十条 职业病病人变动工作单位，其依法享有的待遇不变。

用人单位在发生分立、合并、解散、破产等情形时，应当对从事接触职业病危害的作业的劳动者进行健康检查，并按照国家有关规定妥善安置职业病病人。

第六十一条 用人单位已经不存在或者无法确认劳动关系的职业病病人，可以向地方人民政府民政部门申请医疗救助和生活等方面的救助。

地方各级人民政府应当根据本地区的实际情况，采取其他措施，使前款规定的职业病病人获得医疗救治。

第五章 监督检查

第六十二条 县级以上人民政府职业卫生监督管理部门依照职业病防治法律、法规、国家职业卫生标准和卫生要求，依据职责划分，对职业病防治工作进行监督检查。

第六十三条 安全生产监督管理部门履行监督检查职责时，有权采取下列措施：

（一）进入被检查单位和职业病危害现场，了解情况，调查取证；

（二）查阅或者复制与违反职业病防治法律、法规的行为有关的资料和采集样品；

（三）责令违反职业病防治法律、法规的单位和个人停止违法行为。

第六十四条 发生职业病危害事故或者有证据证明危害状态可能导致职业病危害事故发生时，安全生产监督管理部门可以采取下列临时控制措施：

（一）责令暂停导致职业病危害事故的作业；

（二）封存造成职业病危害事故或者可能导致职业病危害事故发生的材料和设备；

（三）组织控制职业病危害事故现场。

在职业病危害事故或者危害状态得到有效控制后，安全生产监督管理部门应当及时解除控制措施。

第六十五条 职业卫生监督执法人员依法执行职务时，应当出示监督执法证件。

职业卫生监督执法人员应当忠于职守，秉公执法，严格遵守执法规范；涉及用人单位的秘密的，应当为其保密。

第六十六条 职业卫生监督执法人员依法执行职务时，被检查单位应当接受检查并予以支持配合，不得拒绝和阻碍。

第六十七条 卫生行政部门、安全生产监督管理部门及其职业卫生监督执法人员履行职责时，不得有下列行为：

（一）对不符合法定条件的，发给建设项目有关证明文件、资质证明文件或者予以批准；

（二）对已经取得有关证明文件的，不履行监督检查职责；

（三）发现用人单位存在职业病危害的，可能造成职业病危害事故，不及时依法采取控制措施；

（四）其他违反本法的行为。

第六十八条 职业卫生监督执法人员应当依法经过资格认定。

职业卫生监督管理部门应当加强队伍建设，提高职业卫生监督执法人员的政治、业务素质，依照本法和其他有关法律、法规的规定，建立、健全内部监督制度，对其工作人员执行法律、法规和遵守纪律的情况，进行监督检查。

第六章 法 律 责 任

第六十九条 建设单位违反本法规定，有下列行为之一的，由安全生产监督管理部门和卫生行政部门依据职责分工给予警告，责令限期改正；逾期不改正的，处十万元以上五十万元以下的罚款；情节严重的，责令停止产生职业病危害的作业，或者提请有关人民政府按照国务院规定的权限责令停建、关闭：

（一）未按照规定进行职业病危害预评价的；

（二）医疗机构可能产生放射性职业病危害的建设项目未按照规定提交放射性职业病危害预评价报告，或者放射性职业病危害预评价报告未经卫生行政部门审核同意，开工建设的；

（三）建设项目的职业病防护设施未按照规定与主体工程同时设计、同时施工、同时投入生产和使用的；

（四）建设项目的职业病防护设施设计不符合国家职业卫生标准和卫生要求，或者医疗机构放射性职业病危害严重的建设项目的防护设施设计未经卫生行政部门审查同意擅自施工的；

（五）未按照规定对职业病防护设施进行职业病危害控制效果评价的；

（六）建设项目竣工投入生产和使用前，职业病防护设施未按照规定验收合格的。

第七十条 违反本法规定，有下列行为之一的，由安全生产监督管理部门给予警告，责令限期改正；逾期不改正的，处十万元以下的罚款：

（一）工作场所职业病危害因素检测、评价结果没有存档、上报、公布的；

（二）未采取本法第二十一条规定的职业病防治管理措施的；

（三）未按照规定公布有关职业病防治的规章制度、操作规程、职业病危害事故应急救援措施的；

（四）未按照规定组织劳动者进行职业卫生培训，或者未对劳动者个人职业病防护采取指导、督促措施的；

（五）国内首次使用或者首次进口与职业病危害有关的化学材料，未按照规定报送毒性鉴定资料以及经有关部门登记注册或者批准进口的文件的。

第七十一条 用人单位违反本法规定，有下列行为之一的，由安全生产监督管理部门责令限期改正，给予警告，可以并处五万元以上十万元以下的罚款：

（一）未按照规定及时、如实向安全生产监督管理部门申报产生职业病危害的项目的；

（二）未实施由专人负责的职业病危害因素日常监测，或者监测系统不能正常监测的；

（三）订立或者变更劳动合同时，未告知劳动者职业病危害真实情况的；

（四）未按照规定组织职业健康检查、建立职业健康监护档案或者未将检查结果书面告知劳动者的；

（五）未依照本法规定在劳动者离开用人单位时提供职业健康监护档案复印件的。

第七十二条 用人单位违反本法规定，有下列行为之一的，由安全生产监督管理部门给予警告，责令限期改正，逾期不改正的，处五万元以上二十万元以下的罚款；情节严重的，责令停止产生职业病危害的作业，或者提请有关人民政府按照国务院规定的权限责令关闭：

（一）工作场所职业病危害因素的强度或者浓度超过国家职业

卫生标准的；

（二）未提供职业病防护设施和个人使用的职业病防护用品，或者提供的职业病防护设施和个人使用的职业病防护用品不符合国家职业卫生标准和卫生要求的；

（三）对职业病防护设备、应急救援设施和个人使用的职业病防护用品未按照规定进行维护、检修、检测，或者不能保持正常运行、使用状态的；

（四）未按照规定对工作场所职业病危害因素进行检测、评价的；

（五）工作场所职业病危害因素经治理仍然达不到国家职业卫生标准和卫生要求时，未停止存在职业病危害因素的作业的；

（六）未按照规定安排职业病病人、疑似职业病病人进行诊治的；

（七）发生或者可能发生急性职业病危害事故时，未立即采取应急救援和控制措施或者未按照规定及时报告的；

（八）未按照规定在产生严重职业病危害的作业岗位醒目位置设置警示标识和中文警示说明的；

（九）拒绝职业卫生监督管理部门监督检查的；

（十）隐瞒、伪造、篡改、毁损职业健康监护档案、工作场所职业病危害因素检测评价结果等相关资料，或者拒不提供职业病诊断、鉴定所需资料的；

（十一）未按照规定承担职业病诊断、鉴定费用和职业病病人的医疗、生活保障费用的。

第七十三条 向用人单位提供可能产生职业病危害的设备、材料，未按照规定提供中文说明书或者设置警示标识和中文警示说明的，由安全生产监督管理部门责令限期改正，给予警告，并处五万元以上二十万元以下的罚款。

第七十四条 用人单位和医疗卫生机构未按照规定报告职业

病、疑似职业病的，由有关主管部门依据职责分工责令限期改正，给予警告，可以并处一万元以下的罚款；弄虚作假的，并处二万元以上五万元以下的罚款；对直接负责的主管人员和其他直接责任人员，可以依法给予降级或者撤职的处分。

第七十五条 违反本法规定，有下列情形之一的，由安全生产监督管理部门责令限期治理，并处五万元以上三十万元以下的罚款；情节严重的，责令停止产生职业病危害的作业，或者提请有关人民政府按照国务院规定的权限责令关闭：

（一）隐瞒技术、工艺、设备、材料所产生的职业病危害而采用的；

（二）隐瞒本单位职业卫生真实情况的；

（三）可能发生急性职业损伤的有毒、有害工作场所、放射工作场所或者放射性同位素的运输、贮存不符合本法第二十六条规定的；

（四）使用国家明令禁止使用的可能产生职业病危害的设备或者材料的；

（五）将产生职业病危害的作业转移给没有职业病防护条件的单位和个人，或者没有职业病防护条件的单位和个人接受产生职业病危害的作业的；

（六）擅自拆除、停止使用职业病防护设备或者应急救援设施的；

（七）安排未经职业健康检查的劳动者、有职业禁忌的劳动者、未成年工或者孕期、哺乳期女职工从事接触职业病危害的作业或者禁忌作业的；

（八）违章指挥和强令劳动者进行没有职业病防护措施的作业的。

第七十六条 生产、经营或者进口国家明令禁止使用的可能产生职业病危害的设备或者材料的，依照有关法律、行政法规的规定给予处罚。

第七十七条 用人单位违反本法规定,已经对劳动者生命健康造成严重损害的,由安全生产监督管理部门责令停止产生职业病危害的作业,或者提请有关人民政府按照国务院规定的权限责令关闭,并处十万元以上五十万元以下的罚款。

第七十八条 用人单位违反本法规定,造成重大职业病危害事故或者其他严重后果,构成犯罪的,对直接负责的主管人员和其他直接责任人员,依法追究刑事责任。

第七十九条 未取得职业卫生技术服务资质认可擅自从事职业卫生技术服务的,或者医疗卫生机构未经批准擅自从事职业健康检查、职业病诊断的,由安全生产监督管理部门和卫生行政部门依据职责分工责令立即停止违法行为,没收违法所得;违法所得五千元以上的,并处违法所得二倍以上十倍以下的罚款;没有违法所得或者违法所得不足五千元的,并处五千元以上五万元以下的罚款;情节严重的,对直接负责的主管人员和其他直接责任人员,依法给予降级、撤职或者开除的处分。

第八十条 从事职业卫生技术服务的机构和承担职业健康检查、职业病诊断的医疗卫生机构违反本法规定,有下列行为之一的,由安全生产监督管理部门和卫生行政部门依据职责分工责令立即停止违法行为,给予警告,没收违法所得;违法所得五千元以上的,并处违法所得二倍以上五倍以下的罚款;没有违法所得或者违法所得不足五千元的,并处五千元以上二万元以下的罚款;情节严重的,由原认可或者批准机关取消其相应的资格;对直接负责的主管人员和其他直接责任人员,依法给予降级、撤职或者开除的处分;构成犯罪的,依法追究刑事责任:

(一)超出资质认可或者批准范围从事职业卫生技术服务或者职业健康检查、职业病诊断的;

(二)不按照本法规定履行法定职责的;

（三）出具虚假证明文件的。

第八十一条　职业病诊断鉴定委员会组成人员收受职业病诊断争议当事人的财物或者其他好处的，给予警告，没收收受的财物，可以并处三千元以上五万元以下的罚款，取消其担任职业病诊断鉴定委员会组成人员的资格，并从省、自治区、直辖市人民政府卫生行政部门设立的专家库中予以除名。

第八十二条　卫生行政部门、安全生产监督管理部门不按照规定报告职业病和职业病危害事故的，由上一级行政部门责令改正，通报批评，给予警告；虚报、瞒报的，对单位负责人、直接负责的主管人员和其他直接责任人员依法给予降级、撤职或者开除的处分。

第八十三条　县级以上地方人民政府在职业病防治工作中未依照本法履行职责，本行政区域出现重大职业病危害事故、造成严重社会影响的，依法对直接负责的主管人员和其他直接责任人员给予记大过直至开除的处分。

县级以上人民政府职业卫生监督管理部门不履行本法规定的职责，滥用职权、玩忽职守、徇私舞弊，依法对直接负责的主管人员和其他直接责任人员给予记大过或者降级的处分；造成职业病危害事故或者其他严重后果的，依法给予撤职或者开除的处分。

第八十四条　违反本法规定，构成犯罪的，依法追究刑事责任。

第七章　附　　则

第八十五条　本法下列用语的含义：

职业病危害，是指对从事职业活动的劳动者可能导致职业病的各种危害。职业病危害因素包括：职业活动中存在的各种有害的化学、物理、生物因素以及在作业过程中产生的其他职业有害因素。

职业禁忌，是指劳动者从事特定职业或者接触特定职业病危害因素时，比一般职业人群更易于遭受职业病危害和罹患职业病或者可能导致原有自身疾病病情加重，或者在从事作业过程中诱发可能导致对他人生命健康构成危险的疾病的个人特殊生理或者病理状态。

第八十六条 本法第二条规定的用人单位以外的单位，产生职业病危害的，其职业病防治活动可以参照本法执行。

劳务派遣用工单位应当履行本法规定的用人单位的义务。

中国人民解放军参照执行本法的办法，由国务院、中央军事委员会制定。

第八十七条 对医疗机构放射性职业病危害控制的监督管理，由卫生行政部门依照本法的规定实施。

第八十八条 本法自 2002 年 5 月 1 日起施行。

社会保险费征缴暂行条例

(1999年1月22日 中华人民共和国国务院令第259号)

第一章 总 则

第一条 为了加强和规范社会保险费征缴工作,保障社会保险金的发放,制定本条例。

第二条 基本养老保险费、基本医疗保险费、失业保险费(以下统称社会保险费)的征收、缴纳,适用本条例。

本条例所称缴费单位、缴费个人,是指依照有关法律、行政法规和国务院的规定,应当缴纳社会保险费的单位和个人。

第三条 基本养老保险费的征缴范围:国有企业、城镇集体企业、外商投资企业、城镇私营企业和其他城镇企业及其职工,实行企业化管理的事业单位及其职工。

基本医疗保险费的征缴范围:国有企业、城镇集体企业、外商投资企业、城镇私营企业和其他城镇企业及其职工,国家机关及其工作人员,事业单位及其职工,民办非企业单位及其职工,社会团体及其专职人员。

失业保险费的征缴范围:国有企业、城镇集体企业、外商投资企业、城镇私营企业和其他城镇企业及其职工,事业单位及其职工。

省、自治区、直辖市人民政府根据当地实际情况,可以规定将城镇个体工商户纳入基本养老保险、基本医疗保险的范围,并可以规定将社会团体及其专职人员、民办非企业单位及其职工以及有雇工的城镇个体工商户及其雇工纳入失业保险的范围。

社会保险费的费基、费率依照有关法律、行政法规和国务院的规定执行。

第四条 缴费单位、缴费个人应当按时足额缴纳社会保险费。

征缴的社会保险费纳入社会保险基金，专款专用，任何单位和个人不得挪用。

第五条 国务院劳动保障行政部门负责全国的社会保险费征缴管理和监督检查工作。县级以上地方各级人民政府劳动保障行政部门负责本行政区域内的社会保险费征缴管理和监督检查工作。

第六条 社会保险费实行三项社会保险费集中、统一征收。社会保险费的征收机构由省、自治区、直辖市人民政府规定，可以由税务机关征收，也可以由劳动保障行政部门按照国务院规定设立的社会保险经办机构（以下简称社会保险经办机构）征收。

第二章 征缴管理

第七条 缴费单位必须向当地社会保险经办机构办理社会保险登记，参加社会保险。

登记事项包括：单位名称、住所、经营地点、单位类型、法定代表人或者负责人、开户银行账号以及国务院劳动保障行政部门规定的其他事项。

第八条 本条例施行前已经参加社会保险的缴费单位，应当自本条例施行之日起6个月内到当地社会保险经办机构补办社会保险登记，由社会保险经办机构发给社会保险登记证件。

本条例施行前尚未参加社会保险的缴费单位应当自本条例施行之日起30日内，本条例施行后成立的缴费单位应当自成立之日起30日内，持营业执照或者登记证书等有关证件，到当地社会保险经办机构申请办理社会保险登记。社会保险经办机构审核后，发给社会保险登记证件。

社会保险登记证件不得伪造、变造。

社会保险登记证件的样式由国务院劳动保障行政部门制定。

第九条 缴费单位的社会保险登记事项发生变更或者缴费单位依法终止的，应当自变更或者终止之日起30日内，到社会保险经办机构办理变更或者注销社会保险登记手续。

第十条 缴费单位必须按月向社会保险经办机构申报应缴纳的社会保险费数额，经社会保险经办机构核定后，在规定的期限内缴纳社会保险费。

缴费单位不按规定申报应缴纳的社会保险费数额的，由社会保险经办机构暂按该单位上月缴费数额的百分之一百一十确定应缴数额；没有上月缴费数额的，由社会保险经办机构暂按该单位的经营状况、职工人数等有关情况确定应缴数额。缴费单位补办申报手续并按核定数额缴纳社会保险费后，由社会保险经办机构按照规定结算。

第十一条 省、自治区、直辖市人民政府规定由税务机关征收社会保险费的，社会保险经办机构应当及时向税务机关提供缴费单位社会保险登记、变更登记、注销登记以及缴费申报的情况。

第十二条 缴费单位和缴费个人应当以货币形式全额缴纳社会保险费。

缴费个人应当缴纳的社会保险费，由所在单位从其本人工资中代扣代缴。

社会保险费不得减免。

第十三条 缴费单位未按规定缴纳和代扣代缴社会保险费的，由劳动保障行政部门或者税务机关责令限期缴纳；逾期仍不缴纳的，除补缴欠缴数额外，从欠缴之日起，按日加收千分之二的滞纳金。滞纳金并入社会保险基金。

第十四条 征收的社会保险费存入财政部门在国有商业银行开设的社会保障基金财政专户。

社会保险基金按照不同险种的统筹范围，分别建立基本养老保险基金、基本医疗保险基金、失业保险基金。各项社会保险基金分别单独核算。

社会保险基金不计征税、费。

第十五条 省、自治区、直辖市人民政府规定由税务机关征收社会保险费的，税务机关应当及时向社会保险经办机构提供缴费单位和缴费个人的缴费情况；社会保险经办机构应当将有关情况汇总，报劳动保障行政部门。

第十六条 社会保险经办机构应当建立缴费记录，其中基本养老保险、基本医疗保险并应当按照规定记录个人账户。社会保险经办机构负责保存缴费记录，并保证其完整、安全。社会保险经办机构应当至少每年向缴费个人发送一次基本养老保险、基本医疗保险个人账户通知单。

缴费单位、缴费个人有权按照规定查询缴费记录。

第三章 监督检查

第十七条 缴费单位应当每年向本单位职工公布本单位全年社会保险费缴纳情况，接受职工监督。

社会保险经办机构应当定期向社会公告社会保险费征收情况，接受社会监督。

第十八条 按照省、自治区、直辖市人民政府关于社会保险费征缴机构的规定，劳动保障行政部门或者税务机关依法对单位缴费情况进行检查时，被检查的单位应当提供与缴纳社会保险费有关的用人情况、工资表、财务报表等资料，如实反映情况，不得拒绝检查，不得谎报、瞒报。劳动保障行政部门或者税务机关可以记录、录音、录像、照相和复制有关资料；但是，应当为缴费单位保密。

劳动保障行政部门、税务机关的工作人员在行使前款所列职权时，应当出示执行公务证件。

第十九条　劳动保障行政部门或者税务机关调查社会保险费征缴违法案件时，有关部门、单位应当给予支持、协助。

第二十条　社会保险经办机构受劳动保障行政部门的委托，可以进行与社会保险费征缴有关的检查、调查工作。

第二十一条　任何组织和个人对有关社会保险费征缴的违法行为，有权举报。劳动保障行政部门或者税务机关对举报应当及时调查，按照规定处理，并为举报人保密。

第二十二条　社会保险基金实行收支两条线管理，由财政部门依法进行监督。

审计部门依法对社会保险基金的收支情况进行监督。

第四章　罚　　则

第二十三条　缴费单位未按照规定办理社会保险登记、变更登记或者注销登记，或者未按照规定申报应缴纳的社会保险费数额的，由劳动保障行政部门责令限期改正；情节严重的，对直接负责的主管人员和其他直接责任人员可以处 1 000 元以上 5 000 元以下的罚款；情节特别严重的，对直接负责的主管人员和其他直接责任人员可以处 5 000 元以上 10 000 元以下的罚款。

第二十四条　缴费单位违反有关财务、会计、统计的法律、行政法规和国家有关规定，伪造、变造、故意毁灭有关账册、材料，或者不设账册，致使社会保险费缴费基数无法确定的，除依照有关法律、行政法规的规定给予行政处罚、纪律处分、刑事处罚外，依照本条例第十条的规定征缴；迟延缴纳的，由劳动保障行政部门或者税务机关依照第十三条的规定决定加收滞纳金，并对直接负责的主管人员和其他直接责任人员处 5 000 元以上 20 000 元以下的罚款。

第二十五条　缴费单位和缴费个人对劳动保障行政部门或者税务机关的处罚决定不服的，可以依法申请复议；对复议决定不服的，可以依法提起诉讼。

第二十六条　缴费单位逾期拒不缴纳社会保险费、滞纳金的，由劳动保障行政部门或者税务机关申请人民法院依法强制征缴。

第二十七条　劳动保障行政部门、社会保险经办机构或者税务机关的工作人员滥用职权、徇私舞弊、玩忽职守，致使社会保险费流失的，由劳动保障行政部门或者税务机关追回流失的社会保险费；构成犯罪的，依法追究刑事责任；尚不构成犯罪的，依法给予行政处分。

第二十八条　任何单位、个人挪用社会保险基金的，追回被挪用的社会保险基金；有违法所得的，没收违法所得，并入社会保险基金；构成犯罪的，依法追究刑事责任；尚不构成犯罪的，对直接负责的主管人员和其他直接责任人员依法给予行政处分。

第五章　附　　则

第二十九条　省、自治区、直辖市人民政府根据本地实际情况，可以决定本条例适用于本行政区域内工伤保险费和生育保险费的征收、缴纳。

第三十条　税务机关、社会保险经办机构征收社会保险费，不得从社会保险基金中提取任何费用，所需经费列入预算，由财政拨付。

第三十一条　本条例自发布之日起施行。

劳动保障监察条例

(2004年11月1日 中华人民共和国国务院令第423号)

第一章 总 则

第一条 为了贯彻实施劳动和社会保障（以下称劳动保障）法律、法规和规章，规范劳动保障监察工作，维护劳动者的合法权益，根据劳动法和有关法律，制定本条例。

第二条 对企业和个体工商户（以下称用人单位）进行劳动保障监察，适用本条例。

对职业介绍机构、职业技能培训机构和职业技能考核鉴定机构进行劳动保障监察，依照本条例执行。

第三条 国务院劳动保障行政部门主管全国的劳动保障监察工作。县级以上地方各级人民政府劳动保障行政部门主管本行政区域内的劳动保障监察工作。

县级以上各级人民政府有关部门根据各自职责，支持、协助劳动保障行政部门的劳动保障监察工作。

第四条 县级、设区的市级人民政府劳动保障行政部门可以委托符合监察执法条件的组织实施劳动保障监察。

劳动保障行政部门和受委托实施劳动保障监察的组织中的劳动保障监察员应当经过相应的考核或者考试录用。

劳动保障监察证件由国务院劳动保障行政部门监制。

第五条 县级以上地方各级人民政府应当加强劳动保障监察工作。劳动保障监察所需经费列入本级财政预算。

第六条 用人单位应当遵守劳动保障法律、法规和规章，接受并配合劳动保障监察。

第七条 各级工会依法维护劳动者的合法权益，对用人单位遵守劳动保障法律、法规和规章的情况进行监督。

劳动保障行政部门在劳动保障监察工作中应当注意听取工会组织的意见和建议。

第八条 劳动保障监察遵循公正、公开、高效、便民的原则。

实施劳动保障监察，坚持教育与处罚相结合，接受社会监督。

第九条 任何组织或者个人对违反劳动保障法律、法规或者规章的行为，有权向劳动保障行政部门举报。

劳动者认为用人单位侵犯其劳动保障合法权益的，有权向劳动保障行政部门投诉。

劳动保障行政部门应当为举报人保密；对举报属实，为查处重大违反劳动保障法律、法规或者规章的行为提供主要线索和证据的举报人，给予奖励。

第二章 劳动保障监察职责

第十条 劳动保障行政部门实施劳动保障监察，履行下列职责：

（一）宣传劳动保障法律、法规和规章，督促用人单位贯彻执行；

（二）检查用人单位遵守劳动保障法律、法规和规章的情况；

（三）受理对违反劳动保障法律、法规或者规章的行为的举报、投诉；

（四）依法纠正和查处违反劳动保障法律、法规或者规章的行为。

第十一条 劳动保障行政部门对下列事项实施劳动保障监察：

（一）用人单位制定内部劳动保障规章制度的情况；

（二）用人单位与劳动者订立劳动合同的情况；

（三）用人单位遵守禁止使用童工规定的情况；

（四）用人单位遵守女职工和未成年工特殊劳动保护规定的情况；

（五）用人单位遵守工作时间和休息休假规定的情况；

（六）用人单位支付劳动者工资和执行最低工资标准的情况；

（七）用人单位参加各项社会保险和缴纳社会保险费的情况；

（八）职业介绍机构、职业技能培训机构和职业技能考核鉴定机构遵守国家有关职业介绍、职业技能培训和职业技能考核鉴定的规定的情况；

（九）法律、法规规定的其他劳动保障监察事项。

第十二条　劳动保障监察员依法履行劳动保障监察职责，受法律保护。

劳动保障监察员应当忠于职守，秉公执法，勤政廉洁，保守秘密。

任何组织或者个人对劳动保障监察员的违法违纪行为，有权向劳动保障行政部门或者有关机关检举、控告。

第三章　劳动保障监察的实施

第十三条　对用人单位的劳动保障监察，由用人单位用工所在地的县级或者设区的市级劳动保障行政部门管辖。

上级劳动保障行政部门根据工作需要，可以调查处理下级劳动保障行政部门管辖的案件。劳动保障行政部门对劳动保障监察管辖发生争议的，报请共同的上一级劳动保障行政部门指定管辖。

省、自治区、直辖市人民政府可以对劳动保障监察的管辖制定具体办法。

第十四条　劳动保障监察以日常巡视检查、审查用人单位按照要求报送的书面材料以及接受举报投诉等形式进行。

劳动保障行政部门认为用人单位有违反劳动保障法律、法规或者规章的行为,需要进行调查处理的,应当及时立案。

劳动保障行政部门或者受委托实施劳动保障监察的组织应当设立举报、投诉信箱和电话。

对因违反劳动保障法律、法规或者规章的行为引起的群体性事件,劳动保障行政部门应当根据应急预案,迅速会同有关部门处理。

第十五条 劳动保障行政部门实施劳动保障监察,有权采取下列调查、检查措施:

(一)进入用人单位的劳动场所进行检查;

(二)就调查、检查事项询问有关人员;

(三)要求用人单位提供与调查、检查事项相关的文件资料,并作出解释和说明,必要时可以发出调查询问书;

(四)采取记录、录音、录像、照相或者复制等方式收集有关情况和资料;

(五)委托会计师事务所对用人单位工资支付、缴纳社会保险费的情况进行审计;

(六)法律、法规规定可以由劳动保障行政部门采取的其他调查、检查措施。

劳动保障行政部门对事实清楚、证据确凿、可以当场处理的违反劳动保障法律、法规或者规章的行为有权当场予以纠正。

第十六条 劳动保障监察员进行调查、检查,不得少于2人,并应当佩戴劳动保障监察标志、出示劳动保障监察证件。

劳动保障监察员办理的劳动保障监察事项与本人或者其近亲属有直接利害关系的,应当回避。

第十七条 劳动保障行政部门对违反劳动保障法律、法规或者规章的行为的调查,应当自立案之日起60个工作日内完成;对情况复杂的,经劳动保障行政部门负责人批准,可以延长30个工作日。

第十八条 劳动保障行政部门对违反劳动保障法律、法规或者规章的行为，根据调查、检查的结果，作出以下处理：

（一）对依法应当受到行政处罚的，依法作出行政处罚决定；

（二）对应当改正未改正的，依法责令改正或者作出相应的行政处理决定；

（三）对情节轻微且已改正的，撤销立案。

发现违法案件不属于劳动保障监察事项的，应当及时移送有关部门处理；涉嫌犯罪的，应当依法移送司法机关。

第十九条 劳动保障行政部门对违反劳动保障法律、法规或者规章的行为作出行政处罚或者行政处理决定前，应当听取用人单位的陈述、申辩；作出行政处罚或者行政处理决定，应当告知用人单位依法享有申请行政复议或者提起行政诉讼的权利。

第二十条 违反劳动保障法律、法规或者规章的行为在2年内未被劳动保障行政部门发现，也未被举报、投诉的，劳动保障行政部门不再查处。

前款规定的期限，自违反劳动保障法律、法规或者规章的行为发生之日起计算；违反劳动保障法律、法规或者规章的行为有连续或者继续状态的，自行为终了之日起计算。

第二十一条 用人单位违反劳动保障法律、法规或者规章，对劳动者造成损害的，依法承担赔偿责任。劳动者与用人单位就赔偿发生争议的，依照国家有关劳动争议处理的规定处理。

对应当通过劳动争议处理程序解决的事项或者已经按照劳动争议处理程序申请调解、仲裁或者已经提起诉讼的事项，劳动保障行政部门应当告知投诉人依照劳动争议处理或者诉讼的程序办理。

第二十二条 劳动保障行政部门应当建立用人单位劳动保障守法诚信档案。用人单位有重大违反劳动保障法律、法规或者规章的行为的，由有关的劳动保障行政部门向社会公布。

第四章 法律责任

第二十三条 用人单位有下列行为之一的,由劳动保障行政部门责令改正,按照受侵害的劳动者每人 1 000 元以上 5 000 元以下的标准计算,处以罚款:

(一)安排女职工从事矿山井下劳动、国家规定的第四级体力劳动强度的劳动或者其他禁忌从事的劳动的;

(二)安排女职工在经期从事高处、低温、冷水作业或者国家规定的第三级体力劳动强度的劳动的;

(三)安排女职工在怀孕期间从事国家规定的第三级体力劳动强度的劳动或者孕期禁忌从事的劳动的;

(四)安排怀孕 7 个月以上的女职工夜班劳动或者延长其工作时间的;

(五)女职工生育享受产假少于 90 天的;

(六)安排女职工在哺乳未满 1 周岁的婴儿期间从事国家规定的第三级体力劳动强度的劳动或者哺乳期禁忌从事的其他劳动,以及延长其工作时间或者安排其夜班劳动的;

(七)安排未成年工从事矿山井下、有毒有害、国家规定的第四级体力劳动强度的劳动或者其他禁忌从事的劳动的;

(八)未对未成年工定期进行健康检查的。

第二十四条 用人单位与劳动者建立劳动关系不依法订立劳动合同的,由劳动保障行政部门责令改正。

第二十五条 用人单位违反劳动保障法律、法规或者规章延长劳动者工作时间的,由劳动保障行政部门给予警告,责令限期改正,并可以按照受侵害的劳动者每人 100 元以上 500 元以下的标准计算,处以罚款。

第二十六条 用人单位有下列行为之一的,由劳动保障行政部门分别责令限期支付劳动者的工资报酬、劳动者工资低于当地最低工资标准的差额或者解除劳动合同的经济补偿；逾期不支付的，责令用人单位按照应付金额50％以上1倍以下的标准计算，向劳动者加付赔偿金：

（一）克扣或者无故拖欠劳动者工资报酬的；

（二）支付劳动者的工资低于当地最低工资标准的；

（三）解除劳动合同未依法给予劳动者经济补偿的。

第二十七条　用人单位向社会保险经办机构申报应缴纳的社会保险费数额时，瞒报工资总额或者职工人数的，由劳动保障行政部门责令改正，并处瞒报工资数额1倍以上3倍以下的罚款。

骗取社会保险待遇或者骗取社会保险基金支出的，由劳动保障行政部门责令退还，并处骗取金额1倍以上3倍以下的罚款；构成犯罪的，依法追究刑事责任。

第二十八条　职业介绍机构、职业技能培训机构或者职业技能考核鉴定机构违反国家有关职业介绍、职业技能培训或者职业技能考核鉴定的规定的，由劳动保障行政部门责令改正，没收违法所得，并处1万元以上5万元以下的罚款；情节严重的，吊销许可证。

未经劳动保障行政部门许可，从事职业介绍、职业技能培训或者职业技能考核鉴定的组织或者个人，由劳动保障行政部门、工商行政管理部门依照国家有关无照经营查处取缔的规定查处取缔。

第二十九条　用人单位违反《中华人民共和国工会法》，有下列行为之一的，由劳动保障行政部门责令改正：

（一）阻挠劳动者依法参加和组织工会，或者阻挠上级工会帮助、指导劳动者筹建工会的；

（二）无正当理由调动依法履行职责的工会工作人员的工作岗位，进行打击报复的；

（三）劳动者因参加工会活动而被解除劳动合同的；

（四）工会工作人员因依法履行职责被解除劳动合同的。

第三十条 有下列行为之一的，由劳动保障行政部门责令改正；对有第（一）项、第（二）项或者第（三）项规定的行为的，处 2 000 元以上 2 万元以下的罚款：

（一）无理抗拒、阻挠劳动保障行政部门依照本条例的规定实施劳动保障监察的；

（二）不按照劳动保障行政部门的要求报送书面材料，隐瞒事实真相，出具伪证或者隐匿、毁灭证据的；

（三）经劳动保障行政部门责令改正拒不改正，或者拒不履行劳动保障行政部门的行政处理决定的；

（四）打击报复举报人、投诉人的。

违反前款规定，构成违反治安管理行为的，由公安机关依法给予治安管理处罚；构成犯罪的，依法追究刑事责任。

第三十一条 劳动保障监察员滥用职权、玩忽职守、徇私舞弊或者泄露在履行职责过程中知悉的商业秘密的，依法给予行政处分；构成犯罪的，依法追究刑事责任。

劳动保障行政部门和劳动保障监察员违法行使职权，侵犯用人单位或者劳动者的合法权益的，依法承担赔偿责任。

第三十二条 属于本条例规定的劳动保障监察事项，法律、其他行政法规对处罚另有规定的，从其规定。

第五章　附　　则

第三十三条 对无营业执照或者已被依法吊销营业执照，有劳动用工行为的，由劳动保障行政部门依照本条例实施劳动保障监察，并及时通报工商行政管理部门予以查处取缔。

第三十四条 国家机关、事业单位、社会团体执行劳动保障法律、法规和规章的情况，由劳动保障行政部门根据其职责，依照本条例实施劳动保障监察。

第三十五条 劳动安全卫生的监督检查,由卫生部门、安全生产监督管理部门、特种设备安全监督管理部门等有关部门依照有关法律、行政法规的规定执行。

第三十六条 本条例自 2004 年 12 月 1 日起施行。

生产安全事故报告和调查处理条例

(2007年4月9日 中华人民共和国国务院令第493号)

第一章 总　　则

第一条 为了规范生产安全事故的报告和调查处理，落实生产安全事故责任追究制度，防止和减少生产安全事故，根据《中华人民共和国安全生产法》和有关法律，制定本条例。

第二条 生产经营活动中发生的造成人身伤亡或者直接经济损失的生产安全事故的报告和调查处理，适用本条例；环境污染事故、核设施事故、国防科研生产事故的报告和调查处理不适用本条例。

第三条 根据生产安全事故（以下简称事故）造成的人员伤亡或者直接经济损失，事故一般分为以下等级：

（一）特别重大事故，是指造成30人以上死亡，或者100人以上重伤（包括急性工业中毒，下同），或者1亿元以上直接经济损失的事故；

（二）重大事故，是指造成10人以上30人以下死亡，或者50人以上100人以下重伤，或者5 000万元以上1亿元以下直接经济损失的事故；

（三）较大事故，是指造成3人以上10人以下死亡，或者10人以上50人以下重伤，或者1 000万元以上5 000万元以下直接经济损失的事故；

（四）一般事故，是指造成3人以下死亡，或者10人以下重伤，或者 1 000 万元以下直接经济损失的事故。

国务院安全生产监督管理部门可以会同国务院有关部门，制定事故等级划分的补充性规定。

本条第一款所称的"以上"包括本数，所称的"以下"不包括本数。

第四条 事故报告应当及时、准确、完整，任何单位和个人对事故不得迟报、漏报、谎报或者瞒报。

事故调查处理应当坚持实事求是、尊重科学的原则，及时、准确地查清事故经过、事故原因和事故损失，查明事故性质，认定事故责任，总结事故教训，提出整改措施，并对事故责任者依法追究责任。

第五条 县级以上人民政府应当依照本条例的规定，严格履行职责，及时、准确地完成事故调查处理工作。

事故发生地有关地方人民政府应当支持、配合上级人民政府或者有关部门的事故调查处理工作，并提供必要的便利条件。

参加事故调查处理的部门和单位应当互相配合，提高事故调查处理工作的效率。

第六条 工会依法参加事故调查处理，有权向有关部门提出处理意见。

第七条 任何单位和个人不得阻挠和干涉对事故的报告和依法调查处理。

第八条 对事故报告和调查处理中的违法行为，任何单位和个人有权向安全生产监督管理部门、监察机关或者其他有关部门举报，接到举报的部门应当依法及时处理。

第二章 事 故 报 告

第九条 事故发生后，事故现场有关人员应当立即向本单位负责人报告；单位负责人接到报告后，应当于 1 小时内向事故发生地县级以上人民政府安全生产监督管理部门和负有安全生产监督管理职责的有关部门报告。

情况紧急时,事故现场有关人员可以直接向事故发生地县级以上人民政府安全生产监督管理部门和负有安全生产监督管理职责的有关部门报告。

第十条 安全生产监督管理部门和负有安全生产监督管理职责的有关部门接到事故报告后,应当依照下列规定上报事故情况,并通知公安机关、劳动保障行政部门、工会和人民检察院:

(一)特别重大事故、重大事故逐级上报至国务院安全生产监督管理部门和负有安全生产监督管理职责的有关部门;

(二)较大事故逐级上报至省、自治区、直辖市人民政府安全生产监督管理部门和负有安全生产监督管理职责的有关部门;

(三)一般事故上报至设区的市级人民政府安全生产监督管理部门和负有安全生产监督管理职责的有关部门。

安全生产监督管理部门和负有安全生产监督管理职责的有关部门依照前款规定上报事故情况,应当同时报告本级人民政府。国务院安全生产监督管理部门和负有安全生产监督管理职责的有关部门以及省级人民政府接到发生特别重大事故、重大事故的报告后,应当立即报告国务院。

必要时,安全生产监督管理部门和负有安全生产监督管理职责的有关部门可以越级上报事故情况。

第十一条 安全生产监督管理部门和负有安全生产监督管理职责的有关部门逐级上报事故情况,每级上报的时间不得超过 2 小时。

第十二条 报告事故应当包括下列内容:

(一)事故发生单位概况;

(二)事故发生的时间、地点以及事故现场情况;

(三)事故的简要经过;

（四）事故已经造成或者可能造成的伤亡人数（包括下落不明的人数）和初步估计的直接经济损失；

（五）已经采取的措施；

（六）其他应当报告的情况。

第十三条 事故报告后出现新情况的，应当及时补报。

自事故发生之日起 30 日内，事故造成的伤亡人数发生变化的，应当及时补报。道路交通事故、火灾事故自发生之日起 7 日内，事故造成的伤亡人数发生变化的，应当及时补报。

第十四条 事故发生单位负责人接到事故报告后，应当立即启动事故相应应急预案，或者采取有效措施，组织抢救，防止事故扩大，减少人员伤亡和财产损失。

第十五条 事故发生地有关地方人民政府、安全生产监督管理部门和负有安全生产监督管理职责的有关部门接到事故报告后，其负责人应当立即赶赴事故现场，组织事故救援。

第十六条 事故发生后，有关单位和人员应当妥善保护事故现场以及相关证据，任何单位和个人不得破坏事故现场、毁灭相关证据。

因抢救人员、防止事故扩大以及疏通交通等原因，需要移动事故现场物件的，应当做出标志，绘制现场简图并做出书面记录，妥善保存现场重要痕迹、物证。

第十七条 事故发生地公安机关根据事故的情况，对涉嫌犯罪的，应当依法立案侦查，采取强制措施和侦查措施。犯罪嫌疑人逃匿的，公安机关应当迅速追捕归案。

第十八条 安全生产监督管理部门和负有安全生产监督管理职责的有关部门应当建立值班制度，并向社会公布值班电话，受理事故报告和举报。

第三章 事故调查

第十九条 特别重大事故由国务院或者国务院授权有关部门组织事故调查组进行调查。

重大事故、较大事故、一般事故分别由事故发生地省级人民政府、设区的市级人民政府、县级人民政府负责调查。省级人民政府、设区的市级人民政府、县级人民政府可以直接组织事故调查组进行调查,也可以授权或者委托有关部门组织事故调查组进行调查。

未造成人员伤亡的一般事故,县级人民政府也可以委托事故发生单位组织事故调查组进行调查。

第二十条 上级人民政府认为必要时,可以调查由下级人民政府负责调查的事故。

自事故发生之日起30日内(道路交通事故、火灾事故自发生之日起7日内),因事故伤亡人数变化导致事故等级发生变化,依照本条例规定应当由上级人民政府负责调查的,上级人民政府可以另行组织事故调查组进行调查。

第二十一条 特别重大事故以下等级事故,事故发生地与事故发生单位不在同一个县级以上行政区域的,由事故发生地人民政府负责调查,事故发生单位所在地人民政府应当派人参加。

第二十二条 事故调查组的组成应当遵循精简、效能的原则。

根据事故的具体情况,事故调查组由有关人民政府、安全生产监督管理部门、负有安全生产监督管理职责的有关部门、监察机关、公安机关以及工会派人组成,并应当邀请人民检察院派人参加。

事故调查组可以聘请有关专家参与调查。

第二十三条 事故调查组成员应当具有事故调查所需要的知识和专长,并与所调查的事故没有直接利害关系。

第二十四条 事故调查组组长由负责事故调查的人民政府指定。事故调查组组长主持事故调查组的工作。

第二十五条 事故调查组履行下列职责：

（一）查明事故发生的经过、原因、人员伤亡情况及直接经济损失；

（二）认定事故的性质和事故责任；

（三）提出对事故责任者的处理建议；

（四）总结事故教训，提出防范和整改措施；

（五）提交事故调查报告。

第二十六条 事故调查组有权向有关单位和个人了解与事故有关的情况，并要求其提供相关文件、资料，有关单位和个人不得拒绝。

事故发生单位的负责人和有关人员在事故调查期间不得擅离职守，并应当随时接受事故调查组的询问，如实提供有关情况。

事故调查中发现涉嫌犯罪的，事故调查组应当及时将有关材料或者其复印件移交司法机关处理。

第二十七条 事故调查中需要进行技术鉴定的，事故调查组应当委托具有国家规定资质的单位进行技术鉴定。必要时，事故调查组可以直接组织专家进行技术鉴定。技术鉴定所需时间不计入事故调查期限。

第二十八条 事故调查组成员在事故调查工作中应当诚信公正、恪尽职守，遵守事故调查组的纪律，保守事故调查的秘密。

未经事故调查组组长允许，事故调查组成员不得擅自发布有关事故的信息。

第二十九条 事故调查组应当自事故发生之日起60日内提交事故调查报告；特殊情况下，经负责事故调查的人民政府批准，提交事故调查报告的期限可以适当延长，但延长的期限最长不超过60日。

第三十条 事故调查报告应当包括下列内容：

（一）事故发生单位概况；

（二）事故发生经过和事故救援情况；

（三）事故造成的人员伤亡和直接经济损失；

（四）事故发生的原因和事故性质；

（五）事故责任的认定以及对事故责任者的处理建议；

（六）事故防范和整改措施。

事故调查报告应当附具有关证据材料。事故调查组成员应当在事故调查报告上签名。

第三十一条 事故调查报告报送负责事故调查的人民政府后，事故调查工作即告结束。事故调查的有关资料应当归档保存。

第四章 事 故 处 理

第三十二条 重大事故、较大事故、一般事故，负责事故调查的人民政府应当自收到事故调查报告之日起 15 日内做出批复；特别重大事故，30 日内做出批复，特殊情况下，批复时间可以适当延长，但延长的时间最长不超过 30 日。

有关机关应当按照人民政府的批复，依照法律、行政法规规定的权限和程序，对事故发生单位和有关人员进行行政处罚，对负有事故责任的国家工作人员进行处分。

事故发生单位应当按照负责事故调查的人民政府的批复，对本单位负有事故责任的人员进行处理。

负有事故责任的人员涉嫌犯罪的，依法追究刑事责任。

第三十三条 事故发生单位应当认真吸取事故教训，落实防范和整改措施，防止事故再次发生。防范和整改措施的落实情况应当接受工会和职工的监督。

安全生产监督管理部门和负有安全生产监督管理职责的有关部门应当对事故发生单位落实防范和整改措施的情况进行监督检查。

第三十四条　事故处理的情况由负责事故调查的人民政府或者其授权的有关部门、机构向社会公布，依法应当保密的除外。

第五章　法　律　责　任

第三十五条　事故发生单位主要负责人有下列行为之一的，处上一年年收入40％至80％的罚款；属于国家工作人员的，并依法给予处分；构成犯罪的，依法追究刑事责任：

（一）不立即组织事故抢救的；

（二）迟报或者漏报事故的；

（三）在事故调查处理期间擅离职守的。

第三十六条　事故发生单位及其有关人员有下列行为之一的，对事故发生单位处100万元以上500万元以下的罚款；对主要负责人、直接负责的主管人员和其他直接责任人员处上一年年收入60％至100％的罚款；属于国家工作人员的，并依法给予处分；构成违反治安管理行为的，由公安机关依法给予治安管理处罚；构成犯罪的，依法追究刑事责任：

（一）谎报或者瞒报事故的；

（二）伪造或者故意破坏事故现场的；

（三）转移、隐匿资金、财产，或者销毁有关证据、资料的；

（四）拒绝接受调查或者拒绝提供有关情况和资料的；

（五）在事故调查中作伪证或者指使他人作伪证的；

（六）事故发生后逃匿的。

第三十七条　事故发生单位对事故发生负有责任的，依照下列规定处以罚款：

（一）发生一般事故的，处10万元以上20万元以下的罚款；

（二）发生较大事故的，处20万元以上50万元以下的罚款；

（三）发生重大事故的，处50万元以上200万元以下的罚款；

（四）发生特别重大事故的，处200万元以上500万元以下的罚款。

第三十八条 事故发生单位主要负责人未依法履行安全生产管理职责,导致事故发生的,依照下列规定处以罚款;属于国家工作人员的,并依法给予处分;构成犯罪的,依法追究刑事责任:

(一)发生一般事故的,处上一年年收入30%的罚款;

(二)发生较大事故的,处上一年年收入40%的罚款;

(三)发生重大事故的,处上一年年收入60%的罚款;

(四)发生特别重大事故的,处上一年年收入80%的罚款。

第三十九条 有关地方人民政府、安全生产监督管理部门和负有安全生产监督管理职责的有关部门有下列行为之一的,对直接负责的主管人员和其他直接责任人员依法给予处分;构成犯罪的,依法追究刑事责任:

(一)不立即组织事故抢救的;

(二)迟报、漏报、谎报或者瞒报事故的;

(三)阻碍、干涉事故调查工作的;

(四)在事故调查中作伪证或者指使他人作伪证的。

第四十条 事故发生单位对事故发生负有责任的,由有关部门依法暂扣或者吊销其有关证照;对事故发生单位负有事故责任的有关人员,依法暂停或者撤销其与安全生产有关的执业资格、岗位证书;事故发生单位主要负责人受到刑事处罚或者撤职处分的,自刑罚执行完毕或受处分之日起,5年内不得担任任何生产经营单位的主要负责人。

为发生事故的单位提供虚假证明的中介机构,由有关部门依法暂扣或者吊销其有关证照及其相关人员的执业资格;构成犯罪的,依法追究刑事责任。

第四十一条 参与事故调查的人员在事故调查中有下列行为之一的,依法给予处分;构成犯罪的,依法追究刑事责任:

(一)对事故调查工作不负责任,致使事故调查工作有重大疏漏的；

（二）包庇、袒护负有事故责任的人员或者借机打击报复的。

第四十二条　违反本条例规定，有关地方人民政府或者有关部门故意拖延或者拒绝落实经批复的对事故责任人的处理意见的，由监察机关对有关责任人员依法给予处分。

第四十三条　本条例规定的罚款的行政处罚，由安全生产监督管理部门决定。

法律、行政法规对行政处罚的种类、幅度和决定机关另有规定的，依照其规定。

第六章　附　　则

第四十四条　没有造成人员伤亡，但是社会影响恶劣的事故，国务院或者有关地方人民政府认为需要调查处理的，依照本条例的有关规定执行。

国家机关、事业单位、人民团体发生的事故的报告和调查处理，参照本条例的规定执行。

第四十五条　特别重大事故以下等级事故的报告和调查处理，有关法律、行政法规或者国务院另有规定的，依照其规定。

第四十六条　本条例自2007年6月1日起施行。国务院1989年3月29日公布的《特别重大事故调查程序暂行规定》和1991年2月22日公布的《企业职工伤亡事故报告和处理规定》同时废止。

工伤保险条例

(2003年4月27日 中华人民共和国国务院令第375号 2010年12月20日修订)

第一章 总　　则

第一条 为了保障因工作遭受事故伤害或者患职业病的职工获得医疗救治和经济补偿，促进工伤预防和职业康复，分散用人单位的工伤风险，制定本条例。

第二条 中华人民共和国境内的企业、事业单位、社会团体、民办非企业单位、基金会、律师事务所、会计师事务所等组织和有雇工的个体工商户（以下称用人单位）应当依照本条例规定参加工伤保险，为本单位全部职工或者雇工（以下称职工）缴纳工伤保险费。

中华人民共和国境内的企业、事业单位、社会团体、民办非企业单位、基金会、律师事务所、会计师事务所等组织的职工和个体工商户的雇工，均有依照本条例的规定享受工伤保险待遇的权利。

第三条 工伤保险费的征缴按照《社会保险费征缴暂行条例》关于基本养老保险费、基本医疗保险费、失业保险费的征缴规定执行。

第四条 用人单位应当将参加工伤保险的有关情况在本单位内公示。

用人单位和职工应当遵守有关安全生产和职业病防治的法律法规，执行安全卫生规程和标准，预防工伤事故发生，避免和减少职业病危害。

职工发生工伤时,用人单位应当采取措施使工伤职工得到及时救治。

第五条 国务院社会保险行政部门负责全国的工伤保险工作。

县级以上地方各级人民政府社会保险行政部门负责本行政区域内的工伤保险工作。

社会保险行政部门按照国务院有关规定设立的社会保险经办机构(以下称经办机构)具体承办工伤保险事务。

第六条 社会保险行政部门等部门制定工伤保险的政策、标准,应当征求工会组织、用人单位代表的意见。

第二章 工伤保险基金

第七条 工伤保险基金由用人单位缴纳的工伤保险费、工伤保险基金的利息和依法纳入工伤保险基金的其他资金构成。

第八条 工伤保险费根据以支定收、收支平衡的原则,确定费率。

国家根据不同行业的工伤风险程度确定行业的差别费率,并根据工伤保险费使用、工伤发生率等情况在每个行业内确定若干费率档次。行业差别费率及行业内费率档次由国务院社会保险行政部门制定,报国务院批准后公布施行。

统筹地区经办机构根据用人单位工伤保险费使用、工伤发生率等情况,适用所属行业内相应的费率档次确定单位缴费费率。

第九条 国务院社会保险行政部门应当定期了解全国各统筹地区工伤保险基金收支情况,及时提出调整行业差别费率及行业内费率档次的方案,报国务院批准后公布施行。

第十条 用人单位应当按时缴纳工伤保险费。职工个人不缴纳工伤保险费。

用人单位缴纳工伤保险费的数额为本单位职工工资总额乘以单

位缴费费率之积。

对难以按照工资总额缴纳工伤保险费的行业,其缴纳工伤保险费的具体方式,由国务院社会保险行政部门规定。

第十一条 工伤保险基金逐步实行省级统筹。

跨地区、生产流动性较大的行业,可以采取相对集中的方式异地参加统筹地区的工伤保险。具体办法由国务院社会保险行政部门会同有关行业的主管部门制定。

第十二条 工伤保险基金存入社会保障基金财政专户,用于本条例规定的工伤保险待遇,劳动能力鉴定,工伤预防的宣传、培训等费用,以及法律、法规规定的用于工伤保险的其他费用的支付。

工伤预防费用的提取比例、使用和管理的具体办法,由国务院社会保险行政部门会同国务院财政、卫生行政、安全生产监督管理等部门规定。

任何单位或者个人不得将工伤保险基金用于投资运营、兴建或者改建办公场所、发放奖金,或者挪作其他用途。

第十三条 工伤保险基金应当留有一定比例的储备金,用于统筹地区重大事故的工伤保险待遇支付;储备金不足支付的,由统筹地区的人民政府垫付。储备金占基金总额的具体比例和储备金的使用办法,由省、自治区、直辖市人民政府规定。

第三章 工 伤 认 定

第十四条 职工有下列情形之一的,应当认定为工伤:

(一)在工作时间和工作场所内,因工作原因受到事故伤害的;

(二)工作时间前后在工作场所内,从事与工作有关的预备性或者收尾性工作受到事故伤害的;

(三)在工作时间和工作场所内,因履行工作职责受到暴力等意外伤害的;

(四)患职业病的;

（五）因工外出期间，由于工作原因受到伤害或者发生事故下落不明的；

（六）在上下班途中，受到非本人主要责任的交通事故或者城市轨道交通、客运轮渡、火车事故伤害的；

（七）法律、行政法规规定应当认定为工伤的其他情形。

第十五条　职工有下列情形之一的，视同工伤：

（一）在工作时间和工作岗位，突发疾病死亡或者在48小时之内经抢救无效死亡的；

（二）在抢险救灾等维护国家利益、公共利益活动中受到伤害的；

（三）职工原在军队服役，因战、因公负伤致残，已取得革命伤残军人证，到用人单位后旧伤复发的。

职工有前款第（一）项、第（二）项情形的，按照本条例的有关规定享受工伤保险待遇；职工有前款第（三）项情形的，按照本条例的有关规定享受除一次性伤残补助金以外的工伤保险待遇。

第十六条　职工符合本条例第十四条、第十五条的规定，但是有下列情形之一的，不得认定为工伤或者视同工伤：

（一）故意犯罪的；

（二）醉酒或者吸毒的；

（三）自残或者自杀的。

第十七条　职工发生事故伤害或者按照职业病防治法规定被诊断、鉴定为职业病，所在单位应当自事故伤害发生之日或者被诊断、鉴定为职业病之日起30日内，向统筹地区社会保险行政部门提出工伤认定申请。遇有特殊情况，经报社会保险行政部门同意，申请时限可以适当延长。

用人单位未按前款规定提出工伤认定申请的，工伤职工或者其近亲属、工会组织在事故伤害发生之日或者被诊断、鉴定为职业病之日起1年内，可以直接向用人单位所在地统筹地区社会保险行政部门提出工伤认定申请。

按照本条第一款规定应当由省级社会保险行政部门进行工伤认定的事项，根据属地原则由用人单位所在地的设区的市级社会保险行政部门办理。

用人单位未在本条第一款规定的时限内提交工伤认定申请，在此期间发生符合本条例规定的工伤待遇等有关费用由该用人单位负担。

第十八条 提出工伤认定申请应当提交下列材料：

（一）工伤认定申请表；

（二）与用人单位存在劳动关系（包括事实劳动关系）的证明材料；

（三）医疗诊断证明或者职业病诊断证明书（或者职业病诊断鉴定书）。

工伤认定申请表应当包括事故发生的时间、地点、原因以及职工伤害程度等基本情况。

工伤认定申请人提供材料不完整的，社会保险行政部门应当一次性书面告知工伤认定申请人需要补正的全部材料。申请人按照书面告知要求补正材料后，社会保险行政部门应当受理。

第十九条 社会保险行政部门受理工伤认定申请后，根据审核需要可以对事故伤害进行调查核实，用人单位、职工、工会组织、医疗机构以及有关部门应当予以协助。职业病诊断和诊断争议的鉴定，依照职业病防治法的有关规定执行。对依法取得职业病诊断证明书或者职业病诊断鉴定书的，社会保险行政部门不再进行调查核实。

职工或者其近亲属认为是工伤，用人单位不认为是工伤的，由用人单位承担举证责任。

第二十条 社会保险行政部门应当自受理工伤认定申请之日起60日内作出工伤认定的决定，并书面通知申请工伤认定的职工或者其近亲属和该职工所在单位。

社会保险行政部门对受理的事实清楚、权利义务明确的工伤认定申请,应当在15日内作出工伤认定的决定。

作出工伤认定决定需要以司法机关或者有关行政主管部门的结论为依据的,在司法机关或者有关行政主管部门尚未作出结论期间,作出工伤认定决定的时限中止。

社会保险行政部门工作人员与工伤认定申请人有利害关系的,应当回避。

第四章 劳动能力鉴定

第二十一条 职工发生工伤,经治疗伤情相对稳定后存在残疾、影响劳动能力的,应当进行劳动能力鉴定。

第二十二条 劳动能力鉴定是指劳动功能障碍程度和生活自理障碍程度的等级鉴定。

劳动功能障碍分为十个伤残等级,最重的为一级,最轻的为十级。

生活自理障碍分为三个等级:生活完全不能自理、生活大部分不能自理和生活部分不能自理。

劳动能力鉴定标准由国务院社会保险行政部门会同国务院卫生行政部门等部门制定。

第二十三条 劳动能力鉴定由用人单位、工伤职工或者其近亲属向设区的市级劳动能力鉴定委员会提出申请,并提供工伤认定决定和职工工伤医疗的有关资料。

第二十四条 省、自治区、直辖市劳动能力鉴定委员会和设区的市级劳动能力鉴定委员会分别由省、自治区、直辖市和设区的市级社会保险行政部门、卫生行政部门、工会组织、经办机构代表以及用人单位代表组成。

劳动能力鉴定委员会建立医疗卫生专家库。列入专家库的医疗卫生专业技术人员应当具备下列条件：

（一）具有医疗卫生高级专业技术职务任职资格；

（二）掌握劳动能力鉴定的相关知识；

（三）具有良好的职业品德。

第二十五条 设区的市级劳动能力鉴定委员会收到劳动能力鉴定申请后，应当从其建立的医疗卫生专家库中随机抽取3名或者5名相关专家组成专家组，由专家组提出鉴定意见。设区的市级劳动能力鉴定委员会根据专家组的鉴定意见作出工伤职工劳动能力鉴定结论；必要时，可以委托具备资格的医疗机构协助进行有关的诊断。

设区的市级劳动能力鉴定委员会应当自收到劳动能力鉴定申请之日起60日内作出劳动能力鉴定结论，必要时，作出劳动能力鉴定结论的期限可以延长30日。劳动能力鉴定结论应当及时送达申请鉴定的单位和个人。

第二十六条 申请鉴定的单位或者个人对设区的市级劳动能力鉴定委员会作出的鉴定结论不服的，可以在收到该鉴定结论之日起15日内向省、自治区、直辖市劳动能力鉴定委员会提出再次鉴定申请。省、自治区、直辖市劳动能力鉴定委员会作出的劳动能力鉴定结论为最终结论。

第二十七条 劳动能力鉴定工作应当客观、公正。劳动能力鉴定委员会组成人员或者参加鉴定的专家与当事人有利害关系的，应当回避。

第二十八条 自劳动能力鉴定结论作出之日起1年后，工伤职工或者其近亲属、所在单位或者经办机构认为伤残情况发生变化的，可以申请劳动能力复查鉴定。

第二十九条 劳动能力鉴定委员会依照本条例第二十六条和第二十八条的规定进行再次鉴定和复查鉴定的期限，依照本条例第二十五条第二款的规定执行。

第五章　工伤保险待遇

第三十条　职工因工作遭受事故伤害或者患职业病进行治疗，享受工伤医疗待遇。

职工治疗工伤应当在签订服务协议的医疗机构就医，情况紧急时可以先到就近的医疗机构急救。

治疗工伤所需费用符合工伤保险诊疗项目目录、工伤保险药品目录、工伤保险住院服务标准的，从工伤保险基金支付。工伤保险诊疗项目目录、工伤保险药品目录、工伤保险住院服务标准，由国务院社会保险行政部门会同国务院卫生行政部门、食品药品监督管理部门等部门规定。

职工住院治疗工伤的伙食补助费，以及经医疗机构出具证明，报经办机构同意，工伤职工到统筹地区以外就医所需的交通、食宿费用从工伤保险基金支付，基金支付的具体标准由统筹地区人民政府规定。

工伤职工治疗非工伤引发的疾病，不享受工伤医疗待遇，按照基本医疗保险办法处理。

工伤职工到签订服务协议的医疗机构进行工伤康复的费用，符合规定的，从工伤保险基金支付。

第三十一条　社会保险行政部门作出认定为工伤的决定后发生行政复议、行政诉讼的，行政复议和行政诉讼期间不停止支付工伤职工治疗工伤的医疗费用。

第三十二条　工伤职工因日常生活或者就业需要，经劳动能力鉴定委员会确认，可以安装假肢、矫形器、假眼、假牙和配置轮椅等辅助器具，所需费用按照国家规定的标准从工伤保险基金支付。

第三十三条　职工因工作遭受事故伤害或者患职业病需要暂停工作接受工伤医疗的，在停工留薪期内，原工资福利待遇不变，由所在单位按月支付。

停工留薪期一般不超过 12 个月。伤情严重或者情况特殊，经设区的市级劳动能力鉴定委员会确认，可以适当延长，但延长不得超过 12 个月。工伤职工评定伤残等级后，停发原待遇，按照本章的有关规定享受伤残待遇。工伤职工在停工留薪期满后仍需治疗的，继续享受工伤医疗待遇。

生活不能自理的工伤职工在停工留薪期需要护理的，由所在单位负责。

第三十四条 工伤职工已经评定伤残等级并经劳动能力鉴定委员会确认需要生活护理的，从工伤保险基金按月支付生活护理费。

生活护理费按照生活完全不能自理、生活大部分不能自理或者生活部分不能自理 3 个不同等级支付，其标准分别为统筹地区上年度职工月平均工资的 50％、40％或者 30％。

第三十五条 职工因工致残被鉴定为一级至四级伤残的，保留劳动关系，退出工作岗位，享受以下待遇：

（一）从工伤保险基金按伤残等级支付一次性伤残补助金，标准为：一级伤残为 27 个月的本人工资，二级伤残为 25 个月的本人工资，三级伤残为 23 个月的本人工资，四级伤残为 21 个月的本人工资。

（二）从工伤保险基金按月支付伤残津贴，标准为：一级伤残为本人工资的 90％，二级伤残为本人工资的 85％，三级伤残为本人工资的 80％，四级伤残为本人工资的 75％。伤残津贴实际金额低于当地最低工资标准的，由工伤保险基金补足差额。

（三）工伤职工达到退休年龄并办理退休手续后，停发伤残津贴，按照国家有关规定享受基本养老保险待遇。基本养老保险待遇低于伤残津贴的，由工伤保险基金补足差额。

职工因工致残被鉴定为一级至四级伤残的，由用人单位和职工个人以伤残津贴为基数，缴纳基本医疗保险费。

第三十六条 职工因工致残被鉴定为五级、六级伤残的，享受以下待遇：

（一）从工伤保险基金按伤残等级支付一次性伤残补助金，标准为：五级伤残为18个月的本人工资，六级伤残为16个月的本人工资；

（二）保留与用人单位的劳动关系，由用人单位安排适当工作。难以安排工作的，由用人单位按月发给伤残津贴，标准为：五级伤残为本人工资的70％，六级伤残为本人工资的60％，并由用人单位按照规定为其缴纳应缴纳的各项社会保险费。伤残津贴实际金额低于当地最低工资标准的，由用人单位补足差额。

经工伤职工本人提出，该职工可以与用人单位解除或者终止劳动关系，由工伤保险基金支付一次性工伤医疗补助金，由用人单位支付一次性伤残就业补助金。一次性工伤医疗补助金和一次性伤残就业补助金的具体标准由省、自治区、直辖市人民政府规定。

第三十七条 职工因工致残被鉴定为七级至十级伤残的，享受以下待遇：

（一）从工伤保险基金按伤残等级支付一次性伤残补助金，标准为：七级伤残为13个月的本人工资，八级伤残为11个月的本人工资，九级伤残为9个月的本人工资，十级伤残为7个月的本人工资；

（二）劳动、聘用合同期满终止，或者职工本人提出解除劳动、聘用合同的，由工伤保险基金支付一次性工伤医疗补助金，由用人单位支付一次性伤残就业补助金。一次性工伤医疗补助金和一次性伤残就业补助金的具体标准由省、自治区、直辖市人民政府规定。

第三十八条 工伤职工工伤复发，确认需要治疗的，享受本条例第三十条、第三十二条和第三十三条规定的工伤待遇。

第三十九条 职工因工死亡，其近亲属按照下列规定从工伤保险基金领取丧葬补助金、供养亲属抚恤金和一次性工亡补助金：

（一）丧葬补助金为6个月的统筹地区上年度职工月平均工资。

（二）供养亲属抚恤金按照职工本人工资的一定比例发给由因工死亡职工生前提供主要生活来源、无劳动能力的亲属。标准为：配偶每月40%，其他亲属每人每月30%，孤寡老人或者孤儿每人每月在上述标准的基础上增加10%。核定的各供养亲属的抚恤金之和不应高于因工死亡职工生前的工资。供养亲属的具体范围由国务院社会保险行政部门规定。

（三）一次性工亡补助金标准为上一年度全国城镇居民人均可支配收入的20倍。

伤残职工在停工留薪期内因工伤导致死亡的，其近亲属享受本条第一款规定的待遇。

一级至四级伤残职工在停工留薪期满后死亡的，其近亲属可以享受本条第一款第（一）项、第（二）项规定的待遇。

第四十条 伤残津贴、供养亲属抚恤金、生活护理费由统筹地区社会保险行政部门根据职工平均工资和生活费用变化等情况适时调整。调整办法由省、自治区、直辖市人民政府规定。

第四十一条 职工因工外出期间发生事故或者在抢险救灾中下落不明的，从事故发生当月起3个月内照发工资，从第4个月起停发工资，由工伤保险基金向其供养亲属按月支付供养亲属抚恤金。生活有困难的，可以预支一次性工亡补助金的50%。职工被人民法院宣告死亡的，按照本条例第三十九条职工因工死亡的规定处理。

第四十二条 工伤职工有下列情形之一的，停止享受工伤保险待遇：

（一）丧失享受待遇条件的；

（二）拒不接受劳动能力鉴定的；

（三）拒绝治疗的。

第四十三条 用人单位分立、合并、转让的，承继单位应当承担原用人单位的工伤保险责任；原用人单位已经参加工伤保险的，承继单位应当到当地经办机构办理工伤保险变更登记。

用人单位实行承包经营的,工伤保险责任由职工劳动关系所在单位承担。

职工被借调期间受到工伤事故伤害的,由原用人单位承担工伤保险责任,但原用人单位与借调单位可以约定补偿办法。

企业破产的,在破产清算时依法拨付应当由单位支付的工伤保险待遇费用。

第四十四条 职工被派遣出境工作,依据前往国家或者地区的法律应当参加当地工伤保险的,参加当地工伤保险,其国内工伤保险关系中止;不能参加当地工伤保险的,其国内工伤保险关系不中止。

第四十五条 职工再次发生工伤,根据规定应当享受伤残津贴的,按照新认定的伤残等级享受伤残津贴待遇。

第六章 监督管理

第四十六条 经办机构具体承办工伤保险事务,履行下列职责:

(一)根据省、自治区、直辖市人民政府规定,征收工伤保险费;

(二)核查用人单位的工资总额和职工人数,办理工伤保险登记,并负责保存用人单位缴费和职工享受工伤保险待遇情况的记录;

(三)进行工伤保险的调查、统计;

(四)按照规定管理工伤保险基金的支出;

(五)按照规定核定工伤保险待遇;

(六)为工伤职工或者其近亲属免费提供咨询服务。

第四十七条 经办机构与医疗机构、辅助器具配置机构在平等协商的基础上签订服务协议,并公布签订服务协议的医疗机构、辅助器具配置机构的名单。具体办法由国务院社会保险行政部门分别会同国务院卫生行政部门、民政部门等部门制定。

第四十八条 经办机构按照协议和国家有关目录、标准对工伤职工医疗费用、康复费用、辅助器具费用的使用情况进行核查,并按时足额结算费用。

第四十九条 经办机构应当定期公布工伤保险基金的收支情况,及时向社会保险行政部门提出调整费率的建议。

第五十条 社会保险行政部门、经办机构应当定期听取工伤职工、医疗机构、辅助器具配置机构以及社会各界对改进工伤保险工作的意见。

第五十一条 社会保险行政部门依法对工伤保险费的征缴和工伤保险基金的支付情况进行监督检查。

财政部门和审计机关依法对工伤保险基金的收支、管理情况进行监督。

第五十二条 任何组织和个人对有关工伤保险的违法行为,有权举报。社会保险行政部门对举报应当及时调查,按照规定处理,并为举报人保密。

第五十三条 工会组织依法维护工伤职工的合法权益,对用人单位的工伤保险工作实行监督。

第五十四条 职工与用人单位发生工伤待遇方面的争议,按照处理劳动争议的有关规定处理。

第五十五条 有下列情形之一的,有关单位或者个人可以依法申请行政复议,也可以依法向人民法院提起行政诉讼:

(一)申请工伤认定的职工或者其近亲属、该职工所在单位对工伤认定申请不予受理的决定不服的;

(二)申请工伤认定的职工或者其近亲属、该职工所在单位对工伤认定结论不服的;

(三)用人单位对经办机构确定的单位缴费费率不服的;

(四)签订服务协议的医疗机构、辅助器具配置机构认为经办机构未履行有关协议或者规定的；

（五）工伤职工或者其近亲属对经办机构核定的工伤保险待遇有异议的。

第七章　法　律　责　任

第五十六条　单位或者个人违反本条例第十二条规定挪用工伤保险基金，构成犯罪的，依法追究刑事责任；尚不构成犯罪的，依法给予处分或者纪律处分。被挪用的基金由社会保险行政部门追回，并入工伤保险基金；没收的违法所得依法上缴国库。

第五十七条　社会保险行政部门工作人员有下列情形之一的，依法给予处分；情节严重，构成犯罪的，依法追究刑事责任：

（一）无正当理由不受理工伤认定申请，或者弄虚作假将不符合工伤条件的人员认定为工伤职工的；

（二）未妥善保管申请工伤认定的证据材料，致使有关证据灭失的；

（三）收受当事人财物的。

第五十八条　经办机构有下列行为之一的，由社会保险行政部门责令改正，对直接负责的主管人员和其他责任人员依法给予纪律处分；情节严重，构成犯罪的，依法追究刑事责任；造成当事人经济损失的，由经办机构依法承担赔偿责任：

（一）未按规定保存用人单位缴费和职工享受工伤保险待遇情况记录的；

（二）不按规定核定工伤保险待遇的；

（三）收受当事人财物的。

第五十九条　医疗机构、辅助器具配置机构不按服务协议提供服务的，经办机构可以解除服务协议。

经办机构不按时足额结算费用的，由社会保险行政部门责令改正；医疗机构、辅助器具配置机构可以解除服务协议。

第六十条 用人单位、工伤职工或者其近亲属骗取工伤保险待遇，医疗机构、辅助器具配置机构骗取工伤保险基金支出的，由社会保险行政部门责令退还，处骗取金额 2 倍以上 5 倍以下的罚款；情节严重，构成犯罪的，依法追究刑事责任。

第六十一条 从事劳动能力鉴定的组织或者个人有下列情形之一的，由社会保险行政部门责令改正，处 2 000 元以上 1 万元以下的罚款；情节严重，构成犯罪的，依法追究刑事责任：

（一）提供虚假鉴定意见的；

（二）提供虚假诊断证明的；

（三）收受当事人财物的。

第六十二条 用人单位依照本条例规定应当参加工伤保险而未参加的，由社会保险行政部门责令限期参加，补缴应当缴纳的工伤保险费，并自欠缴之日起，按日加收万分之五的滞纳金；逾期仍不缴纳的，处欠缴数额 1 倍以上 3 倍以下的罚款。

依照本条例规定应当参加工伤保险而未参加工伤保险的用人单位职工发生工伤的，由该用人单位按照本条例规定的工伤保险待遇项目和标准支付费用。

用人单位参加工伤保险并补缴应当缴纳的工伤保险费、滞纳金后，由工伤保险基金和用人单位依照本条例的规定支付新发生的费用。

第六十三条 用人单位违反本条例第十九条的规定，拒不协助社会保险行政部门对事故进行调查核实的，由社会保险行政部门责令改正，处 2 000 元以上 2 万元以下的罚款。

第八章 附 则

第六十四条 本条例所称工资总额，是指用人单位直接支付给本单位全部职工的劳动报酬总额。

本条例所称本人工资，是指工伤职工因工作遭受事故伤害或者患职业病前 12 个月平均月缴费工资。本人工资高于统筹地区职工平均工资 300% 的，按照统筹地区职工平均工资的 300% 计算；本人工资低于统筹地区职工平均工资 60% 的，按照统筹地区职工平均工资的 60% 计算。

第六十五条　公务员和参照公务员法管理的事业单位、社会团体的工作人员因工作遭受事故伤害或者患职业病的，由所在单位支付费用。具体办法由国务院社会保险行政部门会同国务院财政部门规定。

第六十六条　无营业执照或者未经依法登记、备案的单位以及被依法吊销营业执照或者撤销登记、备案的单位的职工受到事故伤害或者患职业病的，由该单位向伤残职工或者死亡职工的近亲属给予一次性赔偿，赔偿标准不得低于本条例规定的工伤保险待遇；用人单位不得使用童工，用人单位使用童工造成童工伤残、死亡的，由该单位向童工或者童工的近亲属给予一次性赔偿，赔偿标准不得低于本条例规定的工伤保险待遇。具体办法由国务院社会保险行政部门规定。

前款规定的伤残职工或者死亡职工的近亲属就赔偿数额与单位发生争议的，以及前款规定的童工或者童工的近亲属就赔偿数额与单位发生争议的，按照处理劳动争议的有关规定处理。

第六十七条　本条例自 2004 年 1 月 1 日起施行。本条例施行前已受到事故伤害或者患职业病的职工尚未完成工伤认定的，按照本条例的规定执行。

二、部门规章及规范性文件

因工死亡职工供养亲属范围规定

(2003 年 9 月 23 日 中华人民共和国劳动和社会保障部令第 18 号)

第一条 为明确因工死亡职工供养亲属范围,根据《工伤保险条例》第三十七条第一款第二项的授权,制定本规定。

第二条 本规定所称因工死亡职工供养亲属,是指该职工的配偶、子女、父母、祖父母、外祖父母、孙子女、外孙子女、兄弟姐妹。

本规定所称子女,包括婚生子女、非婚生子女、养子女和有抚养关系的继子女,其中,婚生子女、非婚生子女包括遗腹子女;

本规定所称父母,包括生父母、养父母和有抚养关系的继父母;

本规定所称兄弟姐妹,包括同父母的兄弟姐妹、同父异母或者同母异父的兄弟姐妹、养兄弟姐妹、有抚养关系的继兄弟姐妹。

第三条 上条规定的人员,依靠因工死亡职工生前提供主要生活来源,并有下列情形之一的,可按规定申请供养亲属抚恤金:

(一) 完全丧失劳动能力的;

(二) 工亡职工配偶男年满 60 周岁、女年满 55 周岁的;

(三) 工亡职工父母男年满 60 周岁、女年满 55 周岁的;

(四) 工亡职工子女未满 18 周岁的;

(五) 工亡职工父母均已死亡,其祖父、外祖父年满 60 周岁,祖母、外祖母年满 55 周岁的;

(六) 工亡职工子女已经死亡或完全丧失劳动能力,其孙子女、外孙子女未满 18 周岁的；

（七）工亡职工父母均已死亡或完全丧失劳动能力，其兄弟姐妹未满 18 周岁的。

第四条 领取抚恤金人员有下列情形之一的，停止享受抚恤金待遇：

（一）年满 18 周岁且未完全丧失劳动能力的；

（二）就业或参军的；

（三）工亡职工配偶再婚的；

（四）被他人或组织收养的；

（五）死亡的。

第五条 领取抚恤金的人员，在被判刑收监执行期间，停止享受抚恤金待遇。刑满释放仍符合领取抚恤金资格的，按规定的标准享受抚恤金。

第六条 因工死亡职工供养亲属享受抚恤金待遇的资格，由统筹地区社会保险经办机构核定。

因工死亡职工供养亲属的劳动能力鉴定，由因工死亡职工生前单位所在地设区的市级劳动能力鉴定委员会负责。

第七条 本办法自 2004 年 1 月 1 日起施行。

人力资源社会保障行政复议办法

(2010年3月16日 中华人民共和国人力资源和社会保障部令第6号)

第一章 总 则

第一条 为了规范人力资源社会保障行政复议工作,根据《中华人民共和国行政复议法》(以下简称行政复议法)和《中华人民共和国行政复议法实施条例》(以下简称行政复议法实施条例),制定本办法。

第二条 公民、法人或者其他组织认为人力资源社会保障部门作出的具体行政行为侵犯其合法权益,向人力资源社会保障行政部门申请行政复议,人力资源社会保障行政部门及其法制工作机构开展行政复议相关工作,适用本办法。

第三条 各级人力资源社会保障行政部门是人力资源社会保障行政复议机关(以下简称行政复议机关),应当认真履行行政复议职责,遵循合法、公正、公开、及时、便民的原则,坚持有错必纠,保障法律、法规和人力资源社会保障规章的正确实施。

行政复议机关应当依照有关规定配备专职行政复议人员,为行政复议工作提供财政保障。

第四条 行政复议机关负责法制工作的机构(以下简称行政复议机构)具体办理行政复议事项,履行下列职责:

(一)处理行政复议申请;

(二)向有关组织和人员调查取证,查阅文件和资料,组织行政复议听证；

（三）依照行政复议法实施条例第九条的规定，办理第三人参加行政复议事项；

（四）依照行政复议法实施条例第四十一条的规定，决定行政复议中止、恢复行政复议审理事项；

（五）依照行政复议法实施条例第四十二条的规定，拟订行政复议终止决定；

（六）审查申请行政复议的具体行政行为是否合法与适当，提出处理建议，拟订行政复议决定，主持行政复议调解，审查和准许行政复议和解协议；

（七）处理或者转送对行政复议法第七条所列有关规定的审查申请；

（八）依照行政复议法第二十九条的规定，办理行政赔偿等事项；

（九）依照行政复议法实施条例第三十七条的规定，办理鉴定事项；

（十）按照职责权限，督促行政复议申请的受理和行政复议决定的履行；

（十一）对人力资源社会保障部门及其工作人员违反行政复议法、行政复议法实施条例和本办法规定的行为依照规定的权限和程序提出处理建议；

（十二）研究行政复议过程中发现的问题，及时向有关机关和部门提出建议，重大问题及时向行政复议机关报告；

（十三）办理因不服行政复议决定提起行政诉讼的行政应诉事项；

（十四）办理或者组织办理未经行政复议直接提起行政诉讼的行政应诉事项；

（十五）办理行政复议、行政应诉案件统计和重大行政复议决定备案事项；

（十六）组织培训；

（十七）法律、法规规定的其他职责。

第五条 专职行政复议人员应当具备与履行行政复议职责相适应的品行、专业知识和业务能力，并取得相应资格。各级人力资源社会保障部门应当保障行政复议人员参加培训的权利，应当为行政复议人员参加法律类资格考试提供必要的帮助。

第六条 行政复议人员享有下列权利：

（一）依法履行行政复议职责的行为受法律保护；

（二）获得履行行政复议职责相应的物质条件；

（三）对行政复议工作提出建议；

（四）参加培训；

（五）法律、法规和规章规定的其他权利。

行政复议人员应当履行下列义务：

（一）严格遵守宪法和法律；

（二）以事实为根据，以法律为准绳审理行政复议案件；

（三）忠于职守，尽职尽责，清正廉洁，秉公执法；

（四）依法保障行政复议参加人的合法权益；

（五）保守国家秘密、商业秘密和个人隐私；

（六）维护国家利益、社会公共利益，维护公民、法人或者其他组织的合法权益；

（七）法律、法规和规章规定的其他义务。

第二章 行政复议范围

第七条 有下列情形之一的，公民、法人或者其他组织可以依法申请行政复议：

（一）对人力资源社会保障部门作出的警告、罚款、没收违法所得、依法予以关闭、吊销许可证等行政处罚决定不服的；

（二）对人力资源社会保障部门作出的行政处理决定不服的；

（三）对人力资源社会保障部门作出的行政许可、行政审批不服的；

（四）对人力资源社会保障部门作出的行政确认不服的；

（五）认为人力资源社会保障部门不履行法定职责的；

（六）认为人力资源社会保障部门违法收费或者违法要求履行义务的；

（七）认为人力资源社会保障部门作出的其他具体行政行为侵犯其合法权益的。

第八条　公民、法人或者其他组织对下列事项，不能申请行政复议：

（一）人力资源社会保障部门作出的行政处分或者其他人事处理决定；

（二）劳动者与用人单位之间发生的劳动人事争议；

（三）劳动能力鉴定委员会的行为；

（四）劳动人事争议仲裁委员会的仲裁、调解等行为；

（五）已就同一事项向其他有权受理的行政机关申请行政复议的；

（六）向人民法院提起行政诉讼，人民法院已经依法受理的；

（七）法律、行政法规规定的其他情形。

第三章　行政复议申请

第一节　申请人

第九条　依照本办法规定申请行政复议的公民、法人或者其他组织为人力资源社会保障行政复议申请人。

第十条　同一行政复议案件申请人超过5人的，推选1至5名代表参加行政复议，并提交全体行政复议申请人签字的授权委托书以及全体行政复议申请人的身份证复印件。

第十一条 依照行政复议法实施条例第九条的规定，公民、法人或者其他组织申请作为第三人参加行政复议，应当提交《第三人参加行政复议申请书》，该申请书应当列明其参加行政复议的事实和理由。

申请作为第三人参加行政复议的，应当对其与被审查的具体行政行为有利害关系负举证责任。

行政复议机构通知或者同意第三人参加行政复议的，应当制作《第三人参加行政复议通知书》，送达第三人，并注明第三人参加行政复议的日期。

第十二条 申请人、第三人可以委托1至2名代理人参加行政复议。

申请人、第三人委托代理人参加行政复议的，应当向行政复议机构提交授权委托书。授权委托书应当载明下列事项：

（一）委托人姓名或者名称，委托人为法人或者其他组织的，还应当载明法定代表人或者主要负责人的姓名、职务；

（二）代理人姓名、性别、职业、住所以及邮政编码；

（三）委托事项、权限和期限；

（四）委托日期以及委托人签字或者盖章。

申请人、第三人解除或者变更委托的，应当书面报告行政复议机构。

第二节 被申请人

第十三条 公民、法人或者其他组织对人力资源社会保障部门作出的具体行政行为不服，依照本办法规定申请行政复议的，作出该具体行政行为的人力资源社会保障部门为被申请人。

第十四条 对县级以上人力资源社会保障行政部门的具体行政行为不服的，可以向上一级人力资源社会保障行政部门申请复议，也可以向该人力资源社会保障行政部门的本级人民政府申请行政复议。

对人力资源社会保障部作出的具体行政行为不服的，向人力资源社会保障部申请行政复议。

第十五条 对人力资源社会保障行政部门按照国务院规定设立的社会保险经办机构（以下简称社会保险经办机构）依照法律、法规规定作出的具体行政行为不服，可以向直接管理该社会保险经办机构的人力资源社会保障行政部门申请行政复议。

第十六条 对依法受委托的属于事业组织的公共就业服务机构、职业技能考核鉴定机构以及街道、乡镇人力资源社会保障工作机构等作出的具体行政行为不服的，可以向委托其行使行政管理职能的人力资源社会保障行政部门的上一级人力资源社会保障行政部门申请复议，也可以向该人力资源社会保障行政部门的本级人民政府申请行政复议。委托的人力资源社会保障行政部门为被申请人。

第十七条 对人力资源社会保障部门和政府其他部门以共同名义作出的具体行政行为不服的，可以向其共同的上一级行政部门申请复议。共同作出具体行政行为的人力资源社会保障部门为共同被申请人之一。

第十八条 人力资源社会保障部门设立的派出机构、内设机构或者其他组织，未经法律、法规授权，对外以自己名义作出具体行政行为的，该人力资源社会保障部门为被申请人。

第三节 行政复议申请期限

第十九条 公民、法人或者其他组织认为人力资源社会保障部门作出的具体行政行为侵犯其合法权益的，可以自知道该具体行政行为之日起60日内提出行政复议申请。

前款规定的行政复议申请期限依照下列规定计算：

（一）当场作出具体行政行为的，自具体行政行为作出之日起计算。

（二）载明具体行政行为的法律文书直接送达的，自受送达人签收之日起计算。

（三）载明具体行政行为的法律文书依法留置送达的，自送达人和见证人在送达回证上签注的留置送达之日起计算。

（四）载明具体行政行为的法律文书邮寄送达的，自受送达人在邮件签收单上签收之日起计算；没有邮件签收单的，自受送达人在送达回执上签名之日起计算。

（五）具体行政行为依法通过公告形式告知受送达人的，自公告规定的期限届满之日起计算。

（六）被申请人作出具体行政行为时未告知公民、法人或者其他组织，事后补充告知的，自该公民、法人或者其他组织收到补充告知的通知之日起计算。

（七）被申请人有证据材料能够证明公民、法人或者其他组织知道该具体行政行为的，自证据材料证明其知道具体行政行为之日起计算。

人力资源社会保障部门作出具体行政行为，依法应当向有关公民、法人或者其他组织送达法律文书而未送达的，视为该公民、法人或者其他组织不知道该具体行政行为。

申请人因不可抗力或者其他正当理由耽误法定申请期限的，申请期限自原因消除之日起继续计算。

第二十条 人力资源社会保障部门对公民、法人或者其他组织作出具体行政行为，应当告知其申请行政复议的权利、行政复议机关和行政复议申请期限。

第四节 行政复议申请的提出

第二十一条 申请人书面申请行政复议的，可以采取当面递交、邮寄或者传真等方式递交行政复议申请书。

有条件的行政复议机构可以接受以电子邮件形式提出的行政复议申请。

对采取传真、电子邮件方式提出的行政复议申请，行政复议机构应当告知申请人补充提交证明其身份以及确认申请书真实性的相关书面材料。

第二十二条 申请人书面申请行政复议的，应当在行政复议申请书中载明下列事项：

（一）申请人基本情况：申请人是公民的，包括姓名、性别、年龄、身份证号码、工作单位、住所、邮政编码；申请人是法人或者其他组织的，包括名称、住所、邮政编码和法定代表人或者主要负责人的姓名、职务。

（二）被申请人的名称。

（三）申请行政复议的具体行政行为、行政复议请求、申请行政复议的主要事实和理由。

（四）申请人签名或者盖章。

（五）日期。

申请人口头申请行政复议的，行政复议机构应当依照前款规定内容，当场制作行政复议申请笔录交申请人核对或者向申请人宣读，并由申请人签字确认。

第二十三条 有下列情形之一的，申请人应当提供相应的证明材料：

（一）认为被申请人不履行法定职责的，提供曾经申请被申请人履行法定职责的证明材料；

（二）申请行政复议时一并提出行政赔偿申请的，提供受具体行政行为侵害而造成损害的证明材料；

（三）属于本办法第十九条第四款情形的，提供发生不可抗力或者有其他正当理由的证明材料；

（四）需要申请人提供证据材料的其他情形。

第二十四条 申请人提出行政复议申请时错列被申请人的，行政复议机构应当告知申请人变更被申请人。

申请人变更被申请人的期间，不计入行政复议审理期限。

第二十五条 依照行政复议法第七条的规定，申请人认为具体行政行为所依据的规定不合法的，可以在对具体行政行为申请行政复议的同时一并提出对该规定的审查申请；申请人在对具体行政行为提出行政复议申请时尚不知道该具体行政行为所依据的规定的，可以在行政复议机关作出行政复议决定前向行政复议机关提出对该规定的审查申请。

第四章 行政复议受理

第二十六条 行政复议机构收到行政复议申请后，应当在5日内进行审查，按照下列情况分别作出处理：

（一）对符合行政复议法实施条例第二十八条规定条件的，依法予以受理，制作《行政复议受理通知书》和《行政复议提出答复通知书》，送达申请人和被申请人；

（二）对符合本办法第七条规定的行政复议范围，但不属于本机关受理范围的，应当书面告知申请人向有关行政复议机关提出；

（三）对不符合法定受理条件的，应当作出不予受理决定，制作《行政复议不予受理决定书》，送达申请人，该决定书中应当说明不予受理的理由和依据。

对不符合前款规定的行政复议申请，行政复议机构应当将有关处理情况告知申请人。

第二十七条 人力资源社会保障行政部门的其他工作机构收到复议申请的，应当及时转送行政复议机构。

除不符合行政复议法定条件或者不属于本机关受理的行政复议申请外，行政复议申请自行政复议机构收到之日起即为受理。

第二十八条 依照行政复议法实施条例第二十九条的规定，行政复议申请材料不齐全或者表述不清楚的，行政复议机构可以向申请人发出补正通知，一次性告知申请人需要补正的事项。

补正通知应当载明下列事项：

（一）行政复议申请书中需要修改、补充的具体内容；

（二）需要补正的证明材料；

（三）合理的补正期限；

（四）逾期未补正的法律后果。

补正期限从申请人收到补正通知之日起计算。

无正当理由逾期不补正的，视为申请人放弃行政复议申请。

申请人应当在补正期限内向行政复议机构提交需要补正的材料。补正申请材料所用时间不计入行政复议审理期限。

第二十九条 申请人依法提出行政复议申请，行政复议机关无正当理由不予受理的，上一级人力资源社会保障行政部门可以根据申请人的申请或者依职权先行督促其受理；经督促仍不受理的，应当责令其限期受理，并且制作《责令受理行政复议申请通知书》；必要时，上一级人力资源社会保障行政部门也可以直接受理。

上一级人力资源社会保障行政部门经审查认为行政复议申请不符合法定受理条件的，应当告知申请人。

第三十条 劳动者与用人单位因工伤保险待遇发生争议，向劳动人事争议仲裁委员会申请仲裁期间，又对人力资源社会保障行政部门作出的工伤认定结论不服向行政复议机关申请行政复议的，如果符合法定条件，应当予以受理。

第五章 行政复议审理和决定

第三十一条 行政复议原则上采取书面审查的办法，但是申请人提出要求或者行政复议机构认为有必要的，可以向有关组织和人员调查情况，听取申请人、被申请人和第三人的意见。

第三十二条 行政复议机构应当自行政复议申请受理之日起7日内,将行政复议申请书副本或者行政复议申请笔录复印件发送被申请人。被申请人应当自收到申请书副本或者申请笔录复印件之日起10日内,提交行政复议答复书,并提交当初作出具体行政行为的证据、依据和其他有关材料。

行政复议答复书应当载明下列事项,并加盖被申请人印章:

(一)被申请人的名称、地址、法定代表人的姓名、职务;

(二)作出具体行政行为的事实和有关证据材料;

(三)作出具体行政行为依据的法律、法规、规章和规范性文件的具体条款和内容;

(四)对申请人行政复议请求的意见和理由;

(五)日期。

被申请人应当对其提交的证据材料分类编号,对证据材料的来源、证明对象和内容作简要说明。

因不可抗力或者其他正当理由,被申请人不能在法定期限内提出书面答复、提交当初作出具体行政行为的证据、依据和其他有关材料的,可以向行政复议机关提出延期答复和举证的书面申请。

第三十三条 有下列情形之一的,行政复议机构可以实地调查核实证据:

(一)申请人或者被申请人对于案件事实的陈述有争议的;

(二)被申请人提供的证据材料之间相互矛盾的;

(三)第三人提出新的证据材料,足以推翻被申请人认定的事实的;

(四)行政复议机构认为确有必要的其他情形。

调查取证时,行政复议人员不得少于2人,并应当向当事人或者有关人员出示证件。

第三十四条 对重大、复杂的案件,申请人提出要求或者行政复议机构认为必要时,可以采取听证的方式审理。

有下列情形之一的，属于重大、复杂的案件：

（一）涉及人数众多或者群体利益的案件；

（二）具有涉外因素的案件；

（三）社会影响较大的案件；

（四）案件事实和法律关系复杂的案件；

（五）行政复议机构认为其他重大、复杂的案件。

第三十五条　公民、法人或者其他组织对人力资源社会保障部门行使法律、法规规定的自由裁量权作出的具体行政行为不服申请行政复议，在行政复议机关作出行政复议决定之前，申请人和被申请人可以在自愿、合法基础上达成和解。申请人和被申请人达成和解的，应当向行政复议机构提交书面和解协议。

书面和解协议应当载明行政复议请求、事实、理由和达成和解的结果，并且由申请人和被申请人签字或者盖章。

行政复议机构应当对申请人和被申请人提交的和解协议进行审查。和解确属申请人和被申请人的真实意思表示，和解内容不违反法律、法规的强制性规定，不损害国家利益、社会公共利益和他人合法权益的，行政复议机构应当准许和解，并终止行政复议案件的审理。

第三十六条　依照行政复议法实施条例第四十一条的规定，行政复议机构中止、恢复行政复议案件的审理，应当分别制发《行政复议中止通知书》和《行政复议恢复审理通知书》，并通知申请人、被申请人和第三人。

第三十七条　依照行政复议法实施条例第四十二条的规定，行政复议机关终止行政复议的，应当制发《行政复议终止通知书》，并通知申请人、被申请人和第三人。

第三十八条　依照行政复议法第二十八条第一款第一项规定，具体行政行为认定事实清楚，证据确凿，适用依据正确，程序合法，内容适当的，行政复议机关应当决定维持。

第三十九条 依照行政复议法第二十八条第一款第二项规定，被申请人不履行法定职责的，行政复议机关应当决定其在一定期限内履行法定职责。

第四十条 具体行政行为有行政复议法第二十八条第一款第三项规定情形之一的，行政复议机关应当决定撤销、变更该具体行政行为或者确认该具体行政行为违法；决定撤销该具体行政行为或者确认该具体行政行为违法的，可以责令被申请人在一定期限内重新作出具体行政行为。

第四十一条 被申请人未依照行政复议法第二十三条的规定提出书面答复、提交当初作出具体行政行为的证据、依据和其他有关材料的，视为该具体行政行为没有证据、依据，行政复议机关应当决定撤销该具体行政行为。

第四十二条 具体行政行为有行政复议法实施条例第四十七条规定情形之一的，行政复议机关可以作出变更决定。

第四十三条 依照行政复议法实施条例第四十八条第一款的规定，行政复议机关决定驳回行政复议申请的，应当制发《驳回行政复议申请决定书》，并通知申请人、被申请人和第三人。

第四十四条 行政复议机关依照行政复议法第二十八条的规定责令被申请人重新作出具体行政行为的，被申请人应当在法律、法规、规章规定的期限内重新作出具体行政行为；法律、法规、规章未规定期限的，重新作出具体行政行为的期限为60日。

公民、法人或者其他组织对被申请人重新作出的具体行政行为不服，可以依法申请行政复议或者提起行政诉讼。

第四十五条 有下列情形之一的，行政复议机关可以按照自愿、合法的原则进行调解：

（一）公民、法人或者其他组织对人力资源社会保障部门行使法律、法规规定的自由裁量权作出的具体行政行为不服申请行政复议的；

（二）当事人之间的行政赔偿或者行政补偿纠纷；

（三）其他适于调解的。

第四十六条 行政复议机关进行调解应当符合下列要求：

（一）在查明案件事实的基础上进行；

（二）充分尊重申请人和被申请人的意愿；

（三）遵循公正、合理原则；

（四）调解结果应当符合有关法律、法规的规定；

（五）调解结果不得损害国家利益、社会公共利益或者他人合法权益。

第四十七条 申请人和被申请人经调解达成协议的，行政复议机关应当制作《行政复议调解书》。《行政复议调解书》应当载明下列内容：

（一）申请人姓名、性别、年龄、住所（法人或者其他组织的名称、地址、法定代表人或者主要负责人的姓名、职务）；

（二）被申请人的名称；

（三）申请人申请行政复议的请求、事实和理由；

（四）被申请人答复的事实、理由、证据和依据；

（五）进行调解的基本情况；

（六）调解结果；

（七）日期。

《行政复议调解书》应当加盖行政复议机关印章。《行政复议调解书》经申请人、被申请人签字或者盖章，即具有法律效力。

调解未达成协议或者调解书生效前一方反悔的，行政复议机关应当及时作出行政复议决定。

第四十八条 行政复议机关在审查申请人一并提出的作出具体行政行为所依据的规定的合法性时，应当根据具体情况，分别作出下列处理：

（一）如果该规定是由本行政机关制定的，应当在30日内对该规定依法作出处理结论；

（二）如果该规定是由其他人力资源社会保障行政部门制定的，应当在 7 日内按照法定程序转送制定该规定的人力资源社会保障行政部门，请其在 60 日内依法处理；

（三）如果该规定是由人民政府制定的，应当在 7 日内按照法定程序转送有权处理的国家机关依法处理。

对该规定进行审查期间，中止对具体行政行为的审查；审查结束后，行政复议机关再继续对具体行政行为的审查。

第四十九条 行政复议机关对决定撤销、变更具体行政行为或者确认具体行政行为违法并且申请人提出行政赔偿请求的下列具体行政行为，应当在行政复议决定中同时作出被申请人依法给予赔偿的决定：

（一）被申请人违法实施罚款、没收违法所得、依法予以关闭、吊销许可证等行政处罚的；

（二）被申请人造成申请人财产损失的其他违法行为。

第五十条 行政复议机关作出行政复议决定，应当制作《行政复议决定书》，载明下列事项：

（一）申请人的姓名、性别、年龄、住所（法人或者其他组织的名称、地址、法定代表人或者主要负责人的姓名、职务）；

（二）被申请人的名称、住所；

（三）申请人的行政复议请求和理由；

（四）第三人的意见；

（五）被申请人答复意见；

（六）行政复议机关认定的事实、理由，适用的法律、法规、规章以及其他规范性文件；

（七）复议决定；

（八）申请人不服行政复议决定向人民法院起诉的期限；

（九）日期。

《行政复议决定书》应当加盖行政复议机关印章。

第五十一条 行政复议机关应当根据《中华人民共和国民事诉讼法》的规定,采用直接送达、邮寄送达或者委托送达等方式,将行政复议决定送达申请人、被申请人和第三人。

第五十二条 下级行政复议机关应当及时将重大行政复议决定报上级行政复议机关备案。

第五十三条 案件审查结束后,办案人员应当及时将案卷进行整理归档。案卷保存期不少于10年,国家另有规定的从其规定。保存期满后的案卷,应当按照国家有关档案管理的规定处理。

案卷归档材料应当包括:

(一)行政复议申请的处理

1. 行政复议申请书或者行政复议申请笔录、申请人提交的证据材料;

2. 授权委托书、申请人身份证复印件、法定代表人或者主要负责人身份证明书;

3. 行政复议补正通知书;

4. 行政复议受理通知书和行政复议提出答复通知书;

5. 行政复议不予受理决定书;

6. 行政复议告知书;

7. 行政复议答复书、被申请人提交的证据材料;

8. 第三人参加行政复议申请书、第三人参加行政复议通知书;

9. 责令限期受理行政复议申请通知书。

(二)案件审理

1. 行政复议调查笔录;

2. 行政复议听证记录;

3. 行政复议中止通知书、行政复议恢复审理通知书;

4. 行政复议和解协议;

5. 行政复议延期处理通知书;

6. 撤回行政复议申请书；

7. 规范性文件转送函。

（三）处理结果

1. 行政复议决定书；

2. 行政复议调解书；

3. 行政复议终止书；

4. 驳回行政复议申请决定书。

（四）其他

1. 行政复议文书送达回证；

2. 行政复议意见书；

3. 行政复议建议书；

4. 其他。

第五十四条 案卷装订、归档应当达到下列要求：

（一）案卷装订整齐；

（二）案卷目录用钢笔或者签字笔填写，字迹工整；

（三）案卷材料不得涂改；

（四）卷内材料每页下方应当居中标注页码。

第六章 附 则

第五十五条 本办法所称人力资源社会保障部门包括人力资源社会保障行政部门、社会保险经办机构、公共就业服务机构等具有行政职能的机构。

第五十六条 人力资源社会保障行政复议活动所需经费、办公用房以及交通、通讯、摄像、录音等设备由各级人力资源社会保障部门予以保障。

第五十七条 行政复议机关可以使用行政复议专用章。在人力资源社会保障行政复议活动中，行政复议专用章和行政复议机关印章具有同等效力。

第五十八条 本办法未规定事项,依照行政复议法、行政复议法实施条例规定执行。

第五十九条 本办法自发布之日起施行。劳动和社会保障部1999年11月23日发布的《劳动和社会保障行政复议办法》(劳动和社会保障部令第5号)同时废止。

工伤认定办法

(2010年12月31日 中华人民共和国人力资源和社会保障部令第8号)

第一条 为规范工伤认定程序,依法进行工伤认定,维护当事人的合法权益,根据《工伤保险条例》的有关规定,制定本办法。

第二条 社会保险行政部门进行工伤认定按照本办法执行。

第三条 工伤认定应当客观公正、简捷方便,认定程序应当向社会公开。

第四条 职工发生事故伤害或者按照职业病防治法规定被诊断、鉴定为职业病,所在单位应当自事故伤害发生之日或者被诊断、鉴定为职业病之日起30日内,向统筹地区社会保险行政部门提出工伤认定申请。遇有特殊情况,经报社会保险行政部门同意,申请时限可以适当延长。

按照前款规定应当向省级社会保险行政部门提出工伤认定申请的,根据属地原则应当向用人单位所在地设区的市级社会保险行政部门提出。

第五条 用人单位未在规定的时限内提出工伤认定申请的,受伤害职工或者其近亲属、工会组织在事故伤害发生之日或者被诊断、鉴定为职业病之日起1年内,可以直接按照本办法第四条规定提出工伤认定申请。

第六条 提出工伤认定申请应当填写《工伤认定申请表》,并提交下列材料:

(一)劳动、聘用合同文本复印件或者与用人单位存在劳动关系（包括事实劳动关系）、人事关系的其他证明材料；

（二）医疗机构出具的受伤后诊断证明书或者职业病诊断证明书（或者职业病诊断鉴定书）。

第七条 工伤认定申请人提交的申请材料符合要求，属于社会保险行政部门管辖范围且在受理时限内的，社会保险行政部门应当受理。

第八条 社会保险行政部门收到工伤认定申请后，应当在15日内对申请人提交的材料进行审核，材料完整的，作出受理或者不予受理的决定；材料不完整的，应当以书面形式一次性告知申请人需要补正的全部材料。社会保险行政部门收到申请人提交的全部补正材料后，应当在15日内作出受理或者不予受理的决定。

社会保险行政部门决定受理的，应当出具《工伤认定申请受理决定书》；决定不予受理的，应当出具《工伤认定申请不予受理决定书》。

第九条 社会保险行政部门受理工伤认定申请后，可以根据需要对申请人提供的证据进行调查核实。

第十条 社会保险行政部门进行调查核实，应当由两名以上工作人员共同进行，并出示执行公务的证件。

第十一条 社会保险行政部门工作人员在工伤认定中，可以进行以下调查核实工作：

（一）根据工作需要，进入有关单位和事故现场；

（二）依法查阅与工伤认定有关的资料，询问有关人员并作出调查笔录；

（三）记录、录音、录像和复制与工伤认定有关的资料。调查核实工作的证据收集参照行政诉讼证据收集的有关规定执行。

第十二条 社会保险行政部门工作人员进行调查核实时，有关单位和个人应当予以协助。用人单位、工会组织、医疗机构以及有关部门应当负责安排相关人员配合工作，据实提供情况和证明材料。

第十三条 社会保险行政部门在进行工伤认定时,对申请人提供的符合国家有关规定的职业病诊断证明书或者职业病诊断鉴定书,不再进行调查核实。职业病诊断证明书或者职业病诊断鉴定书不符合国家规定的要求和格式的,社会保险行政部门可以要求出具证据部门重新提供。

第十四条 社会保险行政部门受理工伤认定申请后,可以根据工作需要,委托其他统筹地区的社会保险行政部门或者相关部门进行调查核实。

第十五条 社会保险行政部门工作人员进行调查核实时,应当履行下列义务:

(一)保守有关单位商业秘密以及个人隐私;

(二)为提供情况的有关人员保密。

第十六条 社会保险行政部门工作人员与工伤认定申请人有利害关系的,应当回避。

第十七条 职工或者其近亲属认为是工伤,用人单位不认为是工伤的,由该用人单位承担举证责任。用人单位拒不举证的,社会保险行政部门可以根据受伤害职工提供的证据或者调查取得的证据,依法作出工伤认定决定。

第十八条 社会保险行政部门应当自受理工伤认定申请之日起60日内作出工伤认定决定,出具《认定工伤决定书》或者《不予认定工伤决定书》。

第十九条 《认定工伤决定书》应当载明下列事项:

(一)用人单位全称;

(二)职工的姓名、性别、年龄、职业、身份证号码;

(三)受伤害部位、事故时间和诊断时间或职业病名称、受伤害经过和核实情况、医疗救治的基本情况和诊断结论;

(四)认定工伤或者视同工伤的依据;

(五)不服认定决定申请行政复议或者提起行政诉讼的部门和

时限；

（六）作出认定工伤或者视同工伤决定的时间。

《不予认定工伤决定书》应当载明下列事项：

（一）用人单位全称；

（二）职工的姓名、性别、年龄、职业、身份证号码；

（三）不予认定工伤或者不视同工伤的依据；

（四）不服认定决定申请行政复议或者提起行政诉讼的部门和时限；

（五）作出不予认定工伤或者不视同工伤决定的时间。

《认定工伤决定书》和《不予认定工伤决定书》应当加盖社会保险行政部门工伤认定专用印章。

第二十条　社会保险行政部门受理工伤认定申请后，作出工伤认定决定需要以司法机关或者有关行政主管部门的结论为依据的，在司法机关或者有关行政主管部门尚未作出结论期间，作出工伤认定决定的时限中止，并书面通知申请人。

第二十一条　社会保险行政部门对于事实清楚、权利义务明确的工伤认定申请，应当自受理工伤认定申请之日起 15 日内作出工伤认定决定。

第二十二条　社会保险行政部门应当自工伤认定决定作出之日起 20 日内，将《认定工伤决定书》或者《不予认定工伤决定书》送达受伤害职工（或者其近亲属）和用人单位，并抄送社会保险经办机构。

《认定工伤决定书》和《不予认定工伤决定书》的送达参照民事法律有关送达的规定执行。

第二十三条　职工或者其近亲属、用人单位对不予受理决定不服或者对工伤认定决定不服的，可以依法申请行政复议或者提起行政诉讼。

第二十四条　工伤认定结束后，社会保险行政部门应当将工伤认定的有关资料保存 50 年。

第二十五条 用人单位拒不协助社会保险行政部门对事故伤害进行调查核实的，由社会保险行政部门责令改正，处 2 000 元以上 2 万元以下的罚款。

第二十六条 本办法中的《工伤认定申请表》、《工伤认定申请受理决定书》、《工伤认定申请不予受理决定书》、《认定工伤决定书》、《不予认定工伤决定书》的样式由国务院社会保险行政部门统一制定。

第二十七条 本办法自 2011 年 1 月 1 日起施行。劳动和社会保障部 2003 年 9 月 23 日颁布的《工伤认定办法》同时废止。

非法用工单位伤亡人员一次性赔偿办法

(2010年12月31日 中华人民共和国人力资源和社会保障部令第9号)

第一条 根据《工伤保险条例》第六十六条第一款的授权,制定本办法。

第二条 本办法所称非法用工单位伤亡人员,是指无营业执照或者未经依法登记、备案的单位以及被依法吊销营业执照或者撤销登记、备案的单位受到事故伤害或者患职业病的职工,或者用人单位使用童工造成的伤残、死亡童工。

前款所列单位必须按照本办法的规定向伤残职工或者死亡职工的近亲属、伤残童工或者死亡童工的近亲属给予一次性赔偿。

第三条 一次性赔偿包括受到事故伤害或者患职业病的职工或童工在治疗期间的费用和一次性赔偿金。一次性赔偿金数额应当在受到事故伤害或者患职业病的职工或童工死亡或者经劳动能力鉴定后确定。

劳动能力鉴定按照属地原则由单位所在地设区的市级劳动能力鉴定委员会办理。劳动能力鉴定费用由伤亡职工或童工所在单位支付。

第四条 职工或童工受到事故伤害或者患职业病,在劳动能力鉴定之前进行治疗期间的生活费按照统筹地区上年度职工月平均工资标准确定,医疗费、护理费、住院期间的伙食补助费以及所需的交通费等费用按照《工伤保险条例》规定的标准和范围确定,并全部由伤残职工或童工所在单位支付。

第五条 一次性赔偿金按照以下标准支付：

一级伤残的为赔偿基数的 16 倍，二级伤残的为赔偿基数的 14 倍，三级伤残的为赔偿基数的 12 倍，四级伤残的为赔偿基数的 10 倍，五级伤残的为赔偿基数的 8 倍，六级伤残的为赔偿基数的 6 倍，七级伤残的为赔偿基数的 4 倍，八级伤残的为赔偿基数的 3 倍，九级伤残的为赔偿基数的 2 倍，十级伤残的为赔偿基数的 1 倍。

前款所称赔偿基数，是指单位所在工伤保险统筹地区上年度职工年平均工资。

第六条 受到事故伤害或者患职业病造成死亡的，按照上一年度全国城镇居民人均可支配收入的 20 倍支付一次性赔偿金，并按照上一年度全国城镇居民人均可支配收入的 10 倍一次性支付丧葬补助等其他赔偿金。

第七条 单位拒不支付一次性赔偿的，伤残职工或者死亡职工的近亲属、伤残童工或者死亡童工的近亲属可以向人力资源和社会保障行政部门举报。经查证属实的，人力资源和社会保障行政部门应当责令该单位限期改正。

第八条 伤残职工或者死亡职工的近亲属、伤残童工或者死亡童工的近亲属就赔偿数额与单位发生争议的，按照劳动争议处理的有关规定处理。

第九条 本办法自 2011 年 1 月 1 日起施行。劳动和社会保障部 2003 年 9 月 23 日颁布的《非法用工单位伤亡人员一次性赔偿办法》同时废止。

部分行业企业工伤保险费缴纳办法

(2010年12月31日 中华人民共和国人力资源和社会保障部令第10号)

第一条 根据《工伤保险条例》第十条第三款的授权,制定本办法。

第二条 本办法所称的部分行业企业是指建筑、服务、矿山等行业中难以直接按照工资总额计算缴纳工伤保险费的建筑施工企业、小型服务企业、小型矿山企业等。

前款所称小型服务企业、小型矿山企业的划分标准可以参照《中小企业标准暂行规定》(国经贸中小企〔2003〕143号)执行。

第三条 建筑施工企业可以实行以建筑施工项目为单位,按照项目工程总造价的一定比例,计算缴纳工伤保险费。

第四条 商贸、餐饮、住宿、美容美发、洗浴以及文体娱乐等小型服务业企业以及有雇工的个体工商户,可以按照营业面积的大小核定应参保人数,按照所在统筹地区上一年度职工月平均工资的一定比例和相应的费率,计算缴纳工伤保险费;也可以按照营业额的一定比例计算缴纳工伤保险费。

第五条 小型矿山企业可以按照总产量、吨矿工资含量和相应的费率计算缴纳工伤保险费。

第六条 本办法中所列部分行业企业工伤保险费缴纳的具体计算办法,由省级社会保险行政部门根据本地区实际情况确定。

第七条 本办法自2011年1月1日起施行。

实施《中华人民共和国社会保险法》若干规定

(2011年6月29日 中华人民共和国人力资源和社会保障部令第13号)

为了实施《中华人民共和国社会保险法》(以下简称社会保险法),制定本规定。

第一章 关于基本养老保险

第一条 社会保险法第十五条规定的统筹养老金,按照国务院规定的基础养老金计发办法计发。

第二条 参加职工基本养老保险的个人达到法定退休年龄时,累计缴费不足十五年的,可以延长缴费至满十五年。社会保险法实施前参保、延长缴费五年后仍不足十五年的,可以一次性缴费至满十五年。

第三条 参加职工基本养老保险的个人达到法定退休年龄后,累计缴费不足十五年(含依照第二条规定延长缴费)的,可以申请转入户籍所在地新型农村社会养老保险或者城镇居民社会养老保险,享受相应的养老保险待遇。

参加职工基本养老保险的个人达到法定退休年龄后,累计缴费不足十五年(含依照第二条规定延长缴费),且未转入新型农村社会养老保险或者城镇居民社会养老保险的,个人可以书面申请终止职工基本养老保险关系。社会保险经办机构收到申请后,应当书面告知其转入新型农村社会养老保险或者城镇居民社会养老保险的权利以及终止职工基本养老保险关系的后果,经本人书面确认后,终止其职工基本养老保险关系，并将个人账户储存额一次性支付给本人。

  第四条 参加职工基本养老保险的个人跨省流动就业，达到法定退休年龄时累计缴费不足十五年的，按照《国务院办公厅关于转发人力资源社会保障部　财政部城镇企业职工基本养老保险关系转移接续暂行办法的通知》（国办发〔2009〕66号）有关待遇领取地的规定确定继续缴费地后，按照本规定第二条办理。

  第五条 参加职工基本养老保险的个人跨省流动就业，符合按月领取基本养老金条件时，基本养老金分段计算、统一支付的具体办法，按照《国务院办公厅关于转发人力资源社会保障部　财政部城镇企业职工基本养老保险关系转移接续暂行办法的通知》（国办发〔2009〕66号）执行。

  第六条 职工基本养老保险个人账户不得提前支取。个人在达到法定的领取基本养老金条件前离境定居的，其个人账户予以保留，达到法定领取条件时，按照国家规定享受相应的养老保险待遇。其中，丧失中华人民共和国国籍的，可以在其离境时或者离境后书面申请终止职工基本养老保险关系。社会保险经办机构收到申请后，应当书面告知其保留个人账户的权利以及终止职工基本养老保险关系的后果，经本人书面确认后，终止其职工基本养老保险关系，并将个人账户储存额一次性支付给本人。

  参加职工基本养老保险的个人死亡后，其个人账户中的余额可以全部依法继承。

第二章 关于基本医疗保险

  第七条 社会保险法第二十七条规定的退休人员享受基本医疗保险待遇的缴费年限按照各地规定执行。

  参加职工基本医疗保险的个人，基本医疗保险关系转移接续时，基本医疗保险缴费年限累计计算。

第八条 参保人员在协议医疗机构发生的医疗费用，符合基本医疗保险药品目录、诊疗项目、医疗服务设施标准的，按照国家规定从基本医疗保险基金中支付。

参保人员确需急诊、抢救的，可以在非协议医疗机构就医；因抢救必须使用的药品可以适当放宽范围。参保人员急诊、抢救的医疗服务具体管理办法由统筹地区根据当地实际情况制定。

第三章 关于工伤保险

第九条 职工（包括非全日制从业人员）在两个或者两个以上用人单位同时就业的，各用人单位应当分别为职工缴纳工伤保险费。职工发生工伤，由职工受到伤害时工作的单位依法承担工伤保险责任。

第十条 社会保险法第三十七条第二项中的醉酒标准，按照《车辆驾驶人员血液、呼气酒精含量阈值与检验》（GB 19522—2004）执行。公安机关交通管理部门、医疗机构等有关单位依法出具的检测结论、诊断证明等材料，可以作为认定醉酒的依据。

第十一条 社会保险法第三十八条第八项中的因工死亡补助金是指《工伤保险条例》第三十九条的一次性工亡补助金，标准为工伤发生时上一年度全国城镇居民人均可支配收入的20倍。

上一年度全国城镇居民人均可支配收入以国家统计局公布的数据为准。

第十二条 社会保险法第三十九条第一项治疗工伤期间的工资福利，按照《工伤保险条例》第三十三条有关职工在停工留薪期内应当享受的工资福利和护理等待遇的规定执行。

第四章 关于失业保险

第十三条 失业人员符合社会保险法第四十五条规定条件的，可以申请领取失业保险金并享受其他失业保险待遇。其中，非因本人意愿中断就业包括下列情形：

（一）依照劳动合同法第四十四条第一项、第四项、第五项规定终止劳动合同的；

（二）由用人单位依照劳动合同法第三十九条、第四十条、第四十一条规定解除劳动合同的；

（三）用人单位依照劳动合同法第三十六条规定向劳动者提出解除劳动合同并与劳动者协商一致解除劳动合同的；

（四）由用人单位提出解除聘用合同或者被用人单位辞退、除名、开除的；

（五）劳动者本人依照劳动合同法第三十八条规定解除劳动合同的；

（六）法律、法规、规章规定的其他情形。

第十四条 失业人员领取失业保险金后重新就业的，再次失业时，缴费时间重新计算。失业人员因当期不符合失业保险金领取条件的，原有缴费时间予以保留，重新就业并参保的，缴费时间累计计算。

第十五条 失业人员在领取失业保险金期间，应当积极求职，接受职业介绍和职业培训。失业人员接受职业介绍、职业培训的补贴由失业保险基金按照规定支付。

第五章 关于基金管理和经办服务

第十六条 社会保险基金预算、决算草案的编制、审核和批准，依照《国务院关于试行社会保险基金预算的意见》（国发〔2010〕2号）的规定执行。

第十七条 社会保险经办机构应当每年至少一次将参保人员个人权益记录单通过邮寄方式寄送本人。同时，社会保险经办机构可以通过手机短信或者电子邮件等方式向参保人员发送个人权益记录。

第十八条　社会保险行政部门、社会保险经办机构及其工作人员应当依法为用人单位和个人的信息保密，不得违法向他人泄露下列信息：

（一）涉及用人单位商业秘密或者公开后可能损害用人单位合法利益的信息；

（二）涉及个人权益的信息。

第六章　关于法律责任

第十九条　用人单位在终止或者解除劳动合同时拒不向职工出具终止或者解除劳动关系证明，导致职工无法享受社会保险待遇的，用人单位应当依法承担赔偿责任。

第二十条　职工应当缴纳的社会保险费由用人单位代扣代缴。用人单位未依法代扣代缴的，由社会保险费征收机构责令用人单位限期代缴，并自欠缴之日起向用人单位按日加收万分之五的滞纳金。用人单位不得要求职工承担滞纳金。

第二十一条　用人单位因不可抗力造成生产经营出现严重困难的，经省级人民政府社会保险行政部门批准后，可以暂缓缴纳一定期限的社会保险费，期限一般不超过一年。暂缓缴费期间，免收滞纳金。到期后，用人单位应当缴纳相应的社会保险费。

第二十二条　用人单位按照社会保险法第六十三条的规定，提供担保并与社会保险费征收机构签订缓缴协议的，免收缓缴期间的滞纳金。

第二十三条　用人单位按照本规定第二十一条、第二十二条缓缴社会保险费期间，不影响其职工依法享受社会保险待遇。

第二十四条　用人单位未按月将缴纳社会保险费的明细情况告知职工本人的，由社会保险行政部门责令改正；逾期不改的，按照《劳动保障监察条例》第三十条的规定处理。

第二十五条　医疗机构、药品经营单位等社会保险服务机构以欺诈、伪造证明材料或者其他手段骗取社会保险基金支出的,由社会保险行政部门责令退回骗取的社会保险金,处骗取金额二倍以上五倍以下的罚款。对与社会保险经办机构签订服务协议的医疗机构、药品经营单位,由社会保险经办机构按照协议追究责任,情节严重的,可以解除与其签订的服务协议。对有执业资格的直接负责的主管人员和其他直接责任人员,由社会保险行政部门建议授予其执业资格的有关主管部门依法吊销其执业资格。

第二十六条 社会保险经办机构、社会保险费征收机构、社会保险基金投资运营机构、开设社会保险基金专户的机构和专户管理银行及其工作人员有下列违法情形的,由社会保险行政部门按照社会保险法第九十一条的规定查处:

(一)将应征和已征的社会保险基金,采取隐藏、非法放置等手段,未按规定征缴、入账的;

(二)违规将社会保险基金转入社会保险基金专户以外的账户的;

(三)侵吞社会保险基金的;

(四)将各项社会保险基金互相挤占或者其他社会保障基金挤占社会保险基金的;

(五)将社会保险基金用于平衡财政预算,兴建、改建办公场所和支付人员经费、运行费用、管理费用的;

(六)违反国家规定的投资运营政策的。

第七章 其 他

第二十七条 职工与所在用人单位发生社会保险争议的,可以依照《中华人民共和国劳动争议调解仲裁法》、《劳动人事争议仲裁办案规则》的规定,申请调解、仲裁,提起诉讼。

职工认为用人单位有未按时足额为其缴纳社会保险费等侵害其社会保险权益行为的,也可以要求社会保险行政部门或者社会保险费征收机构依法处理。社会保险行政部门或者社会保险费征收机构应当按照社会保险法和《劳动保障监察条例》等相关规定处理。在处理过程中，用人单位对双方的劳动关系提出异议的，社会保险行政部门应当依法查明相关事实后继续处理。

第二十八条　在社会保险经办机构征收社会保险费的地区，社会保险行政部门应当依法履行社会保险法第六十三条所规定的有关行政部门的职责。

第二十九条　2011年7月1日后对用人单位未按时足额缴纳社会保险费的处理，按照社会保险法和本规定执行；对2011年7月1日前发生的用人单位未按时足额缴纳社会保险费的行为，按照国家和地方人民政府的有关规定执行。

第三十条　本规定自2011年7月1日起施行。

社会保险基金先行支付暂行办法

（2011年6月29日　中华人民共和国人力资源和社会保障部令第15号）

第一条　为了维护公民的社会保险合法权益，规范社会保险基金先行支付管理，根据《中华人民共和国社会保险法》（以下简称社会保险法）和《工伤保险条例》，制定本办法。

第二条　参加基本医疗保险的职工或者居民（以下简称个人）由于第三人的侵权行为造成伤病的，其医疗费用应当由第三人按照确定的责任大小依法承担。超过第三人责任部分的医疗费用，由基本医疗保险基金按照国家规定支付。

前款规定中应当由第三人支付的医疗费用，第三人不支付或者无法确定第三人的，在医疗费用结算时，个人可以向参保地社会保险经办机构书面申请基本医疗保险基金先行支付，并告知造成其伤病的原因和第三人不支付医疗费用或者无法确定第三人的情况。

第三条　社会保险经办机构接到个人根据第二条规定提出的申请后，经审核确定其参加基本医疗保险的，应当按照统筹地区基本医疗保险基金支付的规定先行支付相应部分的医疗费用。

第四条　个人由于第三人的侵权行为造成伤病被认定为工伤，第三人不支付工伤医疗费用或者无法确定第三人的，个人或者其近亲属可以持工伤认定决定书和有关材料向社会保险经办机构书面申请工伤保险基金先行支付，并告知第三人不支付或者无法确定第三人的情况。

第五条　社会保险经办机构接到个人根据第四条规定提出的申

请后，应当审查个人获得基本医疗保险基金先行支付和其所在单位缴纳工伤保险费等情况，并按照下列情形分别处理：

（一）对于个人所在用人单位已经依法缴纳工伤保险费，且在认定工伤之前基本医疗保险基金有先行支付的，社会保险经办机构应当按照工伤保险有关规定，用工伤保险基金先行支付超出基本医疗保险基金先行支付部分的医疗费用，并向基本医疗保险基金退还先行支付的费用。

（二）对于个人所在用人单位已经依法缴纳工伤保险费，在认定工伤之前基本医疗保险基金无先行支付的，社会保险经办机构应当用工伤保险基金先行支付工伤医疗费用。

（三）对于个人所在用人单位未依法缴纳工伤保险费，且在认定工伤之前基本医疗保险基金有先行支付的，社会保险经办机构应当在3个工作日内向用人单位发出书面催告通知，要求用人单位在5个工作日内依法支付超出基本医疗保险基金先行支付部分的医疗费用，并向基本医疗保险基金偿还先行支付的医疗费用。用人单位在规定时间内不支付其余部分医疗费用的，社会保险经办机构应当用工伤保险基金先行支付。

（四）对于个人所在用人单位未依法缴纳工伤保险费，在认定工伤之前基本医疗保险基金无先行支付的，社会保险经办机构应当在3个工作日向用人单位发出书面催告通知，要求用人单位在5个工作日内依法支付全部工伤医疗费用；用人单位在规定时间内不支付的，社会保险经办机构应当用工伤保险基金先行支付。

第六条 职工所在用人单位未依法缴纳工伤保险费，发生工伤事故的，用人单位应当采取措施及时救治，并按照规定的工伤保险待遇项目和标准支付费用。

职工被认定为工伤后，有下列情形之一的，职工或者其近亲属可以持工伤认定决定书和有关材料向社会保险经办机构书面申请先行支付工伤保险待遇：

（一）用人单位被依法吊销营业执照或者撤销登记、备案的；

（二）用人单位拒绝支付全部或者部分费用的；

（三）依法经仲裁、诉讼后仍不能获得工伤保险待遇，法院出具中止执行文书的；

（四）职工认为用人单位不支付的其他情形。

第七条 社会保险经办机构收到职工或者其近亲属根据第六条规定提出的申请后，应当在3个工作日内向用人单位发出书面催告通知，要求其在5个工作日内予以核实并依法支付工伤保险待遇，告知其如在规定期限内不按时足额支付的，工伤保险基金在按照规定先行支付后，取得要求其偿还的权利。

第八条 用人单位未按照第七条规定按时足额支付的，社会保险经办机构应当按照社会保险法和《工伤保险条例》的规定，先行支付工伤保险待遇项目中应当由工伤保险基金支付的项目。

第九条 个人或者其近亲属提出先行支付医疗费用、工伤医疗费用或者工伤保险待遇申请，社会保险经办机构经审核不符合先行支付条件的，应当在收到申请后5个工作日内作出不予先行支付的决定，并书面通知申请人。

第十条 个人申请先行支付医疗费用、工伤医疗费用或者工伤保险待遇的，应当提交所有医疗诊断、鉴定等费用的原始票据等证据。社会保险经办机构应当保留所有原始票据等证据，要求申请人在先行支付凭据上签字确认，凭原始票据等证据先行支付医疗费用、工伤医疗费用或者工伤保险待遇。

个人因向第三人或者用人单位请求赔偿需要医疗费用、工伤医疗费用或者工伤保险待遇的原始票据等证据的，可以向社会保险经办机构索取复印件，并将第三人或者用人单位赔偿情况及时告知社会保险经办机构。

第十一条 个人已经从第三人或者用人单位处获得医疗费用、工伤医疗费用或者工伤保险待遇的，应当主动将先行支付金额中应当由第三人承担的部分或者工伤保险基金先行支付的工伤保险待遇退还给基本医疗保险基金或者工伤保险基金，社会保险经办机构不再向第三人或者用人单位追偿。

个人拒不退还的，社会保险经办机构可以从以后支付的相关待遇中扣减其应当退还的数额，或者向人民法院提起诉讼。

第十二条 社会保险经办机构按照本办法第三条规定先行支付医疗费用或者按照第五条第一项、第二项规定先行支付工伤医疗费用后，有关部门确定了第三人责任的，应当要求第三人按照确定的责任大小依法偿还先行支付数额中的相应部分。第三人逾期不偿还的，社会保险经办机构应当依法向人民法院提起诉讼。

第十三条 社会保险经办机构按照本办法第五条第三项、第四项和第六条、第七条、第八条的规定先行支付工伤保险待遇后，应当责令用人单位在10日内偿还。

用人单位逾期不偿还的，社会保险经办机构可以按照社会保险法第六十三条的规定，向银行和其他金融机构查询其存款账户，申请县级以上社会保险行政部门作出划拨应偿还款项的决定，并书面通知用人单位开户银行或者其他金融机构划拨其应当偿还的数额。

用人单位账户余额少于应当偿还数额的，社会保险经办机构可以要求其提供担保，签订延期还款协议。

用人单位未按时足额偿还且未提供担保的，社会保险经办机构可以申请人民法院扣押、查封、拍卖其价值相当于应当偿还数额的财产，以拍卖所得偿还所欠数额。

第十四条 社会保险经办机构向用人单位追偿工伤保险待遇发生的合理费用以及用人单位逾期偿还部分的利息损失等，应当由用人单位承担。

第十五条 用人单位不支付依法应当由其支付的工伤保险待遇项目的，职工可以依法申请仲裁、提起诉讼。

第十六条 个人隐瞒已经从第三人或者用人单位处获得医疗费

用、工伤医疗费用或者工伤保险待遇，向社会保险经办机构申请并获得社会保险基金先行支付的，按照社会保险法第八十八条的规定处理。

第十七条 用人单位对社会保险经办机构作出先行支付的追偿决定不服或者对社会保险行政部门作出的划拨决定不服的，可以依法申请行政复议或者提起行政诉讼。

个人或者其近亲属对社会保险经办机构作出不予先行支付的决定不服或者对先行支付的数额不服的，可以依法申请行政复议或者提起行政诉讼。

第十八条 本办法自 2011 年 7 月 1 日起施行。

职业病诊断与鉴定管理办法

(2013年2月19日 中华人民共和国卫生部令第91号)

第一章 总　　则

第一条 为了规范职业病诊断与鉴定工作，加强职业病诊断与鉴定管理，根据《中华人民共和国职业病防治法》（以下简称《职业病防治法》），制定本办法。

第二条 职业病诊断与鉴定工作应当按照《职业病防治法》、本办法的有关规定及国家职业病诊断标准进行，遵循科学、公正、及时、便民的原则。

第三条 职业病诊断机构的设置必须适应职业病防治工作实际需要，充分利用现有医疗卫生资源，实现区域覆盖。

第四条 各地要加强职业病诊断机构能力建设，提供必要的保障条件，配备相关的人员、设备和工作经费，以满足职业病诊断工作的需要。

第二章 诊断机构

第五条 省、自治区、直辖市人民政府卫生行政部门（以下简称省级卫生行政部门）应当结合本行政区域职业病防治工作制定职业病诊断机构设置规划，报省级人民政府批准后实施。

第六条 职业病诊断机构应当具备下列条件：

（一）持有《医疗机构执业许可证》；

（二）具有相应的诊疗科目及与开展职业病诊断相适应的职业

病诊断医师等相关医疗卫生技术人员；

（三）具有与开展职业病诊断相适应的场所和仪器、设备；

（四）具有健全的职业病诊断质量管理制度。

第七条 医疗卫生机构申请开展职业病诊断，应当向省级卫生行政部门提交以下资料：

（一）职业病诊断机构申请表；

（二）《医疗机构执业许可证》及副本的复印件；

（三）与申请开展的职业病诊断项目相关的诊疗科目及相关资料；

（四）与申请项目相适应的职业病诊断医师等相关医疗卫生技术人员情况；

（五）与申请项目相适应的场所和仪器、设备清单；

（六）职业病诊断质量管理制度有关资料；

（七）省级卫生行政部门规定提交的其他资料。

第八条 省级卫生行政部门收到申请材料后，应当在五个工作日内作出是否受理的决定，不受理的应当说明理由并书面通知申请单位。

决定受理的，省级卫生行政部门应当及时组织专家组进行技术评审。专家组应当自卫生行政部门受理申请之日起六十日内完成和提交技术评审报告，并对提交的技术评审报告负责。

第九条 省级卫生行政部门应当自收到技术评审报告之日起二十个工作日内，作出是否批准的决定。

对批准的申请单位颁发职业病诊断机构批准证书；不批准的应当说明理由并书面通知申请单位。

职业病诊断机构批准证书有效期为五年。

第十条 职业病诊断机构需要延续依法取得的职业病诊断机构批准证书有效期的，应当在批准证书有效期届满三十日前，向原批准机关申请延续。经原批准机关审核合格的，延续批准证书。

第十一条 符合本办法第六条规定的公立医疗卫生机构可以申请开展职业病诊断工作。

设区的市没有医疗卫生机构申请开展职业病诊断的，省级卫生行政部门应当根据职业病诊断工作的需要，指定公立医疗卫生机构承担职业病诊断工作，并使其在规定时间内达到本办法第六条规定的条件。

第十二条 职业病诊断机构的职责是：

（一）在批准的职业病诊断项目范围内开展职业病诊断；

（二）报告职业病；

（三）报告职业病诊断工作情况；

（四）承担《职业病防治法》中规定的其他职责。

第十三条 职业病诊断机构依法独立行使诊断权，并对其作出的职业病诊断结论负责。

第十四条 职业病诊断机构应当建立和健全职业病诊断管理制度，加强职业病诊断医师等有关医疗卫生人员技术培训和政策、法律培训，并采取措施改善职业病诊断工作条件，提高职业病诊断服务质量和水平。

第十五条 职业病诊断机构应当公开职业病诊断程序，方便劳动者进行职业病诊断。

职业病诊断机构及其相关工作人员应当尊重、关心、爱护劳动者，保护劳动者的隐私。

第十六条 从事职业病诊断的医师应当具备下列条件，并取得省级卫生行政部门颁发的职业病诊断资格证书：

（一）具有医师执业证书；

（二）具有中级以上卫生专业技术职务任职资格；

（三）熟悉职业病防治法律法规和职业病诊断标准；

（四）从事职业病诊断、鉴定相关工作三年以上；

（五）按规定参加职业病诊断医师相应专业的培训，并考核合格。

第十七条 职业病诊断医师应当依法在其资质范围内从事职业病诊断工作，不得从事超出其资质范围的职业病诊断工作。

第十八条 省级卫生行政部门应当向社会公布本行政区域内职业病诊断机构名单、地址、诊断项目等相关信息。

第三章 诊 断

第十九条 劳动者可以选择用人单位所在地、本人户籍所在地或者经常居住地的职业病诊断机构进行职业病诊断。

第二十条 职业病诊断机构应当按照《职业病防治法》、本办法的有关规定和国家职业病诊断标准，依据劳动者的职业史、职业病危害接触史和工作场所职业病危害因素情况、临床表现以及辅助检查结果等，进行综合分析，作出诊断结论。

第二十一条 职业病诊断需要以下资料：

（一）劳动者职业史和职业病危害接触史（包括在岗时间、工种、岗位、接触的职业病危害因素名称等）；

（二）劳动者职业健康检查结果；

（三）工作场所职业病危害因素检测结果；

（四）职业性放射性疾病诊断还需要个人剂量监测档案等资料；

（五）与诊断有关的其他资料。

第二十二条 劳动者依法要求进行职业病诊断的，职业病诊断机构应当接诊，并告知劳动者职业病诊断的程序和所需材料。劳动者应当填写《职业病诊断就诊登记表》，并提交其掌握的本办法第二十一条规定的职业病诊断资料。

第二十三条 在确认劳动者职业史、职业病危害接触史时，当事人对劳动关系、工种、工作岗位或者在岗时间有争议的，职业病诊断机构应当告知当事人依法向用人单位所在地的劳动人事争议仲裁委员会申请仲裁。

第二十四条 职业病诊断机构进行职业病诊断时，应当书面通知劳动者所在的用人单位提供其掌握的本办法第二十一条规定的职业病诊断资料，用人单位应当在接到通知后的十日内如实提供。

第二十五条 用人单位未在规定时间内提供职业病诊断所需要资料的，职业病诊断机构可以依法提请安全生产监督管理部门督促用人单位提供。

第二十六条 劳动者对用人单位提供的工作场所职业病危害因素检测结果等资料有异议，或者因劳动者的用人单位解散、破产，无用人单位提供上述资料的，职业病诊断机构应当依法提请用人单位所在地安全生产监督管理部门进行调查。

职业病诊断机构在安全生产监督管理部门作出调查结论或者判定前应当中止职业病诊断。

第二十七条 职业病诊断机构需要了解工作场所职业病危害因素情况时，可以对工作场所进行现场调查，也可以依法提请安全生产监督管理部门组织现场调查。

第二十八条 经安全生产监督管理部门督促，用人单位仍不提供工作场所职业病危害因素检测结果、职业健康监护档案等资料或者提供资料不全的，职业病诊断机构应当结合劳动者的临床表现、辅助检查结果和劳动者的职业史、职业病危害接触史，并参考劳动者自述、安全生产监督管理部门提供的日常监督检查信息等，作出职业病诊断结论。仍不能作出职业病诊断的，应当提出相关医学意见或者建议。

第二十九条 职业病诊断机构在进行职业病诊断时，应当组织三名以上单数职业病诊断医师进行集体诊断。

职业病诊断医师应当独立分析、判断、提出诊断意见，任何单位和个人无权干预。

第三十条 职业病诊断机构在进行职业病诊断时，诊断医师对诊断结论有意见分歧的，应当根据半数以上诊断医师的一致意见形成诊断结论，对不同意见应当如实记录。参加诊断的职业病诊断医师不得弃权。

第三十一条 职业病诊断机构可以根据诊断需要，聘请其他单位职业病诊断医师参加诊断。必要时，可以邀请相关专业专家提供咨询意见。

第三十二条 职业病诊断机构作出职业病诊断结论后，应当出具职业病诊断证明书。

职业病诊断证明书应当包括以下内容：

（一）劳动者、用人单位基本信息。

（二）诊断结论。确诊为职业病的，应当载明职业病的名称、程度（期别）、处理意见。

（三）诊断时间。

职业病诊断证明书应当由参加诊断的医师共同签署，并经职业病诊断机构审核盖章。

职业病诊断证明书一式三份，劳动者、用人单位各一份，诊断机构存档一份。

职业病诊断证明书的格式由卫生部统一规定。

第三十三条 职业病诊断机构应当建立职业病诊断档案并永久保存，档案应当包括：

（一）职业病诊断证明书；

（二）职业病诊断过程记录，包括参加诊断的人员、时间、地点、讨论内容及诊断结论；

（三）用人单位、劳动者和相关部门、机构提交的有关资料；

（四）临床检查与实验室检验等资料；

（五）与诊断有关的其他资料。

第三十四条 职业病诊断机构发现职业病病人或者疑似职业病病人时，应当及时向所在地卫生行政部门和安全生产监督管理部门报告。

确诊为职业病的，职业病诊断机构可以根据需要，向相关监管部门、用人单位提出专业建议。

第三十五条 未取得职业病诊断资质的医疗卫生机构，在诊疗活动中怀疑劳动者健康损害可能与其所从事的职业有关时，应当及时告知劳动者到职业病诊断机构进行职业病诊断。

第四章 鉴　　定

第三十六条 当事人对职业病诊断机构作出的职业病诊断结论有异议的，可以在接到职业病诊断证明书之日起三十日内，向职业病诊断机构所在地设区的市级卫生行政部门申请鉴定。

设区的市级职业病诊断鉴定委员会负责职业病诊断争议的首次鉴定。

当事人对设区的市级职业病鉴定结论不服的，可以在接到鉴定书之日起十五日内，向原鉴定组织所在地省级卫生行政部门申请再鉴定。

职业病鉴定实行两级鉴定制，省级职业病鉴定结论为最终鉴定。

第三十七条 卫生行政部门可以指定办事机构，具体承担职业病鉴定的组织和日常性工作。职业病鉴定办事机构的职责是：

（一）接受当事人申请；

（二）组织当事人或者接受当事人委托抽取职业病鉴定专家；

（三）组织职业病鉴定会议，负责会议记录、职业病鉴定相关文书的收发及其他事务性工作；

（四）建立并管理职业病鉴定档案；

（五）承担卫生行政部门委托的有关职业病鉴定的其他工作。

职业病诊断机构不能作为职业病鉴定办事机构。

第三十八条 设区的市级以上地方卫生行政部门应当向社会公布本行政区域内依法承担职业病鉴定工作的办事机构的名称、工作时间、地点和鉴定工作程序。

第三十九条 省级卫生行政部门应当设立职业病鉴定专家库（以下简称专家库），并根据实际工作需要及时调整其成员。专家库可以按照专业类别进行分组。

第四十条 专家库应当以取得各类职业病诊断资格的医师为主要成员，吸收临床相关学科、职业卫生、放射卫生等相关专业的专家组成。专家应当具备下列条件：

（一）具有良好的业务素质和职业道德；

（二）具有相关专业的高级专业技术职务任职资格；

（三）熟悉职业病防治法律法规和职业病诊断标准；

（四）身体健康，能够胜任职业病鉴定工作。

第四十一条 参加职业病鉴定的专家，应当由申请鉴定的当事人或者当事人委托的职业病鉴定办事机构从专家库中按照专业类别以随机抽取的方式确定。抽取的专家组成职业病鉴定专家组（以下简称专家组）。

经当事人同意，职业病鉴定办事机构可以根据鉴定需要聘请本省、自治区、直辖市以外的相关专业专家作为专家组成员，并有表决权。

第四十二条 专家组人数为五人以上单数，其中相关专业职业病诊断医师应当为本次专家人数的半数以上。疑难病例应当增加专家组人数，充分听取意见。专家组设组长一名，由专家组成员推举产生。

职业病鉴定会议由专家组组长主持。

第四十三条 参与职业病鉴定的专家有下列情形之一的，应当回避：

（一）是职业病鉴定当事人或者当事人近亲属的；

（二）已参加当事人职业病诊断或者首次鉴定的；

（三）与职业病鉴定当事人有利害关系的；

（四）与职业病鉴定当事人有其他关系，可能影响鉴定公正的。

第四十四条 当事人申请职业病鉴定时，应当提供以下资料：

（一）职业病鉴定申请书；

（二）职业病诊断证明书，申请省级鉴定的还应当提交市级职业病鉴定书；

（三）卫生行政部门要求提供的其他有关资料。

第四十五条 职业病鉴定办事机构应当自收到申请资料之日起五个工作日内完成资料审核，对资料齐全的发给受理通知书；资料不全的，应当书面通知当事人补充。资料补充齐全的，应当受理申请并组织鉴定。

职业病鉴定办事机构收到当事人鉴定申请之后，根据需要可以向原职业病诊断机构或者首次职业病鉴定的办事机构调阅有关的诊断、鉴定资料。原职业病诊断机构或者首次职业病鉴定办事机构应当在接到通知之日起十五日内提交。

职业病鉴定办事机构应当在受理鉴定申请之日起六十日内组织鉴定、形成鉴定结论，并在鉴定结论形成后十五日内出具职业病鉴定书。

第四十六条 根据职业病鉴定工作需要，职业病鉴定办事机构可以向有关单位调取与职业病诊断、鉴定有关的资料，有关单位应当如实、及时提供。

专家组应当听取当事人的陈述和申辩，必要时可以组织进行医学检查。

需要了解被鉴定人的工作场所职业病危害因素情况时，职业病鉴定办事机构根据专家组的意见可以对工作场所进行现场调查，或者依法提请安全生产监督管理部门组织现场调查。依法提请安全生产监督管理部门组织现场调查的，在现场调查结论或者判定作出前，职业病鉴定应当中止。

职业病鉴定应当遵循客观、公正的原则，专家组进行职业病鉴定时,可以邀请有关单位人员旁听职业病鉴定会。所有参与职业病鉴定的人员应当依法保护被鉴定人的个人隐私。

第四十七条 专家组应当认真审阅鉴定资料,依照有关规定和职业病诊断标准,经充分合议后,根据专业知识独立进行鉴定。在事实清楚的基础上,进行综合分析,作出鉴定结论,并制作鉴定书。

鉴定结论应当经专家组三分之二以上成员通过。

第四十八条 职业病鉴定书应当包括以下内容:

(一)劳动者、用人单位的基本信息及鉴定事由;

(二)鉴定结论及其依据,如果为职业病,应当注明职业病名称、程度(期别);

(三)鉴定时间。

鉴定书加盖职业病诊断鉴定委员会印章。

首次鉴定的职业病鉴定书一式四份,劳动者、用人单位、原诊断机构各一份,职业病鉴定办事机构存档一份;再次鉴定的职业病鉴定书一式五份,劳动者、用人单位、原诊断机构、首次职业病鉴定办事机构各一份,再次职业病鉴定办事机构存档一份。

职业病鉴定书的格式由卫生部统一规定。

第四十九条 职业病鉴定书应当于鉴定结论作出之日起二十日内由职业病鉴定办事机构送达当事人。

第五十条 鉴定结论与诊断结论或者首次鉴定结论不一致的,职业病鉴定办事机构应当及时向相关卫生行政部门和安全生产监督管理部门报告。

第五十一条 职业病鉴定办事机构应当如实记录职业病鉴定过程,内容应当包括:

(一)专家组的组成;

(二)鉴定时间;

(三)鉴定所用资料;

（四）鉴定专家的发言及其鉴定意见；

（五）表决情况；

（六）经鉴定专家签字的鉴定结论；

（七）与鉴定有关的其他资料。

有当事人陈述和申辩的，应当如实记录。

鉴定结束后，鉴定记录应当随同职业病鉴定书一并由职业病鉴定办事机构存档，永久保存。

第五章 监督管理

第五十二条 县级以上地方卫生行政部门应当制定职业病诊断机构年度监督检查计划，定期对职业病诊断机构进行监督检查，检查内容包括：

（一）法律法规、标准的执行情况；

（二）规章制度建立情况；

（三）人员、岗位职责落实和培训等情况；

（四）职业病报告情况等。

省级卫生行政部门每年应当至少组织一次监督检查；设区的市级卫生行政部门每年应当至少组织一次监督检查并不定期抽查；县级卫生行政部门负责日常监督检查。

第五十三条 设区的市级以上地方卫生行政部门应当加强对职业病鉴定办事机构的监督管理，对职业病鉴定工作程序、制度落实情况及职业病报告等相关工作情况进行监督检查。

第五十四条 省级卫生行政部门负责对职业病诊断机构进行定期考核。

第六章 法律责任

第五十五条 医疗卫生机构未经批准擅自从事职业病诊断的，由县级以上地方卫生行政部门按照《职业病防治法》第八十条的规定进行处罚。

第五十六条 职业病诊断机构有下列行为之一的，由县级以上地方卫生行政部门按照《职业病防治法》第八十一条的规定进行处罚：

（一）超出批准范围从事职业病诊断的；

（二）不按照《职业病防治法》规定履行法定职责的；

（三）出具虚假证明文件的。

第五十七条 职业病诊断机构未按照规定报告职业病、疑似职业病的，由县级以上地方卫生行政部门按照《职业病防治法》第七十五条的规定进行处罚。

第五十八条 职业病诊断机构违反本办法规定，有下列情形之一的，由县级以上地方卫生行政部门责令限期改正；逾期不改正的，给予警告，并可以根据情节轻重处以二万元以下的罚款：

（一）未建立职业病诊断管理制度；

（二）不按照规定向劳动者公开职业病诊断程序；

（三）泄露劳动者涉及个人隐私的有关信息、资料；

（四）其他违反本办法的行为。

第五十九条 职业病诊断鉴定委员会组成人员收受职业病诊断争议当事人的财物或者其他好处的，由省级卫生行政部门按照《职业病防治法》第八十二条的规定进行处罚。

第六十条 县级以上地方卫生行政部门及其工作人员未依法履行职责，按照《职业病防治法》第八十五条第二款的规定进行处理。

第七章 附 则

第六十一条 职业病诊断、鉴定的费用由用人单位承担。

第六十二条 本办法由卫生部解释。

第六十三条 本办法自2013年4月10日起施行。2002年3月28日卫生部公布的《职业病诊断与鉴定管理办法》同时废止。

工伤职工劳动能力鉴定管理办法

（2014年2月20日 中华人民共和国人力资源和社会保障部、中华人民共和国国家卫生和计划生育委员会令第21号）

第一章 总 则

第一条 为了加强劳动能力鉴定管理，规范劳动能力鉴定程序，根据《中华人民共和国社会保险法》、《中华人民共和国职业病防治法》和《工伤保险条例》，制定本办法。

第二条 劳动能力鉴定委员会依据《劳动能力鉴定 职工工伤与职业病致残等级》国家标准，对工伤职工劳动功能障碍程度和生活自理障碍程度组织进行技术性等级鉴定，适用本办法。

第三条 省、自治区、直辖市劳动能力鉴定委员会和设区的市级（含直辖市的市辖区、县，下同）劳动能力鉴定委员会分别由省、自治区、直辖市和设区的市级人力资源社会保障行政部门、卫生计生行政部门、工会组织、用人单位代表以及社会保险经办机构代表组成。

承担劳动能力鉴定委员会日常工作的机构，其设置方式由各地根据实际情况决定。

第四条 劳动能力鉴定委员会履行下列职责：

（一）选聘医疗卫生专家，组建医疗卫生专家库，对专家进行培训和管理；

（二）组织劳动能力鉴定；

（三）根据专家组的鉴定意见作出劳动能力鉴定结论；

（四）建立完整的鉴定数据库，保管鉴定工作档案50年；

（五）法律、法规、规章规定的其他职责。

第五条 设区的市级劳动能力鉴定委员会负责本辖区内的劳动能力初次鉴定、复查鉴定。

省、自治区、直辖市劳动能力鉴定委员会负责对初次鉴定或者复查鉴定结论不服提出的再次鉴定。

第六条 劳动能力鉴定相关政策、工作制度和业务流程应当向社会公开。

第二章 鉴定程序

第七条 职工发生工伤，经治疗伤情相对稳定后存在残疾、影响劳动能力的，或者停工留薪期满（含劳动能力鉴定委员会确认的延长期限），工伤职工或者其用人单位应当及时向设区的市级劳动能力鉴定委员会提出劳动能力鉴定申请。

第八条 申请劳动能力鉴定应当填写劳动能力鉴定申请表，并提交下列材料：

（一）《工伤认定决定书》原件和复印件；

（二）有效的诊断证明、按照医疗机构病历管理有关规定复印或者复制的检查、检验报告等完整病历材料；

（三）工伤职工的居民身份证或者社会保障卡等其他有效身份证明原件和复印件；

（四）劳动能力鉴定委员会规定的其他材料。

第九条 劳动能力鉴定委员会收到劳动能力鉴定申请后，应当及时对申请人提交的材料进行审核；申请人提供材料不完整的，劳动能力鉴定委员会应当自收到劳动能力鉴定申请之日起5个工作日内一次性书面告知申请人需要补正的全部材料。

申请人提供材料完整的，劳动能力鉴定委员会应当及时组织鉴定，并在收到劳动能力鉴定申请之日起60日内作出劳动能力鉴定结论。伤情复杂、涉及医疗卫生专业较多的，作出劳动能力鉴定结论的期限可以延长 30 日。

第十条　劳动能力鉴定委员会应当视伤情程度等从医疗卫生专家库中随机抽取 3 名或者 5 名与工伤职工伤情相关科别的专家组成专家组进行鉴定。

第十一条　劳动能力鉴定委员会应当提前通知工伤职工进行鉴定的时间、地点以及应当携带的材料。工伤职工应当按照通知的时间、地点参加现场鉴定。对行动不便的工伤职工，劳动能力鉴定委员会可以组织专家上门进行劳动能力鉴定。组织劳动能力鉴定的工作人员应当对工伤职工的身份进行核实。

工伤职工因故不能按时参加鉴定的，经劳动能力鉴定委员会同意，可以调整现场鉴定的时间，作出劳动能力鉴定结论的期限相应顺延。

第十二条　因鉴定工作需要，专家组提出应当进行有关检查和诊断的，劳动能力鉴定委员会可以委托具备资格的医疗机构协助进行有关的检查和诊断。

第十三条　专家组根据工伤职工伤情，结合医疗诊断情况，依据《劳动能力鉴定　职工工伤与职业病致残等级》国家标准提出鉴定意见。参加鉴定的专家都应当签署意见并签名。

专家意见不一致时，按照少数服从多数的原则确定专家组的鉴定意见。

第十四条　劳动能力鉴定委员会根据专家组的鉴定意见作出劳动能力鉴定结论。劳动能力鉴定结论书应当载明下列事项：

（一）工伤职工及其用人单位的基本信息；

（二）伤情介绍，包括伤残部位、器官功能障碍程度、诊断情况等；

（三）作出鉴定的依据；

（四）鉴定结论。

第十五条　劳动能力鉴定委员会应当自作出鉴定结论之日起20日内将劳动能力鉴定结论及时送达工伤职工及其用人单位，并抄送社会保险经办机构。

第十六条　工伤职工或者其用人单位对初次鉴定结论不服的，可以在收到该鉴定结论之日起15日内向省、自治区、直辖市劳动能力鉴定委员会申请再次鉴定。

申请再次鉴定，除提供本办法第八条规定的材料外，还需提交劳动能力初次鉴定结论原件和复印件。

省、自治区、直辖市劳动能力鉴定委员会作出的劳动能力鉴定结论为最终结论。

第十七条　自劳动能力鉴定结论作出之日起1年后，工伤职工、用人单位或者社会保险经办机构认为伤残情况发生变化的，可以向设区的市级劳动能力鉴定委员会申请劳动能力复查鉴定。

对复查鉴定结论不服的，可以按照本办法第十六条规定申请再次鉴定。

第十八条　工伤职工本人因身体等原因无法提出劳动能力初次鉴定、复查鉴定、再次鉴定申请的，可由其近亲属代为提出。

第十九条　再次鉴定和复查鉴定的程序、期限等按照本办法第九条至第十五条的规定执行。

第三章　监督管理

第二十条　劳动能力鉴定委员会应当每3年对专家库进行一次调整和补充，实行动态管理。确有需要的，可以根据实际情况适时调整。

第二十一条　劳动能力鉴定委员会选聘医疗卫生专家，聘期一般为3年，可以连续聘任。

聘任的专家应当具备下列条件：

（一）具有医疗卫生高级专业技术职务任职资格；

（二）掌握劳动能力鉴定的相关知识；

（三）具有良好的职业品德。

第二十二条　参加劳动能力鉴定的专家应当按照规定的时间、地点进行现场鉴定，严格执行劳动能力鉴定政策和标准，客观、公正地提出鉴定意见。

第二十三条　用人单位、工伤职工或者其近亲属应当如实提供鉴定需要的材料，遵守劳动能力鉴定相关规定，按照要求配合劳动能力鉴定工作。

工伤职工有下列情形之一的，当次鉴定终止：

（一）无正当理由不参加现场鉴定的；

（二）拒不参加劳动能力鉴定委员会安排的检查和诊断的。

第二十四条　医疗机构及其医务人员应当如实出具与劳动能力鉴定有关的各项诊断证明和病历材料。

第二十五条　劳动能力鉴定委员会组成人员、劳动能力鉴定工作人员以及参加鉴定的专家与当事人有利害关系的，应当回避。

第二十六条　任何组织或者个人有权对劳动能力鉴定中的违法行为进行举报、投诉。

第四章　法律责任

第二十七条　劳动能力鉴定委员会和承担劳动能力鉴定委员会日常工作的机构及其工作人员在从事或者组织劳动能力鉴定时，有下列行为之一的，由人力资源社会保障行政部门或者有关部门责令改正，对直接负责的主管人员和其他直接责任人员依法给予相应处分；构成犯罪的，依法追究刑事责任：

（一）未及时审核并书面告知申请人需要补正的全部材料的；

（二）未在规定期限内作出劳动能力鉴定结论的；

（三）未按照规定及时送达劳动能力鉴定结论的；

（四）未按照规定随机抽取相关科别专家进行鉴定的；

（五）擅自篡改劳动能力鉴定委员会作出的鉴定结论的；

（六）利用职务之便非法收受当事人财物的；

（七）有违反法律法规和本办法的其他行为的。

第二十八条　从事劳动能力鉴定的专家有下列行为之一的，劳动能力鉴定委员会应当予以解聘；情节严重的，由卫生计生行政部门依法处理：

（一）提供虚假鉴定意见的；

（二）利用职务之便非法收受当事人财物的；

（三）无正当理由不履行职责的；

（四）有违反法律法规和本办法的其他行为的。

第二十九条　参与工伤救治、检查、诊断等活动的医疗机构及其医务人员有下列情形之一的，由卫生计生行政部门依法处理：

（一）提供与病情不符的虚假诊断证明的；

（二）篡改、伪造、隐匿、销毁病历材料的；

（三）无正当理由不履行职责的。

第三十条　以欺诈、伪造证明材料或者其他手段骗取鉴定结论、领取工伤保险待遇的，按照《中华人民共和国社会保险法》第八十八条的规定，由人力资源社会保障行政部门责令退回骗取的社会保险金，处骗取金额2倍以上5倍以下的罚款。

第五章　附　　则

第三十一条　未参加工伤保险的公务员和参照公务员法管理的事业单位、社会团体工作人员因工（公）致残的劳动能力鉴定，参照本办法执行。

第三十二条　本办法中的劳动能力鉴定申请表、初次（复查）鉴定结论书、再次鉴定结论书、劳动能力鉴定材料收讫补正告知书等文书基本样式由人力资源社会保障部制定。

第三十三条　本办法自2014年4月1日起施行。

附件：
1. 劳动能力鉴定申请表（略）
2. 初次（复查）鉴定结论书（略）
3. 再次鉴定结论书（略）
4. 劳动能力鉴定材料收讫补正告知书（略）

工伤保险辅助器具配置管理办法

(2016年2月16日 中华人民共和国人力资源和社会保障部、中华人民共和国民政部、中华人民共和国国家卫生和计划生育委员会令第27号)

第一章 总 则

第一条 为了规范工伤保险辅助器具配置管理,维护工伤职工的合法权益,根据《工伤保险条例》,制定本办法。

第二条 工伤职工因日常生活或者就业需要,经劳动能力鉴定委员会确认,配置假肢、矫形器、假眼、假牙和轮椅等辅助器具的,适用本办法。

第三条 人力资源社会保障行政部门负责工伤保险辅助器具配置的监督管理工作。民政、卫生计生等行政部门在各自职责范围内负责工伤保险辅助器具配置的有关监督管理工作。

社会保险经办机构(以下称经办机构)负责对申请承担工伤保险辅助器具配置服务的辅助器具装配机构和医疗机构(以下称工伤保险辅助器具配置机构)进行协议管理,并按照规定核付配置费用。

第四条 设区的市级(含直辖市的市辖区、县)劳动能力鉴定委员会(以下称劳动能力鉴定委员会)负责工伤保险辅助器具配置的确认工作。

第五条 省、自治区、直辖市人力资源社会保障行政部门负责制定工伤保险辅助器具配置机构评估确定办法。

经办机构按照评估确定办法，与工伤保险辅助器具配置机构签订服务协议，并向社会公布签订服务协议的工伤保险辅助器具配置机构（以下称协议机构）名单。

第六条 人力资源社会保障部根据社会经济发展水平、工伤职工日常生活和就业需要等，组织制定国家工伤保险辅助器具配置目录，确定配置项目、适用范围、最低使用年限等内容，并适时调整。

省、自治区、直辖市人力资源社会保障行政部门可以结合本地区实际，在国家目录确定的配置项目基础上，制定省级工伤保险辅助器具配置目录，适当增加辅助器具配置项目，并确定本地区辅助器具配置最高支付限额等具体标准。

第二章　确认与配置程序

第七条 工伤职工认为需要配置辅助器具的，可以向劳动能力鉴定委员会提出辅助器具配置确认申请，并提交下列材料：

（一）《工伤认定决定书》原件和复印件，或者其他确认工伤的文件；

（二）居民身份证或者社会保障卡等有效身份证明原件和复印件；

（三）有效的诊断证明、按照医疗机构病历管理有关规定复印或者复制的检查、检验报告等完整病历材料。

工伤职工本人因身体等原因无法提出申请的，可由其近亲属或者用人单位代为申请。

第八条 劳动能力鉴定委员会收到辅助器具配置确认申请后，应当及时审核；材料不完整的，应当自收到申请之日起5个工作日内一次性书面告知申请人需要补正的全部材料；材料完整的，应当在收到申请之日起60日内作出确认结论。伤情复杂、涉及医疗卫生专业较多的，作出确认结论的期限可以延长30日。

第九条 劳动能力鉴定委员会专家库应当配备辅助器具配置专家，从事辅助器具配置确认工作。

劳动能力鉴定委员会应当根据配置确认申请材料，从专家库中随机抽取3名或者5名专家组成专家组，对工伤职工本人进行现场配置确认。专家组中至少包括1名辅助器具配置专家、2名与工伤职工伤情相关的专家。

第十条 专家组根据工伤职工伤情，依据工伤保险辅助器具配置目录有关规定，提出是否予以配置的确认意见。专家意见不一致时，按照少数服从多数的原则确定专家组的意见。

劳动能力鉴定委员会根据专家组确认意见作出配置辅助器具确认结论。其中，确认予以配置的，应当载明确认配置的理由、依据和辅助器具名称等信息；确认不予配置的，应当说明不予配置的理由。

第十一条 劳动能力鉴定委员会应当自作出确认结论之日起20日内将确认结论送达工伤职工及其用人单位，并抄送经办机构。

第十二条 工伤职工收到予以配置的确认结论后，及时向经办机构进行登记，经办机构向工伤职工出具配置费用核付通知单，并告知下列事项：

（一）工伤职工应当到协议机构进行配置；

（二）确认配置的辅助器具最高支付限额和最低使用年限；

（三）工伤职工配置辅助器具超目录或者超出限额部分的费用，工伤保险基金不予支付。

第十三条 工伤职工可以持配置费用核付通知单，选择协议机构配置辅助器具。

协议机构应当根据与经办机构签订的服务协议，为工伤职工提供配置服务，并如实记录工伤职工信息、配置器具产品信息、最高支付限额、最低使用年限以及实际配置费用等配置服务事项。

前款规定的配置服务记录经工伤职工签字后，分别由工伤职工和协议机构留存。

第十四条 协议机构或者工伤职工与经办机构结算配置费用时，应当出具配置服务记录。经办机构核查后，应当按照工伤保险辅助器具配置目录有关规定及时支付费用。

第十五条 工伤职工配置辅助器具的费用包括安装、维修、训练等费用，按照规定由工伤保险基金支付。

经经办机构同意，工伤职工到统筹地区以外的协议机构配置辅助器具发生的交通、食宿费用，可以按照统筹地区人力资源社会保障行政部门的规定，由工伤保险基金支付。

第十六条 辅助器具达到规定的最低使用年限的，工伤职工可以按照统筹地区人力资源社会保障行政部门的规定申请更换。

工伤职工因伤情发生变化，需要更换主要部件或者配置新的辅助器具的，经向劳动能力鉴定委员会重新提出确认申请并经确认后，由工伤保险基金支付配置费用。

第三章 管理与监督

第十七条 辅助器具配置专家应当具备下列条件之一：

（一）具有医疗卫生中高级专业技术职务任职资格；

（二）具有假肢师或者矫形器师职业资格；

（三）从事辅助器具配置专业技术工作5年以上。

辅助器具配置专家应当具有良好的职业品德。

第十八条 工伤保险辅助器具配置机构的具体条件，由省、自治区、直辖市人力资源社会保障行政部门会同民政、卫生计生行政部门规定。

第十九条 经办机构与工伤保险辅助器具配置机构签订的服务协议，应当包括下列内容：

（一）经办机构与协议机构名称、法定代表人或者主要负责人等基本信息；

（二）服务协议期限；

（三）配置服务内容；

（四）配置费用结算；

（五）配置管理要求；

（六）违约责任及争议处理；

（七）法律、法规规定应当纳入服务协议的其他事项。

第二十条　配置的辅助器具应当符合相关国家标准或者行业标准。统一规格的产品或者材料等辅助器具在装配前应当由国家授权的产品质量检测机构出具质量检测报告，标注生产厂家、产品品牌、型号、材料、功能、出品日期、使用期和保修期等事项。

第二十一条　协议机构应当建立工伤职工配置服务档案，并至少保存至服务期限结束之日起两年。经办机构可以对配置服务档案进行抽查，并作为结算配置费用的依据之一。

第二十二条　经办机构应当建立辅助器具配置工作回访制度，对辅助器具装配的质量和服务进行跟踪检查，并将检查结果作为对协议机构的评价依据。

第二十三条　工伤保险辅助器具配置机构违反国家规定的辅助器具配置管理服务标准，侵害工伤职工合法权益的，由民政、卫生计生行政部门在各自监管职责范围内依法处理。

第二十四条　有下列情形之一的，经办机构不予支付配置费用：

（一）未经劳动能力鉴定委员会确认，自行配置辅助器具的；

（二）在非协议机构配置辅助器具的；

（三）配置辅助器具超目录或者超出限额部分的；

（四）违反规定更换辅助器具的。

第二十五条　工伤职工或者其近亲属认为经办机构未依法支付辅助器具配置费用，或者协议机构认为经办机构未履行有关协议的，可以依法申请行政复议或者提起行政诉讼。

第四章 法 律 责 任

第二十六条 经办机构在协议机构管理和核付配置费用过程中收受当事人财物的，由人力资源社会保障行政部门责令改正，对直接负责的主管人员和其他直接责任人员依法给予处分；情节严重，构成犯罪的，依法追究刑事责任。

第二十七条 从事工伤保险辅助器具配置确认工作的组织或者个人有下列情形之一的，由人力资源社会保障行政部门责令改正，处2 000元以上1万元以下的罚款；情节严重，构成犯罪的，依法追究刑事责任：

（一）提供虚假确认意见的；

（二）提供虚假诊断证明或者病历的；

（三）收受当事人财物的。

第二十八条 协议机构不按照服务协议提供服务的，经办机构可以解除服务协议，并按照服务协议追究相应责任。

经办机构不按时足额结算配置费用的，由人力资源社会保障行政部门责令改正；协议机构可以解除服务协议。

第二十九条 用人单位、工伤职工或者其近亲属骗取工伤保险待遇，辅助器具装配机构、医疗机构骗取工伤保险基金支出的，按照《工伤保险条例》第六十条的规定，由人力资源社会保障行政部门责令退还，处骗取金额2倍以上5倍以下的罚款；情节严重，构成犯罪的，依法追究刑事责任。

第五章 附 则

第三十条 用人单位未依法参加工伤保险，工伤职工需要配置辅助器具的，按照本办法的相关规定执行，并由用人单位支付配置费用。

第三十一条 本办法自2016年4月1日起施行。

劳动和社会保障部关于实施
《工伤保险条例》若干问题的意见

(2004年11月1日　劳社部函〔2004〕256号)

各省、自治区、直辖市劳动和社会保障厅（局）：

《工伤保险条例》（以下简称条例）已于二〇〇四年一月一日起施行。现就条例实施中的有关问题提出如下意见。

一、职工在两个或两个以上用人单位同时就业的，各用人单位应当分别为职工缴纳工伤保险费。职工发生工伤，由职工受到伤害时其工作的单位依法承担工伤保险责任。

二、条例第十四条规定"上下班途中，受到机动车事故伤害的，应当认定为工伤"。这里"上下班途中"既包括职工正常工作的上下班途中，也包括职工加班加点的上下班途中。"受到机动车事故伤害的"既可以是职工驾驶或乘坐的机动车发生事故造成的，也可以是职工因其他机动车事故造成的。

三、条例第十五条规定"职工在工作时间和工作岗位，突发疾病死亡或者在48小时之内经抢救无效死亡的，视同工伤"。这里"突发疾病"包括各类疾病。"48小时"的起算时间，以医疗机构的初次诊断时间作为突发疾病的起算时间。

四、条例第十七条第二款规定的有权申请工伤认定的"工会组织"包括职工所在用人单位的工会组织以及符合《中华人民共和国工会法》规定的各级工会组织。

五、用人单位未按规定为职工提出工伤认定申请，受到事故伤害或者患职业病的职工或者其直系亲属、工会组织提出工伤认定申请，职工所在单位是否同意（签字、盖章），不是必经程序。

六、条例第十七条第四款规定"用人单位未在本条第一款规定的时限内提交工伤认定申请的，在此期间发生符合本条例规定的工伤待遇等有关费用由该用人单位负担"。这里用人单位承担工伤待遇等有关费用的期间是指从事故伤害发生之日或职业病确诊之日起到劳动保障行政部门受理工伤认定申请之日止。

七、条例第三十六条规定的工伤职工旧伤复发，是否需要治疗应由治疗工伤职工的协议医疗机构提出意见，有争议的由劳动能力鉴定委员会确认。

八、职工因工死亡，其供养亲属享受抚恤金待遇的资格，按职工因工死亡时的条件核定。

人力资源社会保障部关于执行
《工伤保险条例》若干问题的意见

(2013年4月25日 人社部发〔2013〕34号)

各省、自治区、直辖市及新疆生产建设兵团人力资源社会保障厅（局）：

《国务院关于修改〈工伤保险条例〉的决定》（国务院令第586号）已经于2011年1月1日实施。为贯彻执行新修订的《工伤保险条例》，妥善解决实际工作中的问题，更好地保障职工和用人单位的合法权益，现提出如下意见。

一、《工伤保险条例》（以下简称《条例》）第十四条第（五）项规定的"因工外出期间"的认定，应当考虑职工外出是否属于用人单位指派的因工作外出，遭受的事故伤害是否因工作原因所致。

二、《条例》第十四条第（六）项规定的"非本人主要责任"的认定，应当以有关机关出具的法律文书或者人民法院的生效裁决为依据。

三、《条例》第十六条第（一）项"故意犯罪"的认定，应当以司法机关的生效法律文书或者结论性意见为依据。

四、《条例》第十六条第（二）项"醉酒或者吸毒"的认定，应当以有关机关出具的法律文书或者人民法院的生效裁决为依据。无法获得上述证据的，可以结合相关证据认定。

五、社会保险行政部门受理工伤认定申请后，发现劳动关系存在争议且无法确认的，应告知当事人可以向劳动人事争议仲裁委员会申请仲裁。在此期间，作出工伤认定决定的时限中止，并书面通知申请工伤认定的当事人。劳动关系依法确认后，当事人应将有关法律文书送交受理工伤认定申请的社会保险行政部门，该部门自收到生效法律文书之日起恢复工伤认定程序。

六、符合《条例》第十五条第（一）项情形的，职工所在用人单位原则上应自职工死亡之日起5个工作日内向用人单位所在统筹地区社会保险行政部门报告。

七、具备用工主体资格的承包单位违反法律、法规规定，将承包业务转包、分包给不具备用工主体资格的组织或者自然人，该组织或者自然人招用的劳动者从事承包业务时因工伤亡的，由该具备用工主体资格的承包单位承担用人单位依法应承担的工伤保险责任。

八、曾经从事接触职业病危害作业、当时没有发现罹患职业病、离开工作岗位后被诊断或鉴定为职业病的符合下列条件的人员，可以自诊断、鉴定为职业病之日起一年内申请工伤认定，社会保险行政部门应当受理：

（一）办理退休手续后，未再从事接触职业病危害作业的退休人员；

（二）劳动或聘用合同期满后或者本人提出而解除劳动或聘用合同后，未再从事接触职业病危害作业的人员。

经工伤认定和劳动能力鉴定，前款第（一）项人员符合领取一次性伤残补助金条件的，按就高原则以本人退休前12个月平均月缴费工资或者确诊职业病前12个月的月平均养老金为基数计发。前款第（二）项人员被鉴定为一级至十级伤残、按《条例》规定应以本人工资作为基数享受相关待遇的，按本人终止或者解除劳动、聘用合同前12个月平均月缴费工资计发。

九、按照本意见第八条规定被认定为工伤的职业病人员，职业病诊断证明书（或职业病诊断鉴定书）中明确的用人单位，在该职工从业期间依法为其缴纳工伤保险费的，按《条例》的规定，分别由工伤保险基金和用人单位支付工伤保险待遇；未依法为该职工缴纳工伤保险费的，由用人单位按照《条例》规定的相关项目和标准支付待遇。

十、职工在同一用人单位连续工作期间多次发生工伤的，符合《条例》第三十六条、第三十七条规定领取相关待遇时，按照其在同一用人单位发生工伤的最高伤残级别，计发一次性伤残就业补助金和一次性工伤医疗补助金。

十一、依据《条例》第四十二条的规定停止支付工伤保险待遇的，在停止支付待遇的情形消失后，自下月起恢复工伤保险待遇，停止支付的工伤保险待遇不予补发。

十二、《条例》第六十二条第三款规定的"新发生的费用"，是指用人单位职工参加工伤保险前发生工伤的，在参加工伤保险后新发生的费用。

十三、由工伤保险基金支付的各项待遇应按《条例》相关规定支付，不得采取将长期待遇改为一次性支付的办法。

十四、核定工伤职工工伤保险待遇时，若上一年度相关数据尚未公布，可暂按前一年度的全国城镇居民人均可支配收入、统筹地区职工月平均工资核定和计发，待相关数据公布后再重新核定，社会保险经办机构或者用人单位予以补发差额部分。

本意见自发文之日起执行，此前有关规定与本意见不一致的，按本意见执行。执行中有重大问题，请及时报告我部。

人力资源社会保障部关于实施修订后劳动能力鉴定标准有关问题处理意见的通知

(2014年11月21日 人社部发〔2014〕81号)

各省、自治区、直辖市及新疆生产建设兵团人力资源社会保障厅(局):

《劳动能力鉴定 职工工伤与职业病致残等级》(GB/T 16180—2014)(以下简称新标准)已由国家质量监督检验检疫总局、国家标准化管理委员会批准发布,将于2015年1月1日实施。新标准是在充分听取各地意见的基础上对《劳动能力鉴定 职工工伤与职业病致残等级》(GB/T 16180—2006)(以下简称原标准)进行的修改和完善。为实现新旧标准平稳过渡,现对有关问题通知如下:

一、新标准实施后,对依照《工伤保险条例》规定提出的初次劳动能力鉴定申请,劳动能力鉴定委员会应当按照新标准进行鉴定。

二、新标准实施前,已依照《工伤保险条例》规定提出初次劳动能力鉴定申请但尚未作出鉴定结论的,劳动能力鉴定委员会应当按照新标准进行鉴定。若因标准发生变化导致鉴定级别低于原标准的,按照就高原则作出鉴定结论。

三、新标准实施前已作出劳动能力鉴定结论,新标准实施后依照《工伤保险条例》规定提出劳动能力复查鉴定或者再次鉴定申请的,劳动能力鉴定委员会应当按照新标准进行鉴定。

四、按本通知第三条规定提出劳动能力复查鉴定及对复查鉴定结论不服提出再次鉴定申请且鉴定级别发生变化的,工伤职工的伤残津贴和生活护理费自作出鉴定结论的次月起作相应调整，一次性伤残补助金不作调整。一次性伤残就业补助金和一次性工伤医疗补助金的计发标准，按与用人单位解除终止劳动关系前最后一次的鉴定结论确定。

  实施修订后劳动能力鉴定标准，涉及面广、敏感性强，请各地结合实际，加强领导，认真做好贯彻新标准的各项工作，妥善处理新标准实施中遇到的具体问题。新标准实施中遇到重大问题请及时报我部工伤保险司。

人力资源社会保障部关于执行
《工伤保险条例》若干问题的意见（二）

（2016年3月28日　人社部发〔2016〕29号）

各省、自治区、直辖市及新疆生产建设兵团人力资源社会保障厅（局）：

为更好地贯彻执行新修订的《工伤保险条例》，提高依法行政能力和水平，妥善解决实际工作中的问题，保障职工和用人单位合法权益，现提出如下意见：

一、一级至四级工伤职工死亡，其近亲属同时符合领取工伤保险丧葬补助金、供养亲属抚恤金待遇和职工基本养老保险丧葬补助金、抚恤金待遇条件的，由其近亲属选择领取工伤保险或职工基本养老保险其中一种。

二、达到或超过法定退休年龄，但未办理退休手续或者未依法享受城镇职工基本养老保险待遇，继续在原用人单位工作期间受到事故伤害或患职业病的，用人单位依法承担工伤保险责任。

用人单位招用已经达到、超过法定退休年龄或已经领取城镇职工基本养老保险待遇的人员，在用工期间因工作原因受到事故伤害或患职业病的，如招用单位已按项目参保等方式为其缴纳工伤保险费的，应适用《工伤保险条例》。

三、《工伤保险条例》第六十二条规定的"新发生的费用"，是指用人单位参加工伤保险前发生工伤的职工，在参加工伤保险后新发生的费用。其中由工伤保险基金支付的费用，按不同情况予以处理：

（一）因工受伤的，支付参保后新发生的工伤医疗费、工伤康复费、住院伙食补助费、统筹地区以外就医交通食宿费、辅助器具配置费、生活护理费、一级至四级伤残职工伤残津贴，以及参保后解除劳动合同时的一次性工伤医疗补助金；

（二）因工死亡的，支付参保后新发生的符合条件的供养亲属抚恤金。

四、职工在参加用人单位组织或者受用人单位指派参加其他单位组织的活动中受到事故伤害的，应当视为工作原因，但参加与工作无关的活动除外。

五、职工因工作原因驻外，有固定的住所、有明确的作息时间，工伤认定时按照在驻在地当地正常工作的情形处理。

六、职工以上下班为目的、在合理时间内往返于工作单位和居住地之间的合理路线，视为上下班途中。

七、用人单位注册地与生产经营地不在同一统筹地区的，原则上应在注册地为职工参加工伤保险；未在注册地参加工伤保险的职工，可由用人单位在生产经营地为其参加工伤保险。

劳务派遣单位跨地区派遣劳动者，应根据《劳务派遣暂行规定》参加工伤保险。建筑施工企业按项目参保的，应在施工项目所在地参加工伤保险。

职工受到事故伤害或者患职业病后，在参保地进行工伤认定、劳动能力鉴定，并按照参保地的规定依法享受工伤保险待遇；未参加工伤保险的职工，应当在生产经营地进行工伤认定、劳动能力鉴定，并按照生产经营地的规定依法由用人单位支付工伤保险待遇。

八、有下列情形之一的，被延误的时间不计算在工伤认定申请时限内。

（一）受不可抗力影响的；

（二）职工由于被国家机关依法采取强制措施等人身自由受到限制不能申请工伤认定的；

（三）申请人正式提交了工伤认定申请，但因社会保险机构未登记或者材料遗失等原因造成申请超时限的；

（四）当事人就确认劳动关系申请劳动仲裁或提起民事诉讼的；

（五）其他符合法律法规规定的情形。

九、《工伤保险条例》第六十七条规定的"尚未完成工伤认定的"，是指在《工伤保险条例》施行前遭受事故伤害或被诊断鉴定为职业病，且在工伤认定申请法定时限内（从《工伤保险条例》施行之日起算）提出工伤认定申请，尚未做出工伤认定的情形。

十、因工伤认定申请人或者用人单位隐瞒有关情况或者提供虚假材料，导致工伤认定决定错误的，社会保险行政部门发现后，应当及时予以更正。

本意见自发文之日起执行，此前有关规定与本意见不一致的，按本意见执行。执行中有重大问题，请及时报告我部。

最高人民法院关于审理工伤保险
行政案件若干问题的规定

(2014年6月18日　法释〔2014〕9号)

为正确审理工伤保险行政案件,根据《中华人民共和国社会保险法》《中华人民共和国劳动法》《中华人民共和国行政诉讼法》《工伤保险条例》及其他有关法律、行政法规规定,结合行政审判实际,制定本规定。

第一条　人民法院审理工伤认定行政案件,在认定是否存在《工伤保险条例》第十四条第(六)项"本人主要责任"、第十六条第(二)项"醉酒或者吸毒"和第十六条第(三)项"自残或者自杀"等情形时,应当以有权机构出具的事故责任认定书、结论性意见和人民法院生效裁判等法律文书为依据,但有相反证据足以推翻事故责任认定书和结论性意见的除外。

前述法律文书不存在或者内容不明确,社会保险行政部门就前款事实作出认定的,人民法院应当结合其提供的相关证据依法进行审查。

《工伤保险条例》第十六条第(一)项"故意犯罪"的认定,应当以刑事侦查机关、检察机关和审判机关的生效法律文书或者结论性意见为依据。

第二条　人民法院受理工伤认定行政案件后,发现原告或者第三人在提起行政诉讼前已经就是否存在劳动关系申请劳动仲裁或者提起民事诉讼的,应当中止行政案件的审理。

第三条　社会保险行政部门认定下列单位为承担工伤保险责任

单位的，人民法院应予支持：

（一）职工与两个或两个以上单位建立劳动关系，工伤事故发生时，职工为之工作的单位为承担工伤保险责任的单位；

（二）劳务派遣单位派遣的职工在用工单位工作期间因工伤亡的，派遣单位为承担工伤保险责任的单位；

（三）单位指派到其他单位工作的职工因工伤亡的，指派单位为承担工伤保险责任的单位；

（四）用工单位违反法律、法规规定将承包业务转包给不具备用工主体资格的组织或者自然人，该组织或者自然人聘用的职工从事承包业务时因工伤亡的，用工单位为承担工伤保险责任的单位；

（五）个人挂靠其他单位对外经营，其聘用的人员因工伤亡的，被挂靠单位为承担工伤保险责任的单位。

前款第（四）、（五）项明确的承担工伤保险责任的单位承担赔偿责任或者社会保险经办机构从工伤保险基金支付工伤保险待遇后，有权向相关组织、单位和个人追偿。

第四条 社会保险行政部门认定下列情形为工伤的，人民法院应予支持：

（一）职工在工作时间和工作场所内受到伤害，用人单位或者社会保险行政部门没有证据证明是非工作原因导致的；

（二）职工参加用人单位组织或者受用人单位指派参加其他单位组织的活动受到伤害的；

（三）在工作时间内，职工来往于多个与其工作职责相关的工作场所之间的合理区域因工受到伤害的；

（四）其他与履行工作职责相关，在工作时间及合理区域内受到伤害的。

第五条 社会保险行政部门认定下列情形为"因工外出期间"的，人民法院应予支持：

（一）职工受用人单位指派或者因工作需要在工作场所以外从

事与工作职责有关的活动期间；

（二）职工受用人单位指派外出学习或者开会期间；

（三）职工因工作需要的其他外出活动期间。

职工因工外出期间从事与工作或者受用人单位指派外出学习、开会无关的个人活动受到伤害，社会保险行政部门不认定为工伤的，人民法院应予支持。

第六条 对社会保险行政部门认定下列情形为"上下班途中"的，人民法院应予支持：

（一）在合理时间内往返于工作地与住所地、经常居住地、单位宿舍的合理路线的上下班途中；

（二）在合理时间内往返于工作地与配偶、父母、子女居住地的合理路线的上下班途中；

（三）从事属于日常工作生活所需要的活动，且在合理时间和合理路线的上下班途中；

（四）在合理时间内其他合理路线的上下班途中。

第七条 由于不属于职工或者其近亲属自身原因超过工伤认定申请期限的，被耽误的时间不计算在工伤认定申请期限内。

有下列情形之一耽误申请时间的，应当认定为不属于职工或者其近亲属自身原因：

（一）不可抗力；

（二）人身自由受到限制；

（三）属于用人单位原因；

（四）社会保险行政部门登记制度不完善；

（五）当事人对是否存在劳动关系申请仲裁、提起民事诉讼。

第八条 职工因第三人的原因受到伤害，社会保险行政部门以职工或者其近亲属已经对第三人提起民事诉讼或者获得民事赔偿为由，作出不予受理工伤认定申请或者不予认定工伤决定的，人民法院不予支持。

职工因第三人的原因受到伤害，社会保险行政部门已经作出工伤认定，职工或者其近亲属未对第三人提起民事诉讼或者尚未获得民事赔偿，起诉要求社会保险经办机构支付工伤保险待遇的，人民法院应予支持。

职工因第三人的原因导致工伤，社会保险经办机构以职工或者其近亲属已经对第三人提起民事诉讼为由，拒绝支付工伤保险待遇的，人民法院不予支持，但第三人已经支付的医疗费用除外。

第九条　因工伤认定申请人或者用人单位隐瞒有关情况或者提供虚假材料，导致工伤认定错误的，社会保险行政部门可以在诉讼中依法予以更正。

工伤认定依法更正后，原告不申请撤诉，社会保险行政部门在作出原工伤认定时有过错的，人民法院应当判决确认违法；社会保险行政部门无过错的，人民法院可以驳回原告诉讼请求。

第十条　最高人民法院以前颁布的司法解释与本规定不一致的，以本规定为准。

三、国家标准和标准性规范

人力资源和社会保障部办公厅关于印发工伤保险辅助器具配置目录的通知

(2012年8月15日 人社厅函〔2012〕381号)

各省、自治区、直辖市及新疆生产建设兵团人力资源社会保障厅（局）：

为进一步贯彻落实《工伤保险条例》，规范工伤保险辅助器具配置管理工作，提高工伤保险服务水平，我部按照保障基本、普遍适用、安全稳定、循序渐进的原则，制定了《工伤保险辅助器具配置目录》（以下简称《目录》），现印发给你们。

各地可根据本地区工伤保险辅助器具配置工作开展情况、工伤保险基金支付能力等实际情况适当增加目录的品种。《目录》中辅助器具配置工伤保险基金最高支付限额，由各地社会保险行政部门根据本地区实际情况组织制定。各地在公布本地区工伤保险辅助器具配置目录前15天，将本地区工伤保险辅助器具配置目录连同最高支付限额报部工伤保险司备案。今后，各地调整工伤保险辅助器具配置目录和最高支付限额，应及时报部备案。涉及工伤保险辅助器具配置管理的相关问题，我部将制定《工伤保险辅助器具配置管理办法》予以明确。

工伤保险辅助器具配置目录（共60项）

一、假肢（18项）

产品编号	产品名称	单位	主要部件或材料要求	功能	适用范围	最低使用年限
10001	假手指	只	硅胶、定制仿真手指	弥补外观缺损	适用于单个手指缺损或者多个手指缺损	1
10002	部分手假肢	只	硅胶、仿真定制、内带填充物	弥补外观缺损、辅助持物	适用于掌缺损	1
10003	装饰性腕离断假肢	具	装饰手或被动手、硅胶手套、定制接受腔	弥补外观缺损、辅助持物等被动功能	适用于不选择穿戴功能性假肢的腕部截肢者	3
10004	索控式腕离断假肢	具	标准机械手、硅胶手、定制双层接受腔及肩背带	自身力源、利用牵引索控制假手开、闭、能主动持物	适用于腕关节离断或前臂长残肢的截肢者	3
10005	装饰性前臂假肢	具	定制接受腔、腕关节、装饰手或被动手、硅胶手套、硅胶手套	弥补外观缺损、辅助持物等被动功能	适用于不选择穿戴功能性假肢的前臂截肢者	3
10006	索控式前臂假肢	具	标准机械手、硅胶手套、定制接受腔、硅胶手背带	自身力源、利用牵引索控制假手开、闭、腕关节可被动屈伸、旋转	适用于前臂截肢者	3
10007	前臂肌电假肢	具	单自由度肌电手、硅胶手套、定制双层接受腔	电动力源、肌电信号控制手开、闭、腕关节被动屈曲或旋转	适用于双侧截肢且肌电信号达标的前臂截肢者	4

续表

产品编号	产品名称	单位	主要部件或材料要求	功能	适用范围	最低使用年限
10008	装饰性肘离断假肢	具	定制接受腔、装饰性假肢组件、装饰手或被动手、硅胶手套	弥补外观缺损，辅助持物等被动功能	适用于不选择穿戴功能性假肢的肘部、前臂极短残肢截肢者	3
10009	索控式肘离断假肢	具	标准机械手、硅胶手套、铰链式肘关节、定制接受腔及肩背带	牵引索控制假手开、闭，肘关节被动屈、伸	适用于肘关节离断或上臂残肢过长的、前臂极短残肢截肢者	3
10010	装饰性上臂假肢	具	全接触接受腔、装饰性假肢组件、装饰手或被动手、硅胶手套	弥补外观缺损，辅助持物等被动功能	适用于不选择穿戴功能性假肢的上臂截肢者	3
10011	索控式上臂假肢	具	标准机械手、硅胶手套、机械肘关节、定制树脂接受腔及肩背带	牵引索控制假手开、闭和肘屈、伸功能	适用上臂截肢者	3
10012	装饰性肩离断假肢	具	肩胛式装饰假肢组件、硅胶手套	弥补外观缺损，具有被动开、闭手和肘、伸肘功能，肩关节自由摆动	适用于肩关节离断或上臂残肢过短的截肢者	3

续表

产品编号	产品名称	单位	主要部件或材料要求	功能	适用范围	最低使用年限
10013	部分足假肢	具	定制硅胶制作足套式假半脚	补缺并改善行走功能	适用于跗骨近端截肢者	3
10014	赛姆假肢	具	采用定制接受腔、低踝假脚	代偿行走和站立功能	适用于踝部截肢、赛姆截肢或小腿残肢过长的截肢者	3
10015	组件式小腿假肢	具	定制接受腔，根据残肢部位皮肤和身体功能经评估后，选择适宜内衬、关节及假脚	代偿行走和站立功能	适用于小腿截肢者	3
10016	组件式膝离断假肢	具	定制接受腔，根据残肢部位皮肤和身体功能经评估后，选择内衬、关节及假脚	代偿行走和站立功能	适用于膝关节离断、小腿短残肢截肢者	3
10017	组件式大腿假肢	具	定制接受腔，根据残肢部位皮肤和身体功能经评估后，选择内衬、关节及假脚	代偿行走和站立功能	适用于大腿截肢者	3
10018	组件式髋离断假肢	具	定制接受腔，根据残肢部位皮肤和身体功能经评估后，选择内衬、关节及假脚	代偿行走和站立功能	适用于髋关节离断或大腿残肢过短的截肢者	3

续表

二、矫形器（21项）

产品编号	产品名称	单位	主要部件或材料要求	功能	适用范围	最低使用年限
20001	静态型手指矫形器	具	聚乙烯高温板材、低温板材、金属条或织物	单指或五指的矫正（含展开指蹼）与固定	适用于指骨折及韧带损伤术后固定	2
20002	动态型手指矫形器	具	聚乙烯板材、金属条、弹性装置	手指畸形矫正及手指功能恢复锻炼	适用于并指畸形、矫正手指槌状、鹅颈、扣眼等畸形及术后	2
20003	静态型掌指矫形器	具	聚乙烯高温板材、低温板材、金属条或织物	掌指关节固定保护	适用于指骨近节骨折及术后固定	2
20004	动态型掌指矫形器	具	热塑板材、金属条、弹性装置	手指展开及手指功能恢复锻炼	适用于指骨骨近节骨折、手指掌侧畸形、尺神经、正中神经麻痹引起手指内在肌的麻痹及术后功能恢复锻炼	2
20005	静态型腕手矫形器	具	热塑板材、固定带	腕部损伤固定、保持功能位或中立位	适用于腕部骨折、单纯性脱位及术后	2
20006	动态型腕手矫形器	具	热塑板材、金属条、弹性装置	辅助掌指关节与拇指的伸展、功能恢复与锻炼	适用于桡神经损伤及术后的功能恢复	2

311

续表

产品编号	产品名称	单位	主要部件或材料要求	功能	适用范围	最低使用年限
20007	前臂（肘腕手）矫形器	具	聚乙烯高温板或低温板材，可以带或不带肘关节铰链	限制前臂旋前旋后，前臂保护固定	适用于前臂骨折及术后	1
20008	上臂（肩肘）矫形器	具	热塑板材，可以带或不带肩关节、肘关节铰链	上臂固定	适用于上臂骨折及术后	1
20009	肩外展矫形器	具	热塑板、泡沫衬材、金属件，成品	肩关节及骨固定（可调式）	适用于肩关节及肱骨骨折、肩峡韧带损伤、臂丛神经损伤及术后固定	1
20010	颈托	具	成品	减轻颈椎的负荷，控制颈椎活动	适用于颈椎病或颈椎轻度损伤及术后	1
20011	颈胸矫形器	具	热塑板材、定制	起支撑、固定、减荷、保护、矫正的作用	适用于颈椎单纯性脱位、损伤及术后	1
20012	胸腰骶矫形器	具	热塑板材、定制	起支撑、固定、减荷、保护、矫正的作用	适用于胸腰椎损伤的康复和术后	1
20013	脊柱过伸矫形器	具	金属支条或高强度热塑板材、框架式结构	控制或矫正胸腰椎后凸畸形	适用于骨折的保守治疗或术后、胸腰椎后凸畸形及术后固定、老年人的退行性病变	1

续表

产品编号	产品名称	单位	主要部件或材料要求	功能	适用范围	最低使用年限
20014	硬性围腰	具	背部采用半硬性塑料制成的框架式背托,腹部采用宽大的软垫式腹压垫,两侧采用弹性束紧带	加强胸腰部支撑,稳定脊柱;增强腹压,减轻脊柱负担	适用于胸腰部软组织损伤、椎间盘突出、轻度脊椎骨性损伤的保守治疗及术后固定	1
20015	弹性围腰	具	成品、弹性针织材料	增强腹压以减轻腰骶椎负担,对腰椎起支撑、保护作用	适用于腰骶部软组织损伤、腰肌劳损、腰椎间盘突出等引起的疼痛,以及软骨性损伤的预防和保守治疗	1
20016	矫形鞋	双	牛皮、定制	补高或补ır或矫治	适用于下肢不等长及足部缺损、畸形	1
20017	固定式踝足矫形器	只	成品、由热塑板制成(泡沫软衬),带拉带和固定带	将踝关节固定在功能位,稳定和保护踝关节	适用于踝足损伤、卧床病人预防足下垂及跟腱挛缩	2
20018	功能式踝足矫形器	具	热塑板材定制或由踝铰链支条等构成	限制踝关节运动,矫正足内、外翻,保持足内外侧稳定	适用于矫治足下垂、足内外翻、足内外旋踝关节不稳定等	1

续表

产品编号	产品名称	单位	主要部件或材料要求	功能	适用范围	最低使用年限
20019	膝踝足矫形器	具	定制、热塑板材、铝合金或不锈钢支条	固定膝关节、踝关节或矫正畸形	适用于大腿、小腿骨折或神经损伤及术前、术后	1
20020	膝矫形器	只	定制、热塑板材	固定下肢、矫正畸形、帮助恢复膝关节功能	适用于大腿、小腿骨折或神经损伤带损伤及畸形和术后	1
20021	髋膝踝足免荷式矫形器	只	定制、由腰骶矫形器和大腿矫形器用髋铰链连接组成，热塑板材、金属支条	用坐骨支撑体重，腰骶髋部辅助固定	适用于大腿骨折、下肢肌力比较弱、大腿、小腿骨折或神经损伤及术前、术后需要坐骨负重的	1
三、生活类辅助器具（10项）						
30001	坐便椅	只	铝合金材料，坐便部分为塑料材质，并配有可拆卸坐垫和马桶	辅助如厕，可折叠、可调节高度	适用于行动不便者	3
30002	腋杖	副	木质、不锈钢或铝合金材质	可调节高度、减轻下肢承重、获得辅助支撑力、提高行走的稳定性	适用于下肢支撑能力较差的伤残者	4

续表

产品编号	产品名称	单位	主要部件或材料要求	功能	适用范围	最低使用年限
30003	肘杖	只	铝合金材料,可调节高度;肘托为塑料材质	减轻下肢和腋下承重,获得辅助支撑力,提高行走的稳定性	适用于下肢支撑能力较差的伤残者	4
30004	手杖	只	铝合金材料,可调节高度	提高行走的稳定性	适用于平衡能力较差者	4
30005	框式助行器	个	铝合金材质	稳定性优于各类拐杖,适合下肢伤残者辅助行走	适用于平衡能力较差的下肢伤残者	4
30006	轮式助行器	个	铝合金材质	稳定性优于各类拐杖,适合下肢伤残者辅助行走	适用于平衡能力较好的下肢伤残者	4
30007	普通轮椅	辆	铝合金车架	代偿步行	适用于具备自行站立功能,但需借助轮椅代步的伤残者	3
30008	高靠背轮椅	辆	铝合金车架、配备头枕、身体固定带、腿托等配件	代偿步行,靠背可在全躺位、半躺位、直立之间调整	适用于需较长时间借助轮椅活动的重度伤残者	3
30009	手摇三轮车	辆	包括双手前摇和单手平摇两种方式操控三轮车,设有倒档,车架为钢质	由使用者残依靠自身力量手动驱动	适用于下肢残疾但上肢健全具有相应体力的伤残者	3

续表

产品编号	产品名称	单位	主要部件或材料要求	功能	适用范围	最低使用年限
30010	盲杖	个	塑料、碳纤或金属等，成品。分为直杖及折叠杖	辅助行走	适用于盲人	3

四、其他辅助器具（11项）

产品编号	产品名称	单位	主要部件或材料要求	功能	适用范围	最低使用年限
40001	耳背式助听器	台	电子产品、综合材料	用于听力伤残人员补偿听力	适用于听力损失大于90 dB（HL）的听力伤残人员	6
40002	耳内式助听器	台	电子产品、综合材料	用于听力伤残人员补偿听力	适用于听力损失小于90 dB（HL）的听力伤残人员	6
40003	耳道式助听器	台	电子产品、综合材料	用于听力残疾人补偿听力	适用于听力损失小于81 dB（HL）的听力残疾人员	6
40004	光学助视器	个	眼镜式或台式、光学镜片	放大功能，放大倍数固定	适用于低视力者	3
40005	假眼	只	新型高分子材料、定制	弥补眼球部缺陷	适用于眼球缺损者	4
40006	假鼻	只	硅胶、定制	弥补鼻部缺陷	适用于鼻部缺损者	3
40007	假耳	只	硅胶、定制	弥补耳部缺陷	适用于耳部缺损者	3
40008	假乳房	只	硅胶、成品	弥补乳房缺陷	适用于乳房缺损者	3
40009	假发	只	人造假发	弥补缺发或无发缺陷	适用于整体毛发缺损者	3

附录：相关法律法规政策

续表

产品编号	产品名称	单位	主要部件或材料要求	功能	适用范围	最低使用年限
40010	全口假牙	件	复合树脂牙、塑料基托（甲基丙烯酸甲酯）、铸造金属基托（钴铬合金、钛）	代替缺失牙齿及相关组织，恢复咀嚼、发音、美观功能，需摘下清洗	适用于上颌或下颌牙齿的全部缺失者	3
40011	半口假牙	件	复合树脂牙、塑料基托（甲基丙烯酸甲酯）、金属弯制卡环。铸造金属基托及卡环（钴铬合金、钛）	代替缺失牙齿及相关组织，恢复咀嚼、发音、美观功能，需摘下清洗	适用于上颌或下颌牙列从缺失一颗牙齿到剩仅一颗牙齿失者	3

备注：安装编号为10005、10008、10011、10014的肌电假肢时，一侧安装肌电假肢，另一侧则安装装饰性假肢或索控式假肢。

职业病分类和目录

(2013年12月23日　国卫疾控发〔2013〕48号)

一、职业性尘肺病及其他呼吸系统疾病

(一) 尘肺病

1. 矽肺
2. 煤工尘肺
3. 石墨尘肺
4. 碳黑尘肺
5. 石棉肺
6. 滑石尘肺
7. 水泥尘肺
8. 云母尘肺
9. 陶工尘肺
10. 铝尘肺
11. 电焊工尘肺
12. 铸工尘肺
13. 根据《尘肺病诊断标准》和《尘肺病理诊断标准》可以诊断的其他尘肺病

(二) 其他呼吸系统疾病

1. 过敏性肺炎
2. 棉尘病
3. 哮喘
4. 金属及其化合物粉尘肺沉着病(锡、铁、锑、钡及其化合

物等）

 5. 刺激性化学物所致慢性阻塞性肺疾病

 6. 硬金属肺病

 二、职业性皮肤病

 1. 接触性皮炎

 2. 光接触性皮炎

 3. 电光性皮炎

 4. 黑变病

 5. 痤疮

 6. 溃疡

 7. 化学性皮肤灼伤

 8. 白斑

 9. 根据《职业性皮肤病的诊断总则》可以诊断的其他职业性皮肤病

 三、职业性眼病

 1. 化学性眼部灼伤

 2. 电光性眼炎

 3. 白内障（含放射性白内障、三硝基甲苯白内障）

 四、职业性耳鼻喉口腔疾病

 1. 噪声聋

 2. 铬鼻病

 3. 牙酸蚀病

 4. 爆震聋

 五、职业性化学中毒

 1. 铅及其化合物中毒（不包括四乙基铅）

 2. 汞及其化合物中毒

 3. 锰及其化合物中毒

 4. 镉及其化合物中毒

5. 铍病

6. 铊及其化合物中毒

7. 钡及其化合物中毒

8. 钒及其化合物中毒

9. 磷及其化合物中毒

10. 砷及其化合物中毒

11. 铀及其化合物中毒

12. 砷化氢中毒

13. 氯气中毒

14. 二氧化硫中毒

15. 光气中毒

16. 氨中毒

17. 偏二甲基肼中毒

18. 氮氧化合物中毒

19. 一氧化碳中毒

20. 二硫化碳中毒

21. 硫化氢中毒

22. 磷化氢、磷化锌、磷化铝中毒

23. 氟及其无机化合物中毒

24. 氰及腈类化合物中毒

25. 四乙基铅中毒

26. 有机锡中毒

27. 羰基镍中毒

28. 苯中毒

29. 甲苯中毒

30. 二甲苯中毒

31. 正己烷中毒

32. 汽油中毒

33. 一甲胺中毒
34. 有机氟聚合物单体及其热裂解物中毒
35. 二氯乙烷中毒
36. 四氯化碳中毒
37. 氯乙烯中毒
38. 三氯乙烯中毒
39. 氯丙烯中毒
40. 氯丁二烯中毒
41. 苯的氨基及硝基化合物（不包括三硝基甲苯）中毒
42. 三硝基甲苯中毒
43. 甲醇中毒
44. 酚中毒
45. 五氯酚（钠）中毒
46. 甲醛中毒
47. 硫酸二甲酯中毒
48. 丙烯酰胺中毒
49. 二甲基甲酰胺中毒
50. 有机磷中毒
51. 氨基甲酸酯类中毒
52. 杀虫脒中毒
53. 溴甲烷中毒
54. 拟除虫菊酯类中毒
55. 铟及其化合物中毒
56. 溴丙烷中毒
57. 碘甲烷中毒
58. 氯乙酸中毒
59. 环氧乙烷中毒
60. 上述条目未提及的与职业有害因素接触之间存在直接因果

联系的其他化学中毒

六、物理因素所致职业病

1. 中暑
2. 减压病
3. 高原病
4. 航空病
5. 手臂振动病
6. 激光所致眼（角膜、晶状体、视网膜）损伤
7. 冻伤

七、职业性放射性疾病

1. 外照射急性放射病
2. 外照射亚急性放射病
3. 外照射慢性放射病
4. 内照射放射病
5. 放射性皮肤疾病
6. 放射性肿瘤（含矿工高氡暴露所致肺癌）
7. 放射性骨损伤
8. 放射性甲状腺疾病
9. 放射性性腺疾病
10. 放射复合伤
11. 根据《职业性放射性疾病诊断标准（总则）》可以诊断的其他放射性损伤

八、职业性传染病

1. 炭疽
2. 森林脑炎
3. 布鲁氏菌病
4. 艾滋病（限于医疗卫生人员及人民警察）
5. 莱姆病

九、职业性肿瘤

1. 石棉所致肺癌、间皮瘤
2. 联苯胺所致膀胱癌
3. 苯所致白血病
4. 氯甲醚、双氯甲醚所致肺癌
5. 砷及其化合物所致肺癌、皮肤癌
6. 氯乙烯所致肝血管肉瘤
7. 焦炉逸散物所致肺癌
8. 六价铬化合物所致肺癌
9. 毛沸石所致肺癌、胸膜间皮瘤
10. 煤焦油、煤焦油沥青、石油沥青所致皮肤癌
11. β-萘胺所致膀胱癌

十、其他职业病

1. 金属烟热
2. 滑囊炎（限于井下工人）
3. 股静脉血栓综合征、股动脉闭塞症或淋巴管闭塞症（限于刮研作业人员）

人力资源社会保障部关于印发国家基本医疗保险、工伤保险和生育保险药品目录（2017年版）的通知

（2017年2月21日　人社部发〔2017〕15号）

各省、自治区、直辖市及新疆生产建设兵团人力资源社会保障厅（局），福建省医保办：

《国家基本医疗保险、工伤保险和生育保险药品目录（2009年版）》印发以来，各级人力资源社会保障部门认真贯彻落实药品目录要求，不断规范和完善医保用药管理，对保障参保人员的基本用药需求、维护基金平稳运行、促进医药行业的健康发展等发挥了重要作用。为贯彻全国卫生与健康大会精神，建立更加公平可持续的社会保障制度，稳步提高基本医疗保障水平，促进医疗服务和药品生产技术进步和创新，逐步建立完善基本医疗保险用药范围动态调整机制，根据《中华人民共和国社会保险法》、《工伤保险条例》以及《城镇职工基本医疗保险用药范围管理暂行办法》（劳社部发〔1999〕15号）等法律法规和文件的规定，我部组织专家进行药品评审，制定了《国家基本医疗保险、工伤保险和生育保险药品目录（2017年版）》（以下简称《药品目录》）。现就有关问题通知如下：

一、严格药品目录支付规定。《药品目录》分为凡例、西药、中成药、中药饮片四部分。凡例是对《药品目录》的编排格式、名称剂型规范、限定支付范围等内容的解释和说明，西药部分包括了化学药和生物制品，中成药部分包括了中成药和民族药，中药饮片部分采用排除法规定了基金不予支付费用的饮片。参保人员使用目

录内西药、中成药及目录外中药饮片发生的费用，按基本医疗保险、工伤保险、生育保险有关规定支付。国家免费提供的抗艾滋病病毒药物和国家公共卫生项目涉及的抗结核病药物、抗疟药物和抗血吸虫病药物，参保人员使用且在公共卫生支付范围的，基本医疗保险、工伤保险和生育保险基金不予支付。

二、规范各省药品目录调整。各省（区、市）社会保险主管部门对《药品目录》甲类药品不得进行调整，并应严格按照现行法律法规和文件规定进行乙类药品调整。《药品目录》调整要坚持专家评审机制，坚持公平公正公开，切实做好廉政风险防控，不得以任何名目向企业收取费用，不得采取任何形式的地方保护主义行为，行政主管部门不得干预专家评审结果。

各省（区、市）应于2017年7月31日前发布本地基本医疗保险、工伤保险和生育保险药品目录。调整的数量（含调入、调出、调整限定支付范围）不得超过国家乙类药品数量的15％。各省（区、市）乙类药品调整情况应按规定报我部备案。

各统筹地区应在本省（区、市）基本医疗保险、工伤保险和生育保险药品目录发布后1个月内执行新版药品目录，并按照有关规定更新纳入基金支付范围的医院制剂清单。

三、完善药品目录使用管理。各统筹地区要根据辖区内医疗机构和零售药店药品使用情况，做好目录内药品对应工作，及时更新完善信息系统药品数据库。各省（区、市）要结合异地就医直接结算等工作，加快应用《社会保险药品分类与代码》行业标准，建立完善全省（区、市）统一的药品数据库，实现省域范围内西药、中成药、医院制剂、中药饮片的统一管理。

各地要结合《药品目录》管理规定以及卫生计生等部门制定的处方管理办法、临床技术操作规范、临床诊疗指南和药物临床应用指导原则等，将定点医药机构执行使用《药品目录》情况纳入定点服务协议管理和考核范围。建立健全基本医疗保险医疗服务智能监控系统和社会保险药品使用监测分析体系，重点监测用量大、费用支出多且可能存在不合理使用的药品，监测结果以适当方式向社会公布。发挥药师作用，激励医疗机构采取有效措施促进临床合理用药。

各省（区、市）要按照药品价格改革的要求加快推进按通用名制定医保药品支付标准工作。各统筹地区可进一步完善医疗保险用药分类支付管理办法。对乙类药品中主要起辅助治疗作用的药品，可适当加大个人自付比例，拉开与其他乙类药品支付比例差距。对临床紧急抢救与特殊疾病治疗所必需的目录外药品，可以建立定点医疗机构申报制度，明确相应的审核管理办法，并报上级人力资源社会保障部门备案。

四、探索建立医保药品谈判准入机制。我部将对经专家评审确定的拟谈判药品按相关规则进行谈判，符合条件的药品纳入医保支付范围，名单另行发布。

各地在《药品目录》调整工作和组织实施过程中，遇有重大问题，应及时报告。本文件印发后，《关于印发国家基本医疗保险、工伤保险和生育保险药品目录的通知》（人社部发〔2009〕159号）文件同时废止。